LES FEMMES
DE LA
RÉVOLUTION

PAR

J. MICHELET

DEUXIÈME ÉDITION REVUE ET CORRIGÉE

PARIS
ADOLPHE DELAHAYS, LIBRAIRE-ÉDITEUR
RUE VOLTAIRE, 4-6

1855

L'auteur et l'éditeur de cet ouvrage se réservent le droit de le traduire
ou de le faire traduire en toutes les langues.

LES FEMMES

DE

LA RÉVOLUTION

PARIS. — IMP. SIMON RAÇON ET COMP., RUE D'ERFURTH, 1.

L'espèce de galerie ou musée biographique que le lecteur va parcourir se compose principalement des portraits de femmes que M. Michelet a tracés dans son *Histoire de la Révolution*.

Quelques-uns étaient incomplets, l'historien n'ayant dû, dans cette histoire générale, les esquisser que de profil. Il y a suppléé d'après les meilleures sources biographiques.

Plusieurs articles sont neufs, comme on le verra ; d'autres ont été refondus ou considérablement développés.

I

AUX FEMMES, AUX MÈRES, AUX FILLES

(1ᵉʳ mars 1854.)

Ce livre paraît le jour où l'on ferme les livres, où les événements prennent la parole, où recommence la guerre européenne, interrompue quarante années.

Et comment liriez-vous? vous regardez là-bas où vont vos fils, vos frères! — ou plus près, sur la ligne où vos époux peut-être iront demain! Votre âme est aux nouvelles, votre oreille au canon lointain; vous écoutez inquiètes son premier coup, solennel et profond, qui tonne pour la grande guerre religieuse de l'Orient et de l'Occident.

Grande guerre, en vérité, et qu'on ne limitera pas. Pour le lieu, pour le temps, et pour le caractère, elle ira grandissant. C'est la guerre de deux dogmes, ô femmes ! de deux symboles et de deux fois, la nôtre et celle du passé. Ce caractère définitif, obscur encore dans les tâtonnements, les balbutiements de la politique, se révélera de plus en plus.

Oui, quelles que soient les formes équivoques et bâtardes, hésitantes, sous lesquelles se produit ce terrible nouveau-né du temps, dont le nom sonne la mort de tant de cent mille hommes, — la *guerre*, — c'est la guerre du christianisme barbare de l'Orient contre la jeune foi sociale de l'Occident civilisé. Lui-même, l'ennemi, l'a dit sans détour du Kremlin. Et la lutte nouvelle offre l'aspect sinistre de Moloch défendant Jésus.

Au moment d'apporter notre existence entière, nos fortunes et nos vies à cette grande circonstance, la plus grave qui fut jamais, chacun doit serrer sa ceinture, bien ramasser sa force, regarder dans son âme, dans sa maison, s'il est sûr d'y trouver l'unité qui fait la victoire.

Que serait-ce, dans cette guerre extérieure, si l'homme encore avait la guerre chez lui, une sourde et énervante guerre de larmes ou de muets soupirs, de douloureux silences ? si la foi du passé, assise à son foyer, l'enveloppant de résistances, de ces pleurs caressants qui brisent le cœur, lui tenait le bras gauche, quand il doit frapper des deux mains...?

« Dis-moi donc, femme aimée! puisque nous sommes encore à cette table de famille où je ne serai pas toujours, dis-moi, avant ce sauvage duel, quelque part qu'il me mène, seras-tu de cœur avec moi?... Tu t'étonnes, tu jures en pleurant... Ne jure pas, je crois tout. Mais je connais ta discorde intérieure. Que feras-tu dans ces extrémités où la lutte actuelle nous conduira demain?

« A cette table où nous sommes deux aujourd'hui et où tu seras seule, élève et fortifie ton cœur. Mets devant toi l'histoire héroïque de nos mères, lis ce qu'elles ont fait et voulu, leurs dévouements suprêmes, leur glorieuse foi de 89, qui, dans une si profonde union, dressa l'autel de l'avenir.

« Age heureux d'actes forts, de grandes souffrances, mais associées, d'union dans la lutte, de communauté dans la mort!... âge où les cœurs battirent dans une telle unité d'idée, que l'Amour ne se distingua plus de la Patrie!

« Plus grande aujourd'hui est la lutte, elle embrasse toute nation, — plus profonde, elle atteindra demain la plus intime fibre morale. Ce jour-là, que feras-tu pour moi? Demande à l'histoire de nos mères, à ton cœur, à la foi nouvelle, pour qui celui que tu aimes veut combattre, vivre et mourir.

« Qu'elle soit ferme en moi ! et que Dieu dispose... Sa cause est avec moi... La fortune y sera aussi et la félicité, quoi qu'il arrive, si toi, uniquement aimée, tu me restes entière, et si, unie dans mon effort et ne faisant qu'un cœur, tu traverses héroïque cette crise suprême d'où va surgir un monde. »

II

INFLUENCE DES FEMMES AU DIX-HUITIÈME SIÈCLE. — MATERNITÉ

Tout le monde a remarqué la fécondité singulière des années 1768, 1769 et 1770, si riches en enfants de génie, ces années qui produisent les Bonaparte, les Fourier, les Saint-Simon, les Chateaubriand, les de Maistre, les Walter Scott, les Cuvier, les Geoffroy Saint-Hilaire, les Bichat, les Ampère, un incroyable flot d'inventeurs dans les sciences.

Une autre époque, antérieure de dix ans (vers 1760), n'est pas moins étonnante. C'est celle qui donna la génération héroïque qui féconda de son sang le premier sillon de la liberté, celle qui, de ce sang fécond, a fait et doué la Patrie; c'est la Gironde et la Montagne, les Roland et les Robespierre, les Vergniaud et les Danton, les Camille Desmoulins; c'est la génération pure, héroïque et sacrifiée qui forma les armées invincibles de la République, les Kléber et tant d'autres.

La richesse de ces deux moments, ce luxe singulier de forces qui surgissent tout à coup, est-ce un hasard? Selon nous, il n'y a nul hasard en ce monde.

Non, la cause naturelle et très-simple du phénomène, c'est la séve exubérante dont ce moment déborda.

La première date (1760 environ), c'est l'aube de Rousseau, le commencement de son influence, au premier et puissant effet du livre d'*Émile*, la vive émotion des mères qui veulent allaiter et se serrent au berceau de leur enfant.

La seconde date est le triomphe des idées du siècle, non-seulement par la connaissance universelle de Rousseau, mais par la victoire prévue de ses idées dans les lois, par les grands procès de Voltaire, par ses sublimes défenses de Sirven, Calas et la Barre. Les femmes se turent, se recueillirent sous ces émotions puissantes, elles couvèrent le salut à venir. Les enfants à cette heure portent tous un signe au front.

Puissantes générations sorties des hautes pensées

d'un amour agrandi, conçues de la flamme du ciel, nées du moment sacré, trop court, où la femme, à travers la passion, entrevit, adora l'Idée.

Le commencement fut beau. Elles entrèrent dans les pensées nouvelles par celle de l'éducation, par les espérances, les vœux de la maternité, par toutes les questions que l'enfant soulève dès sa naissance en un cœur de femme, que dis-je? dans un cœur de fille, bien longtemps avant l'enfant : « Ah! qu'il soit heureux, cet enfant! qu'il soit bon et grand! qu'il soit libre!... Sainte liberté antique, qui fis les héros, mon fils vivra-t-il dans ton ombre?... » Voilà les pensées des femmes, et voilà pourquoi dans ces places, dans ces jardins où l'enfant joue sous les yeux de sa mère ou de sa sœur, vous les voyez rêver et lire... Quel est ce livre que la jeune fille, à votre approche, a si vite caché dans son sein? Quelque roman? l'*Héloïse*? Non, plutôt les *Vies* de Plutarque, ou le *Contrat social*.

La puissance des salons, le charme de la conversation, furent alors, quoi qu'on ait dit, secondaires dans l'influence des femmes. Elles avaient eu ces moyens au siècle de Louis XIV. Ce qu'elles eurent de plus au dix-huitième, et qui les rendit invincibles, fut l'amour enthousiaste, la rêverie solitaire des grandes idées, et la volonté d'*être mères*, dans toute l'extension et la gravité de ce mot.

Les spirituels commérages de madame Geoffrin, les monologues éloquents de madame de Staël, le charme de la société d'Auteuil, de madame Helvétius ou de madame Récamier, n'auraient pas changé le monde, encore moins les femmes scribes, la plume infatigable de madame de Genlis.

Ce qui, dès le milieu du siècle, changea toute la situation, c'est qu'en ces premières lueurs de l'aurore d'une nouvelle foi, au cœur des femmes, au sein des mères, se rencontrèrent deux étincelles : *humanité*, *maternité*.

Et de ces deux étincelles, ne nous en étonnons pas, sortit un flot brûlant d'amour et de féconde passion, une maternité surhumaine.

III

HÉROISME DE PITIÉ. — UNE FEMME A DÉTRUIT LA BASTILLE

La première apparition des femmes dans la carrière de l'héroïsme (hors de la sphère de la famille) eut lieu, on devait s'y attendre, par un élan de pitié.

Cela se fût vu en tout temps, mais, ce qui est vraiment du grand siècle d'humanité, ce qui est nouveau et original, c'est une persistance étonnante dans une œuvre infiniment dangereuse, difficile et improbable, une humanité intrépide qui brava le péril, surmonta tout obstacle et dompta le temps.

Et tout cela, pour un être qui peut-être à d'autres époques n'eût intéressé personne, qui n'avait guère pour lui que d'être homme et très-malheureux!

Nulle légende plus tragique que celle du prisonnier Latude; nulle plus sublime que celle de sa libératrice, madame Legros.

Nous ne conterons pas l'histoire de la Bastille, ni celle de Latude, si connue. Il suffit de dire que, pendant que toutes les prisons s'étaient adoucies, celle-ci s'était endurcie. Chaque année on aggravait, on bouchait les fenêtres, on ajoutait des grilles.

Il se trouva qu'en ce Latude, la vieille tyrannie imbécile avait enfermé l'homme le plus propre à la dénoncer, un homme ardent et terrible, que rien ne pouvait dompter, dont la voix ébranlait les murs, dont l'esprit, l'audace, étaient invincibles... Corps de fer indestructible qui devait user toutes les prisons, et la Bastille, et Vincennes, et Charenton, enfin l'horreur de Bicêtre, où tout autre aurait péri.

Ce qui rend l'accusation lourde, accablante, sans appel, c'est que cet homme, tel quel, échappé deux fois, se livra deux fois lui-même. Une fois, de sa retraite, il écrit à madame de Pompadour, et elle le fait reprendre! La seconde fois, il va à Versailles, veut parler au roi, arrive à son antichambre, et elle le fait reprendre... Quoi! l'appartement du roi n'est donc pas un lieu sacré!...

Je suis malheureusement obligé de dire que dans cette société molle, faible, caduque, il y eut force philanthropes, ministres, magistrats, grands seigneurs, pour pleurer sur l'aventure; pas un ne fit rien. Malesherbes pleura, et Lamoignon, et Rohan, tous pleuraient à chaudes larmes.

Il était sur son fumier à Bicêtre, mangé des poux *à la lettre*, logé sous terre, et souvent hurlant de faim. Il avait encore adressé un mémoire à je ne sais quel philanthrope, par un porte-clef ivre. Celui-ci heureusement le perd, une femme le ramasse. Elle le lit, elle frémit, elle ne pleure pas, celle-ci, mais elle agit à l'instant.

Madame Legros était une pauvre petite mercière qui vivait de son travail, en cousant dans sa boutique; son mari, coureur de cachets, répétiteur de latin. Elle ne craignit pas de s'embarquer dans cette terrible affaire. Elle vit, avec un ferme bon sens, ce que les autres ne voyaient pas, ou bien voulaient ne pas voir : que le malheureux n'était pas fou, mais victime d'une nécessité affreuse de ce gouvernement, obligé de cacher, de continuer l'infamie de ses vieilles fautes. Elle le vit, et elle ne fut point découragée, effrayée. Nul héroïsme plus complet : elle eut l'audace d'entreprendre, la force de persévérer, l'obstination du sacrifice de chaque jour et de chaque heure, le courage de mépriser les menaces, la sagacité et toutes les saintes ruses, pour écarter, déjouer les calomnies des tyrans.

Trois ans de suite, elle suivit son but avec une opiniâtreté inouïe dans le bien, mettant à poursuivre le droit, la justice, cette âpreté singulière du chasseur ou du joueur, que nous ne mettons guère que dans nos mauvaises passions.

Tous les malheurs sur la route, et elle ne lâche pas prise. Son père meurt, sa mère meurt; elle perd son petit commerce; elle est blâmée de ses parents, vilainement soupçonnée. On lui demande si elle est la maîtresse de ce prisonnier auquel elle s'intéresse tant. La maîtresse de cette ombre, de ce cadavre dévoré par la gâle et la vermine!

La tentation des tentations, le sommet, la pointe aiguë du Calvaire, ce sont les plaintes, les injustices, les défiances de celui pour qui elle s'use et se sacrifie!

Grand spectacle de voir cette femme pauvre, mal vêtue, qui s'en va de porte en porte, faisant la cour aux valets pour entrer dans les hôtels, plaider sa cause devant les grands, leur demander leur appui.

La police frémit, s'indigne. Madame Legros peut être enlevée d'un moment à l'autre, enfermée, perdue pour toujours; tout le monde l'en avertit. Le lieutenant de police la fait venir, la menace. Il la trouve immuable, ferme; c'est elle qui le fait trembler.

Par bonheur, on lui ménage l'appui de madame Duchesne, femme de chambre de Mesdames. Elle part pour Versailles, à pied, en plein hiver; elle était grosse de sept mois... La protectrice est absente; elle court après, gagne une entorse, et elle n'en court pas moins. Madame Duchesne pleure beaucoup, mais hélas! que peut-elle faire? Une femme de chambre contre deux ou trois ministres, la partie est forte! Elle tenait en main la supplique; un abbé de cour, qui se trouve là, la lui arrache des mains, lui dit qu'il s'agit d'un enragé, d'un misérable, qu'il ne faut pas s'en mêler.

Il suffit d'un mot pareil pour glacer Marie-Antoinette, à qui l'on en avait parlé. Elle avait la larme à l'œil. On plaisanta. Tout finit.

Il n'y avait guère en France d'homme meilleur que le roi. On finit par aller à lui. Le cardinal de Rohan (un polisson, mais, après tout, charitable) parla trois fois à Louis XVI, qui par trois fois refusa. Louis XVI était trop bon pour ne pas en croire M. de Sartines, l'ancien lieutenant de police. Il n'était plus en place, mais ce n'était pas une raison pour le déshonorer, le livrer à ses ennemis. Sartines à part, il faut le dire, Louis XVI aimait la Bastille, il ne voulait pas lui faire tort, la perdre de réputation.

Le roi était très-humain. Il avait supprimé les bas cachots du Châtelet, supprimé Vincennes, créé la

Force pour y mettre les prisonniers pour dettes, les séparer des voleurs.

Mais la Bastille! la Bastille! c'était un vieux serviteur que ne pouvait maltraiter à la légère la vieille monarchie. C'était un mystère de terreur, c'était, comme dit Tacite, — *instrumentum regni*.

Quand le comte d'Artois et la reine, voulant faire jouer *Figaro*, le lui lurent, il dit seulement, comme objection sans réponse : « Il faudrait donc alors que l'on supprimât la Bastille? »

Quand la révolution de Paris eut lieu, en juillet 89, le roi, assez insouciant, parut prendre son parti. Mais, quand on lui dit que la municipalité parisienne avait ordonné la démolition de la Bastille, ce fut pour lui comme un coup à la poitrine : « Ah! dit-il, voici qui est fort! »

Il ne pouvait pas bien recevoir en 1781 une requête qui compromettait la Bastille. Il repoussa celle que Rohan lui présentait pour Latude. Des femmes de haut rang insistèrent. Il fit alors consciencieusement une étude de l'affaire, lut tous les papiers; il n'y en avait guère d'autres que ceux de la police, ceux des gens intéressés à garder la victime en prison jusqu'à la mort. Il répondit définitivement que c'était un homme dangereux; qu'il ne pouvait lui rendre la liberté *jamais*.

Jamais! tout autre en fût resté là. Eh bien, ce qui

ne se fait pas par le roi se fera malgré le roi. Madame Legros persiste. Elle est accueillie des Condé, toujours mécontents et grondeurs; accueillie du jeune duc d'Orléans, de sa sensible épouse, la fille du bon Penthièvre; accueillie des philosophes, de M. le marquis de Condorcet, secrétaire perpétuel de l'Académie des sciences, de Dupaty, de Villette, quasi-gendre de Voltaire, etc., etc.

L'opinion va grondant; le flot, le flot va montant. Necker avait chassé Sartines; son ami et successeur Lenoir était tombé à son tour... La persévérance sera couronnée tout à l'heure. Latude s'obstine à vivre, et madame Legros s'obstine à délivrer Latude.

L'homme de la reine, Breteuil, arrive en 83, qui voudrait la faire adorer. Il permet à l'Académie de donner le prix de vertu à madame Legros, de la couronner... à la condition singulière qu'on ne motive pas la couronne.

Puis, 1784, on arrache à Louis XVI la délivrance de Latude[1]. Et, quelques semaines après, étrange et bizarre ordonnance qui prescrit aux intendants de n'enfermer plus personne, à la requête des familles, que *sur raison bien motivée*, d'indiquer le *temps précis* de la détention demandée, etc. C'est-à-dire qu'on

---

[1] Les lettres admirables de Latude sont encore inédites, sauf le peu qu'a cité Delort. Elles ne réfutent que trop la vaine polémique de 1787.

dévoilait la profondeur du monstrueux abîme d'arbitraire où l'on avait tenu la France. Elle en savait déjà beaucoup, mais le gouvernement en avouait davantage.

Madame Legros ne vit pas la destruction de la Bastille. Elle mourut peu avant. Mais ce n'en est pas moins elle qui eut la gloire de la détruire. C'est elle qui saisit l'imagination populaire de haine et d'horreur pour la prison du *bon plaisir* qui avait enfermé tant de martyrs de la foi ou de la pensée. La faible main d'une pauvre femme isolée brisa, en réalité, la hautaine forteresse, en arracha les fortes pierres, les massives grilles de fer, en rasa les tours.

IV

L'AMOUR ET L'AMOUR DE L'IDÉE (89-91)

Le caractère de ce moment unique, c'est que les partis y deviennent des religions. Deux religions se posent en face, l'idolâtrie dévote et royaliste, l'idéalité républicaine. Dans l'une, l'âme, irritée par le sentiment de la pitié même, rejetée violemment vers le passé qu'on lui dispute, s'acharne aux idoles de chair, aux dieux matériels qu'elle avait presque oubliés. Dans l'autre, l'âme se dresse et s'exalte au culte de l'idée pure; plus d'idoles, nul autre objet de religion que l'idéal, la patrie, la liberté.

Les femmes, moins gâtées que nous par les habitudes sophistiques et scolastiques, marchent bien loin devant les hommes dans ces deux religions. C'est une chose noble et touchante, de voir parmi elles, non-seulement les pures, les irréprochables, mais les moins dignes même, suivre un noble élan vers le beau désintéressé, prendre la patrie pour amie de cœur, pour amant le droit éternel.

Les mœurs changent-elles alors? non, mais l'amour a pris son vol vers les plus hautes pensées. La patrie, la liberté, le bonheur du genre humain, ont envahi les cœurs des femmes. La vertu des temps romains, si elle n'est dans les mœurs, est dans l'imagination, dans l'âme, dans les nobles désirs. Elles regardent autour d'elles où sont les héros de Plutarque; elles les veulent, elles les feront. Il ne suffit pas, pour leur plaire, de parler Rousseau et Mably. Vives et sincères, prenant les idées au sérieux, elles veulent que les paroles deviennent des actes. Toujours elles ont aimé la force. Elles comparent l'homme moderne à l'idéal de force antique qu'elles ont devant l'esprit. Rien peut-être n'a plus contribué que cette comparaison, cette exigence des femmes, à précipiter les hommes, à hâter le cours rapide de notre révolution.

Cette société était ardente! Il nous semble, en y entrant, sentir une brûlante haleine.

Nous avons vu, de nos jours, des actes extraordinaires, d'admirables sacrifices, des foules d'hommes qui donnaient leurs vies; et pourtant, toutes les fois que je me retire du présent, que je retourne au passé, à l'histoire de la Révolution, j'y trouve bien plus de chaleur; la température est tout autre. Quoi! le globe aurait-il donc refroidi depuis ce temps?

Des hommes de ce temps-là m'avaient dit la différence, et je n'avais pas compris. A la longue, à mesure que j'entrais dans le détail, n'étudiant pas seulement la mécanique législative, mais le mouvement des partis, non-seulement les partis, mais les hommes, les personnes, les biographies individuelles, j'ai bien senti alors la parole des vieillards.

La différence des deux temps se résume d'un mot : *On aimait*.

L'intérêt, l'ambition, les passions éternelles de l'homme, étaient en jeu, comme aujourd'hui; mais la part la plus forte encore était celle de l'amour. Prenez ce mot dans tous les sens, l'amour de l'idée, l'amour de la femme, l'amour de la patrie et du genre humain. Ils aimèrent et le beau qui passe, et le beau qui ne passe point : deux sentiments mêlés alors, comme l'or et le bronze, fondus dans l'airain de Corinthe[1].

---

[1] A mesure qu'on entrera dans une analyse plus sérieuse de l'histoire de ces temps, on découvrira la part souvent secrète, mais immense, que le cœur a eue dans la destinée des hommes d'alors, quel

Les femmes règnent alors par le sentiment, par la passion, par la supériorité aussi, il faut le dire, de leur initiative. Jamais, ni avant ni après, elles n'eurent tant d'influence. Au dix-huitième siècle, sous les encyclopédistes, l'esprit a dominé dans la société; plus tard, ce sera l'action, l'action meurtrière et terrible. En 91, le sentiment domine, et, par conséquent, la femme.

Le cœur de la France bat fort à cette époque. L'émotion, depuis Rousseau, a été croissant. Sentimentale d'abord, rêveuse, époque d'attente inquiète, comme une heure avant l'orage, comme dans un jeune cœur l'amour vague avant l'amant. Souffle immense, en 89, et tout cœur palpite... Puis 90, la Fédération, la fraternité, les larmes... En 91, la crise, le débat, la discussion passionnée. — Mais partout les femmes, partout la passion individuelle dans la passion publique; le drame privé, le drame social, vont se mêlant, s'enchevêtrant; les deux fils se tissent ensemble; hélas! bien souvent, tout à l'heure, ensemble ils seront tranchés!

Une légende anglaise circulait, qui avait donné à nos Françaises une grande émulation. Mistress Macaulay, l'éminent historien des Stuarts, avait inspiré

que fût leur caractère. Pas un d'eux ne fait exception, depuis Necker jusqu'à Robespierre. Cette génération raisonneuse atteste toujours les idées, mais les affections la gouvernent avec tout autant de puissance au vieux ministre Williams tant d'admiration pour son génie et sa vertu, que, dans une église même, il avait consacré sa statue de marbre comme déesse de la Liberté.

Peu de femmes de lettres alors qui ne rêvent d'être la Macaulay de la France. La déesse inspiratrice se retrouve dans chaque salon. Elles dictent, corrigent, refont les discours qui, le lendemain, seront prononcés aux clubs, à l'Assemblée nationale. Elles les suivent, ces discours, vont les entendre aux tribunes; elles siégent, juges passionnées, elles soutiennent de leur présence l'orateur faible ou timide. Qu'il se relève et regarde... N'est-ce pas là le fin sourire de madame de Genlis, entre ses séduisantes filles, la princesse et Paméla? Et cet œil noir, ardent de vie, n'est-ce pas madame de Staël? Comment faiblirait l'éloquence?... Et le courage manquera-t-il devant madame Roland?

V

LES FEMMES DU 6 OCTOBRE (89)

Les hommes ont fait le 14 juillet, les femmes le 6 octobre. Les hommes ont pris la Bastille royale, et les femmes ont pris la royauté elle même, l'ont mise aux mains de Paris, c'est-à-dire de la Révolution.

L'occasion fut la famine. Des bruits terribles circulaient sur la guerre prochaine, sur la ligue de la reine et des princes avec les princes allemands, sur les uniformes étrangers, verts et rouges, que l'on voyait dans Paris, sur les farines de Corbeil qui ne venaient plus que de deux jours l'un, sur la disette qui ne pouvait qu'augmenter, sur l'approche d'un rude hiver... Il n'y a pas de temps à perdre, disait-on; si l'on veut prévenir la guerre et la faim, il faut amener le roi ici ; sinon, ils vont l'enlever.

Personne ne sentait tout cela plus vivement que les femmes. Les souffrances, devenues extrêmes, avaient cruellement atteint la famille et le foyer. Une dame donna l'alarme, le samedi 3, au soir ; voyant que son mari n'était pas assez écouté, elle courut au café de Foy, y dénonça les cocardes antinationales, montra le danger public. Le lundi, aux halles, une jeune fille prit un tambour, battit la générale, entraîna toutes les femmes du quartier.

Ces choses ne se voient qu'en France ; nos femmes font des braves et le sont. Le pays de Jeanne d'Arc, et de Jeanne de Montfort, et de Jeanne Hachette, peut citer cent héroïnes. Il y en eut une à la Bastille, qui, plus tard, partit pour la guerre, fut capitaine d'artillerie ; son mari était soldat. Au 18 juillet, quand le Roi vint à Paris, beaucoup de femmes étaient armées. Les femmes furent à l'avant-garde de notre Révolution. Il ne faut pas s'en étonner, elles souffraient davantage.

Les grandes misères sont féroces, elles frappent plutôt les faibles, elles maltraitent les enfants, les femmes bien plus que les hommes. Ceux-ci vont, viennent, cherchent hardiment, s'ingénient, finissent par trouver, au moins pour le jour. Les femmes, les pauvres femmes, vivent, pour la plupart, renfermées, assises, elles filent, elles cousent ; elles ne sont guère en état, le jour où tout manque, de chercher leur vie. Chose douloureuse à penser, la femme, l'être relatif qui ne peut vivre qu'à deux, est plus souvent seule que l'homme. Lui, il trouve partout la société, se crée des rapports nouveaux. Elle, elle n'est rien sans la famille. Et la famille l'accable; tout le poids porte sur elle. Elle reste au froid logis, démeublé et dénué, avec des enfants qui pleurent, ou malades, mourants, et qui ne pleurent plus... Une chose peu remarquée, la plus déchirante peut-être au cœur maternel, c'est que l'enfant est injuste. Habitué à trouver dans la mère une providence universelle qui suffit à tout, il s'en prend à elle, durement, cruellement, de tout ce qui manque, crie, s'emporte, ajoute à la douleur une douleur plus poignante.

Voilà la mère. Comptons aussi beaucoup de filles seules, tristes créatures sans famille, sans soutien, qui, trop laides, ou vertueuses, n'ont ni ami, ni amant, ne connaissent aucune des joies de la vie. Que leur petit métier ne puisse plus les nourrir, elles ne savent point y suppléer : elles remontent au grenier, attendent ; parfois on les trouve mortes, la voisine s'en aperçoit par hasard.

Ces infortunées n'ont pas même assez d'énergie pour se plaindre, faire connaître leur situation, protester contre le sort. Celles qui agissent et remuent, au temps des grandes détresses, ce sont les fortes, les moins épuisées par la misère, pauvres plutôt qu'indigentes. Le plus souvent, les intrépides qui se jettent alors en avant sont des femmes d'un grand cœur, qui souffrent peu pour elles-mêmes, beaucoup pour les autres ; la pitié, inerte, passive chez les hommes, plus résignés aux maux d'autrui, est chez les femmes un sentiment très-actif, très-violent, qui devient parfois héroïque, et les pousse impérieusement aux actes les plus hardis.

Il y avait, au 5 octobre, une foule de malheureuses créatures qui n'avaient pas mangé depuis trente heures. Ce spectacle douloureux brisait les cœurs, et personne n'y faisait rien ; chacun se renfermait en déplorant la dureté des temps. Le dimanche 4, au soir, une femme courageuse, qui ne pouvait voir cela plus longtemps, court du quartier Saint-Denis au Palais-Royal, elle se fait jour dans la foule bruyante qui pérorait, elle se fait écouter ; c'était une femme de trente-six ans, bien mise, honnête, mais forte et hardie. Elle veut qu'on aille à Versailles, elle marchera à la tête. On plaisante, elle applique un soufflet à l'un des plaisants. Le lendemain, elle partit des premières, le sabre à la main, prit un canon à la Ville, se mit à cheval dessus, et le mena à Versailles, la mèche allumée.

Parmi les métiers perdus qui semblaient périr avec

l'ancien régime, se trouvait celui de sculpteur en bois. On travaillait beaucoup en ce genre, et pour les églises, et pour les appartements. Beaucoup de femmes sculptaient. L'une d'elles, Madeleine Chabry, ne faisant plus rien, s'était établie bouquetière au quartier du Palais-Royal, sous le nom de Louison ; c'était une fille de dix-sept ans, jolie et spirituelle. On peut parier hardiment que ce ne fut pas la faim qui mena celle-ci à Versailles. Elle suivit l'entraînement général, son bon cœur et son courage. Les femmes la mirent à la tête, et la firent leur orateur.

Il y en avait bien d'autres que la faim ne menait point. Il y avait des marchandes, des portières, des filles publiques, compatissantes et charitables, comme elles le sont souvent. Il y avait un nombre considérable de femmes de la halle ; celles-ci fort royalistes, mais elles désiraient d'autant plus avoir le roi à Paris. Elles avaient été le voir quelque temps avant cette époque, je ne sais à quelle occasion ; elles lui avaient parlé avec beaucoup de cœur, une familiarité qui fit rire, mais touchante, et qui révélait un sens parfait de la situation : « Pauvre homme ! disaient-elles en regardant le roi, cher homme ! bon papa ! » — Et plus sérieusement à la reine : « Madame, madame, ouvrez vos entrailles !... ouvrons-nous ! » Ne cachons rien, disons bien franchement ce que nous avons à dire.

Ces femmes des marchés ne sont pas celles qui souffrent beaucoup de la misère; leur commerce, portant sur les objets nécessaires à la vie, a moins de variations. Mais elles voient la misère mieux que personne, et la ressentent; vivant toujours sur la place, elles n'échappent pas, comme nous, au spectacle des souffrances. Personne n'y compatit davantage, n'est meilleur pour les malheureux. Avec des formes grossières, des paroles rudes et violentes, elles ont souvent un cœur royal, infini de bonté. Nous avons vu nos Picardes, les femmes du marché d'Amiens, pauvres vendeuses de légumes, sauver le père de quatre enfants qu'on allait guillotiner; c'était le moment du sacre de Charles X; elles laissèrent leur commerce, leur famille, s'en allèrent à Reims, elles firent pleurer le roi, arrachèrent la grâce, et, au retour, faisant entre elles une collecte abondante, elles renvoyèrent sauvés, comblés, le père, la femme et les enfants.

Le 5 octobre, à sept heures, elles entendirent battre la caisse, et elles ne résistèrent pas. Une petite fille avait pris un tambour au corps de garde, et battait la générale. C'était lundi; les halles furent désertées, toutes partirent : « Nous ramènerons, disent-elles, *le boulanger, la boulangère...* Et nous aurons l'agrément d'entendre *notre petite mère* Mirabeau. »

Les halles marchent, et, d'autre part, marchait le faubourg Saint-Antoine. Sur la route, les femmes entraînaient toutes celles qu'elles pouvaient rencontrer, menaçant celles qui ne viendraient pas de leur couper les cheveux. D'abord, elles vont à la Ville. On venait d'y amener un boulanger qui, sur un pain de deux livres, donnait sept onces de moins. La lanterne était descendue. Quoique l'homme fût coupable, de son propre aveu, la garde nationale le fit échapper. Elle présenta la baïonnette aux quatre ou cinq cents femmes déjà rassemblées. D'autre part, au fond de la place, se tenait la cavalerie de la garde nationale. Les femmes ne s'étonnèrent point. Elles chargèrent la cavalerie, l'infanterie, à coups de pierres; on ne put se décider à tirer sur elles ; elles forcèrent l'Hôtel de Ville, entrèrent dans tous les bureaux. Beaucoup étaient assez bien mises, elles avaient pris une robe blanche pour ce grand jour. Elles demandaient curieusement à quoi servait chaque salle, et priaient les représentants des districts de bien recevoir celles qu'elles avaient amenées de force, dont plusieurs étaient enceintes, et malades peut-être de peur. D'autres femmes, affamées, sauvages, criaient : *Du pain et des armes !* Les hommes étaient des lâches, elles voulaient leur montrer ce que c'était que le courage... Tous les gens de l'Hôtel de Ville étaient bons à pendre, il fallait brûler leurs écritures, leurs paperasses... Et elles allaient le faire, brûler le bâtiment peut-être... Un homme les arrêta, un homme de taille très-haute, en habit noir, d'une figure sérieuse et plus triste que l'habit. Elles voulaient le tuer d'abord, croyant qu'il était de la Ville, disant qu'il était un traître... Il répondit qu'il n'était pas traître, mais huissier de son métier, l'un des vainqueurs de la Bastille. C'était Stanislas Maillard.

Dès le matin, il avait utilement travaillé dans le faubourg Saint-Antoine. Les volontaires de la Bastille, sous le commandement d'Hullin, étaient sur la place en armes; les ouvriers, qui démolissaient la forteresse, crurent qu'on les envoyait contre eux. Maillard s'interposa, prévint la collision. A la Ville, il fut assez heureux pour empêcher l'incendie. Les femmes promettaient même de ne point laisser entrer d'hommes; elles avaient mis leurs sentinelles armées à la grande porte. A onze heures, les hommes attaquent la petite porte qui donnait sous l'arcade Saint-Jean. Armés de leviers, de marteaux, de haches et de piques, ils forcent la porte, forcent les magasins d'armes. Parmi eux, se trouvait un garde française, qui le matin avait voulu sonner le tocsin, qu'on avait pris sur le fait; il avait, disait-il, échappé par miracle; les modérés, aussi furieux que les autres, l'auraient pendu sans les femmes, il montrait son cou sans cravate, d'où elles avaient ôté la corde... Par représailles, on prit un homme de la Ville pour le pendre; c'était le brave Lefebvre, le distributeur des poudres au 14 juillet; des femmes ou des hommes déguisés en femmes, le pendirent effectivement au petit clocher; l'une ou l'un d'eux coupa la corde, il tomba, étourdi seulement, dans une salle, vingt-cinq pieds plus bas.

Ni Bailly ni la Fayette n'étaient arrivés. Maillard va trouver l'aide-major général, et lui dit qu'il n'y a qu'un moyen de finir tout, c'est que lui, Maillard, mène les femmes à Versailles. Ce voyage donnera le temps d'assembler des forces. Il descend, bat le tambour, se fait écouter. La figure froidement tragique du grand homme noir fit bon effet dans la Grève; il parut homme prudent, propre à mener la chose à bien. Les femmes, qui déjà partaient avec les canons de la Ville, le proclament leur capitaine. Il se met en tête avec huit ou dix tambours; sept ou huit mille femmes suivaient, quelques centaines d'hommes armés, et enfin, pour arrière-garde, une compagnie des volontaires de la Bastille.

Arrivés aux Tuileries, Maillard voulait suivre le quai, les femmes voulaient passer triomphalement sous l'horloge, par le palais et le jardin. Maillard, observateur des formes, leur dit de bien remarquer que c'était la maison du roi, le jardin du roi; les traverser sans permission, c'était insulter le roi. Il s'approcha poliment du suisse, et lui dit que ces dames voulaient passer seulement, sans faire le moindre dégât. Le suisse tira l'épée, courut sur Maillard, qui tira la sienne... Une portière heureusement frappe à propos d'un bâton, le suisse tombe, un homme lui met la baïonnette à la poitrine. Maillard l'arrête, désarme froidement les deux hommes, emporte la baïonnette et les épées.

La matinée avançait, la faim augmentait. A Chaillot, à Auteuil, à Sèvres, il était bien difficile d'empêcher les pauvres affamées de voler des aliments. Maillard ne le souffrit pas. La troupe n'en pouvait plus à Sèvres; il n'y avait rien, même à acheter; toutes les portes étaient fermées, sauf une, celle d'un malade qui était resté; Maillard se fit donner par lui, en payant, quelques brocs de vin. Puis il désigna sept hommes, et les chargea d'amener les boulangers de Sèvres, avec tout ce qu'ils auraient. Il y avait huit pains en tout, trente-deux livres pour huit mille personnes... On les partagea, et l'on se traîna plus loin. La fatigue décida la plupart des femmes à jeter leurs armes. Maillard leur fit sentir d'ailleurs que, voulant faire visite au roi, à l'Assemblée, les toucher, les attendrir, il ne fallait pas arriver dans cet équipage guerrier. Les canons furent mis à la queue, et cachés en quelque sorte. Le sage huissier voulait un *amener sans scandale*, pour dire comme le palais. A l'entrée de Versailles, pour bien constater l'intention pacifique, il donna le signal aux femmes de chanter l'air d'Henri IV.

Les gens de Versailles étaient ravis, criaient : Vivent nos Parisiennes! Les spectateurs étrangers ne voyaient rien que d'innocent dans cette foule qui venait demander secours au roi. Un homme, peu favorable à la Révolution, le Genévois Dumont, qui dînait au palais des Petites-Écuries, et regardait d'une fenêtre, dit lui-même : « Tout ce peuple ne demandait que du pain. »

L'Assemblée avait été, ce jour-là, fort orageuse. Le roi, ne voulant *sanctionner* ni la Déclaration des droits, ni les arrêtés du 4 août, répondait qu'on ne pouvait juger des lois constitutives que dans leur ensemble, qu'il y *accédait* néanmoins, en considération des circonstances alarmantes, et à la condition expresse que le pouvoir exécutif reprendrait toute sa force.

« Si vous acceptez la lettre du roi, dit Robespierre, il n'y a plus de constitution, aucun droit d'en avoir une. » Duport, Grégoire, d'autres députés, parlent dans le même sens. Pétion rappelle, accuse l'orgie des gardes du corps. Un député, qui lui-même avait servi parmi eux, demande, pour leur honneur, qu'on formule la dénonciation, et que les coupables soient poursuivis. « Je dénoncerai, dit Mirabeau, et je signerai, si l'Assemblée déclare que la personne du roi est *la seule* inviolable. » C'était désigner la reine. L'Assemblée entière recula : la motion fut retirée; dans un pareil jour, elle eût provoqué un meurtre.

Mirabeau lui-même n'était pas sans inquiétude pour ses tergiversations. Il s'approche du président, et lui dit à demi-voix : « Mounier, Paris marche sur nous... croyez-moi, ne me croyez pas, quarante mille hommes marchent sur nous... Trouvez-vous mal, montez au château, et donnez-leur cet avis, il n'y a pas une minute à perdre... — Paris marche? dit sèchement Mounier (il croyait Mirabeau un des auteurs du mouvement); eh bien, tant mieux! nous en serons plus tôt république. »

L'Assemblée décide qu'on enverra vers le roi, pour demander l'acceptation pure et simple de la Déclaration des droits. A trois heures, Target annonce qu'une foule se présente aux portes sur l'avenue de Paris.

Tout le monde savait l'événement. Le roi seul ne le savait pas. Il était parti le matin, comme à l'ordinaire, pour la chasse; il courait les bois de Meudon. On le cherchait; en attendant, on battait la générale; les gardes du corps montaient à cheval, sur la place d'armes, et s'adossaient à la grille; le régiment de Flandre, au-dessous, à leur droite, près de l'avenue de Sceaux ; plus bas encore, les dragons; derrière la grille, les Suisses.

Cependant Maillard arrivait à l'Assemblée nationale. Toutes les femmes voulaient entrer. Il eut la plus grande peine à leur persuader de ne faire entrer que quinze des leurs. Elles se placèrent à la barre, ayant à leur tête le garde française dont on a parlé, une femme qui au bout d'une perche portait un tambour de basque, et, au milieu, le gigantesque huissier, en habit noir déchiré, l'épée à la main. Le soldat, avec pétulance, prit la parole, dit à l'Assemblée que le matin, personne ne trouvant de pain chez les boulangers, il avait voulu sonner le tocsin, qu'on avait failli le pendre, qu'il avait dû son salut aux dames qui l'accompagnaient. « Nous venons, dit-il, demander du pain et la punition des gardes du corps qui ont insulté la cocarde... Nous sommes de bons patriotes; nous avons sur notre route arraché les cocardes noires... Je vais avoir le plaisir d'en déchirer une sous les yeux de l'Assemblée. »

A quoi l'autre ajouta gravement : « Il faudra bien que tout le monde prenne la cocarde patriotique. » Quelques murmures s'élevèrent.

« Et pourtant nous sommes tous frères! » dit la sinistre figure.

Maillard faisait allusion à ce que la municipalité de Paris avait déclaré la veille : Que la cocarde tricolore *ayant été adoptée comme signe de fraternité*, elle était la seule que dût porter le citoyen.

Les femmes impatientes criaient toutes ensemble :

« Du pain! du pain! » — Maillard commença alors à dire l'horrible situation de Paris, les convois interceptés par les autres villes, ou par les aristocrates. « Ils veulent, dit-il, nous faire mourir. Un meunier a reçu deux cents livres pour ne pas moudre, avec promesse d'en donner autant par semaine. » — L'Assemblée : « Nommez! nommez! » — C'était dans l'Assemblée même que Grégoire avait parlé de ce bruit qui courait; Maillard l'avait appris en route.

« Nommez! » Des femmes crièrent au hasard : « C'est l'archevêque de Paris. »

Robespierre prit une grave initiative. Seul, il appuya Maillard, dit que l'abbé Grégoire avait parlé du fait, et sans doute donnerait des renseignements.

D'autres membres de l'Assemblée essayèrent des caresses ou des menaces. Un député du clergé, abbé ou prélat, vint donner sa main à baiser à l'une des femmes. Elle se mit en colère, et dit : « Je ne suis pas faite pour baiser la patte d'un chien. » Un autre député, militaire, décoré de la croix de Saint-Louis, entendant dire à Maillard que le grand obstacle à la constitution était le clergé, s'emporta, et lui dit qu'il devrait subir sur l'heure une punition exemplaire. Maillard, sans s'épouvanter, répondit qu'il n'inculpait aucun membre de l'Assemblée, que sans doute le clergé ne savait rien de tout cela, qu'il croyait rendre service en leur donnant cet avis. Pour la seconde fois, Robespierre soutint Maillard, calma les femmes. Celles du dehors s'impatientaient, craignaient pour leur orateur; le bruit courait parmi elles qu'il avait péri. Il sortit, et se montra un moment.

Maillard, reprenant alors, pria l'Assemblée d'inviter les gardes du corps à faire réparation pour l'injure à la cocarde. — Des députés démentaient... Maillard insista en termes peu mesurés. — Le président Mounier le rappela au respect de l'Assemblée, ajoutant maladroitement que ceux qui voulaient être citoyens pouvaient l'être de leur plein gré... C'était donner prise à Maillard; il s'en saisit, répliqua : « Il n'est personne qui ne doive être fier de ce nom de citoyen. Et, s'il était, dans cette auguste Assemblée, quelqu'un qui s'en fît déshonneur, il devrait en être exclu. » L'Assemblée frémit, applaudit : « Oui, nous sommes tous citoyens. »

A l'instant on apportait une cocarde aux trois couleurs, de la part des gardes du corps. Les femmes crièrent : « Vive le roi ! vivent messieurs les gardes du corps ! » Maillard, qui se contentait plus difficilement, insista sur la nécessité de renvoyer le régiment de Flandre.

Mounier, espérant alors pouvoir les congédier, dit que l'Assemblée n'avait rien négligé pour les subsistances, le roi non plus; qu'on chercherait de nouveaux moyens, qu'ils pouvaient aller en paix. — Maillard ne bougeait, disant : « Non, cela ne suffit pas. »

Un député proposa alors d'aller représenter au roi la position malheureuse de Paris. L'Assemblée le décréta, et les femmes, se prenant vivement à cette espérance, sautaient au cou des députés, embrassaient le président, quoi qu'il fît. « Mais où donc est Mirabeau? disaient-elles encore, nous voudrions bien voir notre comte de Mirabeau! »

Mounier, baisé, entouré, étouffé presque, se mit tristement en route avec la députation et une foule de femmes qui s'obstinaient à le suivre. « Nous étions à pied dans la boue, dit-il; il pleuvait à verse. Nous traversions une foule mal vêtue, bruyante, bizarrement armée. » Des gardes du corps faisaient des patrouilles, et passaient au grand galop. Ces gardes, voyant Mounier et les députés, avec l'étrange cortége qu'on leur faisait par honneur, crurent apparemment voir là les chefs de l'insurrection, voulurent dissiper cette masse, et coururent tout au travers. Les inviolables échappèrent comme ils purent, et se sauvèrent dans la boue. Qu'on juge de la rage du peuple, qui se figurait qu'avec eux il était sûr d'être respecté!

Deux femmes furent blessées, et même de coups de sabre, selon quelques témoins[1]. Cependant le peuple

---

[1] Si le roi défendit d'agir, comme on l'affirme, ce fut plus tard et trop tard.

ne fit rien encore. De trois heures à huit heures du soir, il fut patient, immobile, sauf des cris, des huées, quand passait l'uniforme odieux des gardes du corps. Un enfant jeta des pierres.

On avait trouvé le roi; il était revenu de Meudon sans se presser. Mounier, enfin reconnu, fut reçu avec douze femmes. Il parla au roi de la misère de Paris, aux ministres de la demande de l'Assemblée, qui attendait l'acceptation pure et simple de la Déclaration des droits et autres articles constitutionnels. Le roi cependant écoutait les femmes avec bonté. La jeune Louison Chabry avait été chargée de porter la parole; mais, devant le roi, son émotion fut si forte, qu'elle put à peine dire : « Du pain ! » et elle tomba évanouie. Le roi, fort touché, la fit secourir, et, lorsqu'au départ elle voulut lui baiser la main, il l'embrassa comme un père.

Elle sortit royaliste, et criant : Vive le roi ! Celles qui attendaient sur la place, furieuses, se mirent à dire qu'on l'avait payée; elle eut beau retourner ses poches, montrer qu'elle était sans argent; les femmes lui passaient au cou leurs jarretières pour l'étrangler. On l'en tira, non sans peine. Il fallut qu'elle remontât au château, qu'elle obtînt du roi un ordre écrit pour faire venir des blés, pour lever tout obstacle à l'approvisionnement de Paris.

Aux demandes du président, le roi avait dit tranquillement : « Revenez sur les neuf heures. » Mounier n'en était pas moins resté au château, à la porte du conseil, insistant pour une réponse, frappant d'heure en heure, jusqu'à dix du soir. Mais rien ne se décidait.

Le ministre de Paris, M. de Saint-Priest, avait appris la nouvelle fort tard (ce qui prouve combien le départ pour Versailles fut imprévu, spontané). Il proposa que la reine partît pour Rambouillet, que le roi restât, résistât, et, au besoin, combattît; le seul départ de la reine eût tranquillisé le peuple et dispensé de combattre. M. Necker voulait que le roi allât à Paris, qu'il se confiât au peuple, c'est-à-dire qu'il fût franc, sincère, acceptât la révolution. Louis XVI, sans rien résoudre, ajourna le conseil, afin de consulter la reine.

Elle voulait bien partir, mais avec lui, ne pas laisser à lui-même un homme si incertain; le nom du roi était son arme pour commencer la guerre civile. Saint-Priest, vers sept heures, apprit que M. de la Fayette, entraîné par la garde nationale, marchait sur Versailles. « Il faut partir sur-le-champ, dit-il. Le roi, en tête des troupes, passera sans difficulté. » Mais il était impossible de le décider à rien. Il croyait (et bien à tort) que, lui parti, l'Assemblée ferait roi le duc d'Orléans. Il répugnait aussi à fuir, il se promenait à grands pas, répétant de temps en temps : « Un roi fugitif! un roi fugitif! » La reine cependant insistant sur le départ, l'ordre fut donné pour les voitures. Déjà il n'était plus temps.

Un milicien de Paris, qu'une troupe de femmes avait pris, malgré lui, pour chef, et qui, exalté par la route, s'était trouvé à Versailles plus ardent que tous les autres, se hasarda à passer derrière les gardes du corps; là, voyant la grille fermée, il aboyait après le factionnaire placé au dedans, et le menaçait de sa baïonnette. Un lieutenant des gardes et deux autres tirent le sabre, se mettent au galop, commencent à lui donner la chasse. L'homme fuit à toutes jambes, veut gagner une baraque, heurte un tonneau, tombe, toujours criant au secours. Le cavalier l'atteignait, quand les gardes nationaux de Versailles ne purent plus se contenir; l'un d'eux, un marchand de vin, sort des rangs, le couche en joue, le tire, et l'arrête net; il avait cassé le bras qui tenait le sabre levé.

D'Estaing, le commandant de cette garde nationale, était au château, croyant partir avec le roi. Lecointre, le lieutenant-colonel, restait sur la place, demandait des ordres à la municipalité, qui n'en donnait pas. Il craignait avec raison que cette foule affamée ne se mît à courir la ville, ne se nourrît elle-même. Il alla les trouver, demanda ce qu'il fallait de vivres, sollicita la municipalité, n'en tira qu'un peu de riz, qui n'était rien pour tant de monde. Alors il fit chercher partout, et, par sa louable intelligence, soulagea un peu le peuple.

En même temps, il s'adressait au régiment de Flandre, demandait aux officiers, aux soldats, s'ils tireraient. Ceux-ci étaient déjà pressés par une influence bien autrement puissante. Des femmes s'étaient jetées parmi eux, et les priaient de ne pas faire de mal au peuple. L'une d'elles apparut alors, que nous reverrons souvent, qui ne semble pas avoir marché dans la boue avec les autres, mais qui vint plus tard sans doute, et tout d'abord se jeta au travers des soldats. C'était la jolie mademoiselle Théroigne de Méricourt, une Liégeoise, vive et emportée, comme tant de femmes de Liége qui firent les révolutions du quinzième siècle et combattirent vaillamment contre Charles le Téméraire. Piquante, originale, étrange, avec son chapeau d'amazone et sa redingote rouge, le sabre au côté, parlant à la fois, pêle-mêle, avec éloquence pourtant, le français et le liégeois... On riait, mais on cédait... Impétueuse, charmante, terrible, elle ne sentait nul obstacle...

Théroigne, ayant envahi ce pauvre régiment de Flandre, lui tourna la tête, le gagna, le désarma si bien, qu'il donnait fraternellement ses cartouches aux gardes nationaux de Versailles.

D'Estaing fit dire alors à ceux-ci de se retirer. Quelques-uns partent; d'autres répondent qu'ils ne s'en iront pas que les gardes du corps ne soient partis les premiers. Ordre aux gardes de défiler. Il était huit heures, la soirée fort sombre. Le peuple suivait, pressait les gardes avec des huées. Ils avaient le sabre à la main, ils se font faire place. Ceux qui étaient à la queue, plus embarrassés que les autres, tirent des coups de pistolet; trois gardes nationaux sont touchés, l'un à la joue, les deux autres reçoivent les balles dans leurs habits. Leurs camarades répondent, tirent aussi. Les gardes du corps ripostent de leurs mousquetons.

D'autres gardes nationaux entraient dans la cour, entouraient d'Estaing, demandaient des munitions. Il fut lui-même étonné de leur élan, de l'audace qu'ils montraient, tout seuls au milieu des troupes : « Vrais martyrs de l'enthousiasme, » disait-il plus tard à la reine.

Un lieutenant de Versailles déclara au garde de l'artillerie que, s'il ne donnait de la poudre, il lui brûlerait la cervelle. Il en livra un tonneau qu'on défonça sur la place, et l'on chargea des canons qu'on braqua vis-à-vis la rampe, de manière à prendre en flanc les troupes qui couvraient encore le château, et les gardes du corps qui revenaient sur la place.

Les gens de Versailles avaient montré la même fermeté de l'autre côté du château. Cinq voitures se présentaient à la grille pour sortir; c'était la reine, disait-on, qui partait pour Trianon. Le suisse ouvre, la garde ferme. « Il y aurait danger pour Sa Majesté, dit le commandant, à s'éloigner du château. » Les voitures rentrèrent sous escorte. Il n'y avait plus de passage. Le roi était prisonnier.

Le même commandant sauva un garde du corps que la foule voulait mettre en pièces, pour avoir tiré sur le peuple. Il fit si bien, qu'on laissa l'homme; on se contenta du cheval, qui fut dépecé; on commençait à le rôtir sur la place-d'armes; mais la foule avait trop faim; il fut mangé presque cru.

La pluie tombait. La foule s'abritait où elle pouvait; les uns enfoncèrent la grille des Grandes-Écuries, où était le régiment de Flandre, et s'y mirent pêle-mêle avec les soldats. D'autres, environ quatre mille, étaient restés dans l'Assemblée. Les hommes étaient assez tranquilles, mais les femmes supportaient impatiemment cet état d'inaction; elles parlaient, criaient, remuaient. Maillard seul pouvait les faire taire, et il n'en venait à bout qu'en haranguant l'Assemblée.

Ce qui n'aidait pas à calmer la foule, c'est que des gardes du corps vinrent trouver les dragons qui étaient aux portes de l'Assemblée, demander s'ils voudraient les aider à prendre les pièces qui menaçaient le château. On allait se jeter sur eux; les dragons les firent échapper.

A huit heures, autre tentative. On apporta une lettre du roi, où, sans parler de la Déclaration des droits, il promettait vaguement la libre circulation des grains. Il est probable qu'à ce moment l'idée de fuite dominait au château. Sans rien répondre à Mounier, qui restait toujours à la porte du conseil, on envoyait cette lettre pour occuper la foule qui attendait.

Une apparition singulière avait ajouté à l'effroi de la cour. Un jeune homme du peuple entre, mal mis, tout défait... On s'étonne... C'était le duc de Richelieu, qui, sous cet habit, s'était mêlé à la foule, à ce nouveau flot de peuple qui était parti de Paris; il les avait quittés à moitié chemin pour avertir la famille royale; il avait entendu des propos horribles, des menaces atroces, à faire dresser les cheveux... En disant cela, il était si pâle, que tout le monde pâlit...

Le cœur du roi commençait à faiblir; il sentait la reine en péril. Quoi qu'il en coûtât à sa conscience de consacrer l'œuvre législative du philosophisme, il signa à dix heures du soir la Déclaration des droits.

Mounier put donc enfin partir. Il avait hâte de reprendre la présidence avant l'arrivée de cette grande armée de Paris, dont on ne savait pas les projets. Il rentre, mais plus d'Assemblée; elle avait levé la séance; la foule, de plus en plus bruyante, exigeante, avait demandé qu'on diminuât le prix du pain, celui de la viande. Mounier trouva à sa place, dans le siége du président, une grande femme de bonnes manières, qui tenait la sonnette, et qui descendit à regret. Il donna ordre qu'on tâchât de réunir les députés; en attendant, il annonça au peuple que le roi venait d'accepter les articles constitutionnels. Les femmes, se serrant alors autour de lui, le priaient d'en donner copie; d'autres disaient : « Mais, monsieur le président, cela sera-t-il bien avantageux? cela fera-t-il avoir du pain aux pauvres gens de Paris? » — D'autres : « Nous avons bien faim. Nous n'avons pas mangé aujourd'hui. » Mounier dit qu'on allât chercher du pain chez les boulangers. De tous côtés, les vivres vinrent. Ils se mirent à manger dans la salle avec grand bruit.

Les femmes, tout en mangeant, causaient avec Mounier : « Mais, cher président, pourquoi donc avez-vous défendu ce vilain *veto*?... Prenez bien garde à la lanterne! » Mounier leur répondit avec fermeté qu'elles n'étaient pas en état de juger, qu'on les trompait, que, pour lui, il aimait mieux exposer sa vie que trahir sa conscience. Cette réponse leur plut fort; dès lors elles lui témoignèrent beaucoup de respect et d'amitié.

Mirabeau seul eût pu se faire entendre, couvrir le tumulte. Il ne s'en souciait pas. Certainement il était inquiet. Le soir, au dire de plusieurs témoins, il s'était promené parmi le peuple avec un grand sabre, disant à ceux qu'il rencontrait : « Mes enfants, nous sommes pour vous. » Puis, il s'était allé coucher. Dumont le Genevois alla le chercher, le ramena à l'Assemblée. Dès qu'il arriva, il dit de sa voix tonnante : « Je voudrais bien savoir comment on se donne les airs de venir troubler nos séances... Monsieur le président, faites respecter l'Assemblée ! » Les femmes crièrent Bravo! Il y eut un peu de calme. Pour passer le temps, on reprit la discussion des lois criminelles.

J'étais dans une galerie (dit Dumont), où une poissarde agissait avec une autorité supérieure, et dirigeait une centaine de femmes, de jeunes filles surtout, qui, à son signal, criaient, se taisaient. Elle appelait familièrement des députés par leur nom, ou bien demandait : « Qui est-ce qui parle là-bas? Faites taire ce bavard! il ne s'agit pas de ça !... il s'agit d'avoir du pain! Qu'on fasse plutôt parler notre petite mère Mirabeau... » Et toutes les autres criaient : « Notre petite mère Mirabeau! » Mais il ne voulait point parler.

M. de la Fayette, parti de Paris entre cinq et six heures, n'arriva qu'à minuit passé. Il faut que nous remontions plus haut, et que nous le suivions de midi jusqu'à minuit.

Vers onze heures, averti de l'invasion de l'Hôtel de Ville, il s'y rendit, trouva la foule écoulée, et se mit à dicter une dépêche pour le roi. La garde nationale, soldée et non soldée, remplissait la Grève; de rang en rang, on disait qu'il fallait aller à Versailles. La Fayette eut beau faire et dire, il fut entraîné.

Le château attendait dans la plus grande anxiété. On pensait que la Fayette faisait semblant d'être forcé, mais qu'il profiterait de la circonstance. On voulut voir encore à onze heures si, la foule étant dispersée, les voitures passeraient par la grille du Dragon. La garde nationale de Versailles veillait, et fermait le passage.

La reine, au reste, ne voulait point partir seule. Elle jugeait avec raison qu'il n'y avait nulle part de sûreté pour elle si elle se séparait du roi. Deux cents gentilshommes environ, dont plusieurs étaient députés, s'offrirent à elle, pour la défendre, et lui demandèrent un ordre pour prendre des chevaux de ses écuries. Elle les autorisa, pour le cas, disait-elle, où le roi serait en danger.

La Fayette, avant d'entrer dans Versailles, fit renouveler le serment de fidélité à la loi et au roi. Il l'avertit de son arrivée, et le roi lui répondit qu'il le verrait avec plaisir, qu'il venait d'accepter *sa* Déclaration des droits.

La Fayette entra seul au château, au grand étonnement des gardes et de tout le monde. Dans l'OEil-de-Bœuf, un homme de cour dit follement : « Voilà

Cromwell. « Et la Fayette très-bien : « Monsieur, Cromwell ne serait pas entré seul. »

Le roi donna à la garde nationale les postes extérieurs du château; les gardes du corps conservèrent ceux du dedans. Le dehors même ne fut pas entièrement confié à la Fayette. Une de ses patrouilles voulant passer dans le parc, la grille lui fut refusée. Le parc était occupé par des gardes du corps et autres troupes; jusqu'à deux heures du matin, elles attendaient le roi, au cas qu'il se décidât enfin à la fuite. A deux heures seulement, tranquillisé par la Fayette, on leur fit dire qu'ils pouvaient s'en aller à Rambouillet.

A trois heures, l'Assemblée avait levé la séance. Le peuple s'était dispersé, couché, comme il avait pu, dans les églises et ailleurs. Maillard et beaucoup de femmes, entre autres Louison Chabry, étaient partis pour Paris, peu après l'arrivée de la Fayette, emportant les décrets sur les grains et la Déclaration des droits.

La Fayette eut beaucoup de peine à loger ses gardes nationaux; mouillés, recrus, ils cherchaient à se sécher, à manger. Lui-même enfin, croyant tout tranquille, alla à l'hôtel de Noailles, dormit, comme on dort après vingt heures d'efforts et d'agitations.

Beaucoup de gens ne dormaient pas. C'étaient surtout ceux qui, partis le soir de Paris, n'avaient pas eu la fatigue du jour précédent. La première expédition, où les femmes dominaient; très-spontanée, très-naïve, pour parler ainsi, déterminée par les besoins, n'avait pas coûté de sang. Maillard avait eu la gloire d'y conserver quelque ordre dans le désordre même. Le *crescendo* naturel qu'on observe toujours dans de telles agitations ne permettait guère de croire que la seconde expédition se passât ainsi. Il est vrai qu'elle s'était faite sous les yeux de la garde nationale et comme de concert avec elle. Néanmoins il y avait là des hommes décidés à agir sans elle; plusieurs étaient de furieux fanatiques qui auraient voulu tuer la reine. Vers six heures du matin, en effet, ces gens de Paris, de Versailles (ceux-ci les plus acharnés), forcèrent les appartements royaux, malgré les gardes du corps, qui tuèrent cinq hommes du peuple; sept gardes furent massacrés.

La reine courut un vrai péril, et n'échappa qu'en fuyant dans la chambre du roi. Elle fut sauvée par la Fayette, qui accourut à temps avec les gardes françaises.

Le roi, paraissant au balcon, toute la foule criait : « Le roi à Paris! »

La reine fut forcée d'y paraître. La Fayette s'y présenta, et, s'associant à son péril, lui baisa la main. Le peuple, surpris, attendri, ne vit plus que la femme et la mère, et il applaudit.

Chose curieuse! les politiques, les fortes têtes, ceux

particulièrement qui voulaient faire le duc d'Orléans lieutenant général, craignaient extrêmement la translation du roi à Paris. Ils croyaient que c'était pour Louis XVI une chance de redevenir populaire. Si la reine (tuée ou en fuite) ne l'eût pas suivi, les Parisiens se seraient très-probablement repris d'amour pour le roi. Ils avaient eu de tout temps un faible pour ce gros homme qui n'était nullement méchant, et qui, dans son embonpoint, avait un air de bonhomie béate et paterne, tout à fait au gré de la foule. On a vu plus haut que les dames de la halle l'appelaient un *bon papa*; c'était toute la pensée du peuple.

Le roi avait mandé l'Assemblée au château. Il n'y eut pas quarante députés qui se rendirent à cet appel. La plupart étaient incertains, et restaient dans la salle. Le peuple, qui comblait les tribunes, fixa leur incertitude; au premier mot qui fut dit d'aller siéger au château, il poussa des cris. Mirabeau se leva alors, et, selon son habitude de couvrir d'un langage fier son obéissance au peuple, dit « que la liberté de l'Assemblée serait compromise, si elle délibérait au palais des rois, qu'il n'était pas de sa dignité de quitter le lieu de ses séances, qu'une députation suffisait. » Le jeune Barnave appuya. Le président Mounier contredit en vain.

Enfin, l'on apprend que le roi consent à partir pour Paris; l'Assemblée, sur la proposition de Mirabeau, décide que, pour la session actuelle, elle est inséparable du roi.

Le jour avance. Il n'est pas loin d'une heure... Il faut partir, quitter Versailles... Adieu, vieille monarchie!

Cent députés entourent le roi, toute une armée, tout un peuple. Il s'éloigne du palais de Louis XIV, pour n'y jamais revenir.

Toute cette foule s'ébranle, elle s'en va à Paris, devant le roi et derrière. Hommes, femmes, vont, comme ils peuvent, à pied, à cheval, en fiacre, sur les charrettes qu'on trouve, sur les affûts des canons. On rencontra avec plaisir un grand convoi de farines, bonne chose pour la ville affamée. Les femmes portaient aux piques de grosses miches de pain, d'autres des branches de peuplier, déjà jaunies par octobre. Elles étaient fort joyeuses, aimables à leur façon, sauf quelques quolibets à l'adresse de la reine. « Nous amenons, criaient-elles, le boulanger, la boulangère, le petit mitron. » Toutes pensaient qu'on ne pouvait jamais mourir de faim, ayant le roi avec soi. Toutes étaient encore royalistes, en grande joie de mettre enfin ce *bon papa* en bonnes mains; il n'avait pas beaucoup de tête, il avait manqué de parole; c'était la faute de sa femme; mais, une fois à Paris, les bonnes femmes ne manqueraient pas, qui le conseilleraient mieux.

Tout cela, gai, triste, violent, joyeux et sombre à la fois. On espérait, mais le ciel n'était pas de la partie. Le temps malheureusement favorisait peu la fête. Il pleuvait à verse, on marchait lentement, en pleine boue. De moment en moment, plusieurs, en réjouissance, ou pour décharger leurs armes, tiraient des coups de fusil.

La voiture royale, escortée, la Fayette à la portière, avançait comme un cercueil. La reine était inquiète. Était-il sûr qu'elle arrivât? Elle demanda à la Fayette ce qu'il en pensait, et lui-même le demanda à Moreau de Saint-Méry, qui, ayant présidé l'Hôtel de Ville aux fameux jours de la Bastille, connaissait bien le terrain. Il répondit ces mots significatifs : « Je doute que la reine arrive seule aux Tuileries; mais, une fois à l'Hôtel de Ville, elle en reviendra. »

Voilà le roi à Paris, au seul lieu où il devait être, au cœur même de la France. Espérons qu'il en sera digne.

La révolution du 6 octobre, nécessaire, naturelle et légitime, s'il en fut jamais, toute spontanée, imprévue, vraiment populaire, appartient surtout aux femmes, comme celle du 14 juillet aux hommes. Les hommes ont pris la Bastille, et les femmes ont pris le roi.

Le 1er octobre, tout fut gâté par les dames de Versailles. Le 6, tout fut réparé par les femmes de Paris.

VI

LES FEMMES A LA FÉDÉRATION (1790)

« Ainsi finit le meilleur jour de notre vie. » Ce mot, que les fédérés d'un village écrivent le soir de cette grande fête nationale à la fin de leur procès-verbal, j'ai été tenté de l'écrire moi-même, lorsqu'en 1847 j'achevai le récit des fédérations. Rien de semblable ne reviendra pour moi. J'ai eu ma part en ce monde, puisque le premier j'ai eu le bonheur de retrouver dans les actes, de reproduire dans mes récits, ces grandes communions du peuple.

Les fédérations de provinces, de départements, de villes et villages, eurent soin de consigner elles-mêmes et de narrer leur histoire. Elles l'écrivaient à leur mère, l'Assemblée nationale, fidèlement, naïvement, dans une forme bien souvent grossière, enfantine; elles disaient comme elles pouvaient; qui savait écrire écrivait. On ne trouvait pas toujours dans les campagnes le scribe habile qui fût digne de consigner ces choses à la mémoire. La bonne volonté suppléait... Véritables monuments de la fraternité naissante, actes informes, mais spontanés, inspirés, de la France, vous resterez à jamais pour témoigner du cœur de nos pères, de leurs transports, quand pour la première fois ils virent la face trois fois aimée de la patrie.

J'ai retrouvé tout cela, entier, brûlant, comme d'hier, au bout de soixante années, quand j'ai ouvert ces papiers, que peu de gens avaient lus. A la première ouverture, je fus saisis de respect; je ressentis une chose singulière, unique, sur laquelle on ne peut pas se méprendre. Ces récits enthousiastes adressés à la patrie (que représentait l'Assemblée), ce sont des lettres d'amour.

Rien d'officiel ni de commandé. Visiblement, le cœur parle. Ce qu'on y peut trouver d'art, de rhétorique, de déclamation, c'est justement l'absence d'art, c'est l'embarras du jeune homme qui ne sait comment exprimer les sentiments les plus sincères, qui emploie les mots des romans, faute d'autres, pour dire un amour vrai. Mais, de moment en moment, une parole arrachée du cœur proteste contre cette impuissance de langage, et fait mesurer la profondeur réelle du sentiment... Tout cela verbeux; eh! dans ces moments, comment finit-on jamais?... Comment se satisfaire soi-même?... Le détail matériel les a fort préoccupés; nulle écriture assez belle, nul papier assez magnifique, sans parler des somptueux petits rubans tricolores pour relier les cahiers... Quand je les aperçus d'abord, brillants et si peu fanés, je me rappelai ce que dit Rousseau du soin prodigieux qu'il mit à écrire, embellir, parer les manuscrits de sa *Julie*... Autres ne furent les pensées de nos pères, leurs soins, leurs inquiétudes, lorsque, des objets passagers, imparfaits, l'amour s'éleva en eux à cette beauté éternelle!

Dans ces essais primitifs de la religion nouvelle, toutes les vieilles choses connues, tous les signes du passé, les symboles vénérés jadis, ou pâlissent ou disparaissent. Ce qui en reste, par exemple, les cérémonies du vieux culte, appelé pour consacrer ces fêtes nouvelles, on sent que c'est un accessoire. Il y a dans ces immenses réunions, où le peuple de toute classe et de toute communion ne fait plus qu'un même cœur, une chose plus sacrée qu'un autel. Aucun culte spécial ne prête de sainteté à la chose sainte entre toutes : l'homme fraternisant devant Dieu.

Tous les vieux emblèmes pâlissent, et les nouveaux qu'on essaye ont peu de signification. Qu'on jure sur le vieil autel, devant le Saint-Sacrement, qu'on jure devant la froide image de la Liberté abstraite, le vrai symbole se trouve ailleurs. C'est la beauté, la grandeur, le charme éternel de ces fêtes : le symbole y est vivant.

Ce symbole pour l'homme, c'est l'homme. Tout le monde de convention s'écroulant, un saint respect lui revient pour la vraie image de Dieu. Il ne se prend pas pour Dieu; nul vain orgueil. Ce n'est point comme dominateur ou vainqueur, c'est dans des conditions tout autrement graves et touchantes que l'homme apparaît ici. Les nobles harmonies de la famille, de la nature, de la patrie, suffisent pour remplir ces fêtes d'un intérêt religieux, pathétique.

Partout, le vieillard à la tête du peuple, siégeant à la première place, planant sur la foule. Et, autour de lui, les filles, comme une couronne de fleurs. Dans toutes ces fêtes, l'aimable bataillon marche en robe blanche, ceinture *à la nation* (cela voulait dire tricolore). Ici, l'une d'elles prononce quelques paroles nobles, charmantes, qui feront des héros demain. Ailleurs (dans la procession civique de Romans en Dauphiné), une belle fille marchait, tenant à la main une palme, et cette inscription : *Au meilleur citoyen!...* Beaucoup revinrent bien rêveurs.

Le Dauphiné, la sérieuse, la vaillante province qui ouvrit la Révolution, fit des fédérations nombreuses et de la province entière, et de villes, et de villages. Les communes rurales de la frontière, sous le vent de la Savoie, à deux pas des émigrés, labourant près de leurs fusils, n'en firent que plus belles fêtes. Bataillon d'enfants armés, bataillon de femmes armées, autre de filles armées. A Maubec, elles défilaient en bon ordre, le drapeau en tête, tenant, maniant l'épée nue, avec cette vivacité gracieuse qui n'est qu'aux femmes de France.

J'ai dit ailleurs l'héroïque initiative des femmes et filles d'Angers. Elles voulaient partir, suivre la jeune armée d'Anjou, de Bretagne, qui se dirigeait sur Rennes, prendre leur part de cette première croisade de la liberté, nourrir les combattants, soigner les blessés. Elles juraient de n'épouser jamais que de loyaux citoyens, de n'aimer que les vaillants, de n'associer leur vie qu'à ceux qui donnaient la leur à la France.

Elles inspiraient ainsi l'élan dès 88. Et maintenant, dans les fédérations de juin, de juillet 90, après tant d'obstacles écartés, dans ces fêtes de la victoire, nul n'était plus ému qu'elles. La famille, pendant l'hiver, dans l'abandon complet de toute protection publique, avait couru tant de dangers!... Elles embrassaient, dans ces grandes réunions si rassurantes, l'espoir du salut. Le pauvre cœur était cependant encore bien gros du passé... de l'avenir!... mais elles ne voulaient d'avenir que le salut de la patrie! Elles montraient, on le voit dans tous les témoignages écrits, plus d'élan, plus d'ardeur que les hommes mêmes, plus d'impatience de prêter le serment civique

On éloigne les femmes de la vie publique ; on oublie trop que vraiment elles y ont droit plus que personne. Elles y mettent un enjeu bien autre que nous ; l'homme n'y joue que sa vie, et la femme y met son enfant... Elle est bien plus intéressée à s'informer, à prévoir. Dans la vie solitaire et sédentaire que mènent la plupart des femmes, elles suivent de leurs rêveries inquiètes les crises de la patrie, les mouvements des armées... Vous croyez celle-ci au foyer?... non, elle est en Algérie, elle participe aux privations, aux marches de nos jeunes soldats en Afrique, elle souffre et combat avec eux.

Dans je ne sais quel village, les hommes s'étaient réunis seuls dans un vaste bâtiment, pour faire ensemble une adresse à l'Assemblée nationale. Elles approchent, elles écoutent, elles entrent, les larmes aux yeux, elles veulent en être aussi. Alors on leur relit l'adresse ; elles s'y joignent de tout leur cœur. Cette profonde union de la famille et de la patrie pénétra toutes les âmes d'un sentiment inconnu.

Personne, dans ces grandes fêtes, n'était simple

témoin ; tous étaient acteurs, hommes, femmes, vieillards, enfants, tous, depuis le centenaire jusqu'au nouveau-né ; et celui-ci plus qu'un autre.

On l'apportait, fleur vivante, parmi les fleurs de la moisson. Sa mère l'offrait, le déposait sur l'autel. Mais il n'avait pas seulement le rôle passif d'une offrande, il était actif aussi, il comptait comme personne, il faisait son serment civique par la bouche de sa mère, il réclamait sa dignité d'homme et de Français, il était déjà mis en possession de la patrie, il entrait dans l'espérance.

Oui, l'enfant, l'avenir, c'était le principal acteur. La commune elle-même, dans une fête du Dauphiné, est couronnée dans son principal magistrat par un jeune enfant. Une telle main porte bonheur. Ceux-ci, que je vois ici, sous l'œil attendri de leurs mères, déjà armés, pleins d'élan, donnez-leur deux ans seulement, qu'ils aient quinze ans, seize ans, ils partent : 92 a sonné ; ils suivent leurs aînés à Jemmapes. Ceux-ci, plus petits encore, dont le bras paraît si faible, ce sont les soldats d'Austerlitz... Leur main a porté bonheur ; ils ont rempli ce grand auguré, ils ont couronné la France !... Aujourd'hui même, faible et pâle, elle siège sous cette couronne éternelle et impose aux nations.

Grande génération, heureuse, qui naquit dans une telle chose, dont le premier regard tomba sur cette vue sublime! Enfants apportés, bénis à l'autel de la patrie, voués par leurs mères en pleurs, mais résignées, héroïques, donnés par elles à la France... ah! quand on naît ainsi, on ne peut plus jamais mourir... Vous reçûtes, ce jour-là, le breuvage d'immortalité. Ceux même d'entre vous que l'histoire n'a pas nommés, ils n'en remplissent pas moins le monde de leur vivant esprit sans nom, de la grande pensée commune qu'ils portèrent par toute la terre...

Je ne crois pas qu'à aucune époque le cœur de l'homme ait été plus large, plus vaste, que les distinctions de classes, de fortunes et de partis aient été plus oubliées. Dans les villages surtout, il n'y a plus ni riche, ni pauvre, ni noble, ni roturier; les vivres sont en commun, les tables communes. Les divisions sociales, les discordes ont disparu; les ennemis se réconcilient, les sectes opposées fraternisent, les croyants, les philosophes, les protestants, les catholiques.

A Saint-Jean-du-Gard, près d'Alais, le curé et le pasteur s'embrassèrent à l'autel. Les catholiques menèrent les protestants à l'église; le pasteur siégea à la première place du chœur. Mêmes honneurs rendus par les protestants au curé, qui, placé chez eux au lieu le plus honorable, écoute le sermon du ministre. Les religions fraternisent au lieu même de leur combat, à la porte des Cévennes, sur les tombes des aïeux qui se tuèrent les uns les autres, sur les bûchers encore tièdes... Dieu, accusé si longtemps, fut enfin justifié... Les cœurs débordèrent ; la prose n'y suffit pas, une éruption poétique put soulager seule un sentiment si profond ; le curé fit, entonna un hymne à la Liberté ; le maire répondit par des stances ; sa femme, mère de famille respectable, au moment où elle mena ses enfants à l'autel, répandit aussi son cœur dans quelques vers pathétiques.

Ce rôle quasi-pontifical d'une femme, d'une digne mère, ne doit pas nous étonner. La femme est bien plus que pontife : elle est symbole et religion.

Ailleurs, ce fut une fille, jeune et pure, qui, de sa main virginale, tira du soleil, par un verre ardent, le feu qui devait brûler l'encens sur l'autel de la Patrie.

La Révolution, revenant à la nature, aux heureux et naïfs pressentiments de l'antiquité, n'hésitait point à confier les fonctions les plus saintes à celle qui, comme joie suprême du cœur, comme âme de la famille, comme perpétuité humaine, est elle-même le vivant autel.

VII

LES DAMES JACOBINES (1790)

Le jour même du 6 octobre 89, où Louis XVI, en quittant Versailles, signa l'acte capital de la Révolution, la Déclaration des droits, il avait envoyé au roi d'Espagne sa protestation. Il adopta, dès lors, l'idée de fuir sur terre autrichienne pour revenir à main armée. Ce projet, recommandé par Breteuil, l'homme de l'Autriche, l'homme de Marie-Antoinette, fut reproduit par l'évêque de Pamiers, qui le fit agréer du roi et obtint de lui plein pouvoir pour Breteuil de traiter avec les puissances étrangères; négociations continuées par M. de Fersen, un Suédois très-personnellement attaché à la reine depuis longues années, qu'elle fit revenir exprès de Suède et qui lui fut très-dévoué.

De quelque côté qu'on regarde en 90, on voit un immense filet tendu du dedans, du dehors, contre la Révolution. Si elle ne trouve une force énergique d'association, elle périt. Ce ne sont pas les innocentes fédérations qui la tireront de ce pas. Il faut des associations tout autrement fortes. Il faut les jacobins, des associations de surveillance sur l'autorité et ses agents, sur les menées des prêtres et des nobles. Ces sociétés se forment d'elles-mêmes par toute la France.

Je vois dans un acte inédit de Rouen que, le 14 juillet 1790, trois amis de la Constitution (c'est le nom que prenaient alors les jacobins) se réunissent chez une dame veuve, personne riche et considérable de la ville; ils prêtent dans ses mains le serment civique. On croit voir Caton et Marcie dans Lucain :

Junguntur taciti contentique auspice Bruto.

Ils envoient fièrement l'acte de leur fédération à l'Assemblée nationale, qui recevait en même temps celui de la grande fédération de Rouen, où parurent les députés de soixante villes et d'un demi-million d'hommes.

Les trois jacobins sont un prêtre, aumônier de la conciergerie, et deux chirurgiens. L'un d'eux a amené son frère, imprimeur du roi à Rouen. Ajoutez deux enfants, neveu et nièce de la dame, et deux femmes, peut-être de sa clientèle ou de sa maison. Tous les huit jurent dans les mains de cette Cornélie, qui, seule ensuite, fait serment.

Petite société, mais complète, ce semble. La dame (veuve d'un négociant ou armateur) représente les grandes fortunes commerciales ; l'imprimeur, c'est l'industrie ; les chirurgiens, ce sont les capacités, les talents, l'expérience ; le prêtre, c'est la Révolution même ; il ne sera pas longtemps prêtre : c'est lui qui écrit l'acte, le copie, le notifie à l'Assemblée nationale. Il est l'agent de l'affaire, comme la dame en est le centre. Par lui, cette société est complète, quoiqu'on n'y voie pas le personnage qui est la cheville ouvrière de toute société semblable, l'avocat, le procureur. Prêtre du Palais de Justice, de la Conciergerie, aumônier de prisonniers, confesseur de suppliciés, hier dépendant du Parlement, jacobin aujourd'hui et se notifiant tel à l'Assemblée nationale, pour l'audace et l'activité, celui-ci vaut trois avocats.

Qu'une dame soit le centre de la petite société, il ne faut pas s'en étonner. Beaucoup de femmes entraient dans ces associations, des femmes fort sérieuses, avec toute la ferveur de leurs cœurs de femmes, une ardeur aveugle, confuse d'affection et d'idées, l'esprit de prosélytisme, toutes les passions du moyen âge au service de la foi nouvelle. Celle dont nous parlons ici avait été sérieusement éprouvée; c'était une dame juive qui vit se convertir toute sa famille, et resta israélite : ayant perdu son mari, puis son enfant (par un accident affreux), elle semblait, en place de tout, adopter la Révolution. Riche et seule, elle a dû être facilement conduite par ses amis, je le suppose, à donner des gages au nouveau système, à y embarquer sa fortune par l'acquisition des biens nationaux.

Pourquoi cette petite société fait-elle sa fédération à part? c'est que Rouen, en général, lui semble trop aristocrate, c'est que la grande fédération des soixante villes qui s'y réunissent, avec ses chefs, MM. d'Estouteville, d'Herbouville, de Sévrac, etc., cette fédération, mêlée de noblesse, ne lui paraît pas assez pure ; c'est qu'enfin elle s'est faite le 6 juillet et non le 14, au jour sacré de la prise de la Bastille. Donc, au 14, ceux-ci, fièrement isolés chez eux, loin des profanes et des tièdes, fêtent la sainte journée. Ils ne veulent pas se confondre; sous des rapports divers, ils sont une élite, comme étaient la plupart de ces premiers jacobins, une sorte d'aristocratie, ou d'argent, ou de talent, d'énergie, en concurrence naturelle avec l'aristocratie de naissance.

VIII

LE PALAIS-ROYAL EN 90 — ÉMANCIPATION DES FEMMES
LA CAVE DES JACOBINS

Le droit des femmes à l'égalité, leurs titres à l'influence, au pouvoir politique, furent réclamés en 90 par deux hommes fort différents : l'un, parleur éloquent, esprit hasardé, romanesque; l'autre, le plus grave et le plus autorisé de l'époque. Il faut replacer le lecteur dans le grand foyer de fermentation où tous deux se faisaient entendre.

Entrons au lieu même d'où la Révolution partit le 12 juillet, au Palais-Royal, au Cirque qui occupait alors le milieu du jardin. Écartons cette foule agitée, ces groupes bruyants, ces nuées de femmes vouées aux libertés de la nature. Traversons les étroites galeries de bois, encombrées, étouffées ; par ce passage obscur, où nous descendons quinze marches, nous voici au milieu du Cirque.

On prêche ! qui s'y serait attendu, dans ce lieu, dans cette réunion, si mondaine, mêlée de jolies femmes équivoques ?... Au premier coup d'œil, on dirait d'un sermon au milieu des filles... Mais non, l'assemblée est plus grave, je reconnais nombre de gens de lettres, d'académiciens : au pied de la tribune, je vois M. de Condorcet.

L'orateur, est-ce bien un prêtre ? De robe, oui ; belle figure de quarante ans environ, parole ardente, sèche parfois et violente, nulle onction, l'air audacieux, un peu chimérique. Prédicateur, poëte ou prophète, n'importe, c'est l'abbé Fauchet. Ce saint Paul parle entre deux Thécla, l'une qui ne le quitte point, qui, bon gré, mal gré, le suit au club, à l'autel, tant est grande sa ferveur ; l'autre dame, une Hollandaise, de bon cœur et de noble esprit, c'est madame Palm Aelder, l'orateur des femmes, qui prêche leur émancipation.

Ces vagues aspirations prenaient forme arrêtée, précise, dans les doctes dissertations de l'illustre secrétaire de l'Académie des sciences. Condorcet, le 3 juillet 1790, formula nettement la demande de l'*admission des femmes au droit de cité*. A ce titre, l'ami de Voltaire, le dernier des philosophes du dix-huitième siècle, peut être légitimement compté parmi les précurseurs du Socialisme.

Mais, si l'on veut voir les femmes en pleine action politique, il faut, du Palais-Royal, aller un peu plus loin dans la rue Saint-Honoré. La brillante association des jacobins de cette époque, qui compte une foule de nobles et tous les gens de lettres du temps, occupe l'église des anciens moines, et, sous l'église, dans une sorte de crypte bien éclairée, donne asile à une société fraternelle d'ouvriers auxquels, à certaines heures, les jacobins expliquent la Constitution. Dans les questions de subsistance, de danger public, ces ouvriers ne viennent pas seuls : les femmes inquiètes, les mères de familles, poussées par les souffrances domestiques, les besoins de leurs enfants, viennent avec leurs maris, s'informent de la situation, s'enquièrent des maux, des remèdes. Plusieurs femmes, ou sans mari, ou dont les maris travaillent à cette heure, viennent seules et discutent seules. Première et touchante origine des sociétés de femmes.

Qui souffrait plus qu'elles de la Révolution ? Qui trouvait plus longs les mois, les années ? Elles étaient, dès cette époque, plus violentes que les hommes. Marat est fort satisfait d'elles (30 décembre 90); il se plaît à mettre en contraste l'énergie de ces femmes du peuple dans leur souterrain et le bavardage stérile de l'assemblée jacobine qui s'agitait au-dessus.

II

IX

LES SALONS. — MADAME DE STAËL.

Le génie de madame de Staël a été successivement dominé par deux maîtres et deux idées : jusqu'en 89 par Rousseau, et, depuis, par Montesquieu.

Elle avait vingt-trois ans en 89. Elle exerçait sur Necker, son père, qu'elle aimait éperdument et qu'elle gouvernait par l'enthousiasme, une toute-puissante action. Jamais, sans son ardente fille, le banquier genevois ne se fût avancé si loin dans la voie révolutionnaire. Elle était alors pleine d'élan, de confiance; elle croyait fermement au bon sens du genre humain. Elle n'était pas encore influencée, amoindrie, par les amants médiocres qui depuis l'ont entourée. Madame de Staël fut toujours gouvernée par l'amour. Celui qu'elle avait pour son père exigeait que Necker fût le premier des hommes; et, en réalité, un moment, il s'éleva très-haut par la foi. Sous l'inspiration de sa fille, nous n'en faisons aucun doute, il se lança dans l'expérience hardie du suffrage universel, mesure hasardeuse dans un grand empire, et chez un peuple si peu avancé! mesure toute contraire à son caractère, très-peu conforme aux doctrines qu'il exposa avant et depuis.

Le père et la fille, bientôt effrayés de leur audace, ne tardèrent pas à reculer. Et madame de Staël, entourée de Feuillants, d'anglomanes, admiratrice de l'Angleterre, qu'elle ne connaissait point du tout, devint et resta la personne brillante, éloquente, et pourtant, au total, médiocre, si l'on ose dire, qui a tant occupé la renommée.

Pour nous, nous n'hésitons pas à l'affirmer, sa grande originalité est dans sa première époque, sa gloire est dans son amour pour son père, dans l'audace qu'elle lui donna. — Sa médiocrité fut celle de ses spirituels amants, les Narbonne, les Benjamin Constant, etc., qui, dans son salon, dominés par elle, n'en réagirent pas moins sur elle dans l'intimité.

Reprenons, dès les commencements, le père et la fille.

M. Necker, banquier génevois, avait épousé une demoiselle suisse, jusque-là gouvernante, dont le seul défaut fut l'absolue perfection. — La jeune Necker était accablée de sa mère, dont la roideur contrastait avec sa nature facile, expansive et mobile. Son père, qui la consolait, l'admirait, devint l'objet de son adoration. On conte que M. Necker, ayant souvent loué le vieux Gibbon, la jeune fille voulait l'épouser. Cette enfant, déjà confidente et presque femme de son père, en prit les défauts pêle-mêle et les qualités, l'éloquence, l'enflure, la sensibilité, le pathos. Quand Necker publia son fameux *Compte rendu*, si diversement jugé, on lui en montra un jour une éloquente apologie, tout enthousiaste ; le cœur y débordait tellement, que le père ne put s'y tromper ; il reconnut sa fille. Elle avait alors seize ans.

Elle aimait son père comme homme, l'admirait comme écrivain, le vénérait comme idéal du citoyen, du philosophe, du sage, de l'homme d'État. Elle ne tolérait personne qui ne tînt Necker pour Dieu : folie vertueuse, naïve, plus touchante encore que ridicule. Quand Necker, au jour de son triomphe, rentra dans Paris et parut au balcon de l'Hôtel de Ville, entre sa femme et sa fille, celle-ci succomba à la plénitude du sentiment et s'évanouit de bonheur.

Elle avait de grands besoins de cœur, en proportion de son talent. Après la fuite de son père et la perte de ses premières espérances, retombée de Rousseau à Montesquieu, aux prudentes théories constitutionnelles, elle restait romanesque en amour ; elle aurait voulu aimer un héros. Son époux, l'honnête et froid M. de Staël, ambassadeur de Suède, n'avait rien qui répondît à son idéal. Ne trouvant point de héros à aimer, elle compta sur le souffle puissant, chaleureux, qui était en elle, et elle entreprit d'en faire un.

Elle trouva un joli homme, roué, brave, spirituel, M. de Narbonne. Qu'il y eût peu ou beaucoup d'étoffe, elle crut qu'elle suffirait, étant doublée de son cœur. Elle l'aimait surtout pour les dons héroïques qu'elle voulait mettre en lui. Elle l'aimait, il faut le dire aussi (car elle était une femme), pour son audace, sa fatuité. Il était fort mal avec la cour, mal avec bien des salons. C'était vraiment un grand seigneur, d'élégance et de bonne grâce, mais mal vu des siens, d'une consistance équivoque. Ce qui piquait beaucoup les femmes, c'est qu'on se disait à l'oreille qu'il était le fruit d'un inceste de Louis XV avec sa fille. La chose n'était pas invraisemblable. Lorsque le parti jésuite fit chasser Voltaire et les ministres voltairiens (les d'Argenson, Machault encore, qui parlait trop des biens du clergé), il fallait trouver un moyen d'annuler la Pompadour, protectrice de ces novateurs. Une fille du roi, vive et ardente, Polonaise comme sa mère, se dévoua, autre Judith, à l'œuvre héroïque, sanctifiée par le but. Elle était extraordinairement violente et passionnée, folle de musique, où la dirigeait le peu scrupuleux Beaumarchais. Elle s'empara de son père, et le gouverna quelque temps, au nez de la Pompadour. Il en serait résulté, selon la tradition, ce joli homme, spirituel, un peu effronté, qui apporta en naissant une aimable scélératesse à troubler toutes les femmes.

Madame de Staël avait une chose bien cruelle pour une femme ; c'est qu'elle n'était pas belle. Elle avait les traits gros, et le nez surtout. Elle avait la taille assez forte, la peau d'une qualité médiocrement attirante. Ses gestes étaient plutôt énergiques que gracieux ; debout, les mains derrière le dos, devant une cheminée, elle dominait un salon, d'une attitude virile, d'une parole puissante, qui contrastait fort avec le ton de son sexe, et parfois aurait fait douter un peu qu'elle fût une femme. Avec tout cela, elle n'avait que vingt-cinq ans, elle avait de très-beaux bras, un beau cou à la Junon, de magnifiques cheveux noirs qui, tombant en grosses boucles, donnaient grand effet au buste, et même relativement faisaient paraître les traits plus délicats, moins hommasses. Mais ce qui la parait le plus, ce qui faisait tout oublier, c'étaient ses yeux, des yeux uniques, noirs et inondés de flammes, rayonnants de génie, de bonté et de toutes les passions. Son regard était un monde. On y lisait qu'elle était bonne et généreuse entre toutes. Il n'y avait pas un ennemi qui pût l'entendre un moment sans dire en sortant, malgré lui : « Oh! la bonne, la noble, l'excellente femme! »

Retirons le mot de génie, pourtant; réservons ce mot sacré. Madame de Staël avait, en réalité, un grand, un immense talent, et dont la source était au cœur. La naïveté profonde, et la grande invention, ces deux traits saillants du génie, ne se trouvèrent jamais chez elle. Elle apporta, en naissant, un désaccord primitif d'éléments qui n'allait pas jusqu'au baroque, comme chez Necker, son père, mais qui neutralisa une bonne partie de ses forces, l'empêcha de s'élever et la retint dans l'emphase. Ces Necker étaient des Allemands établis en Suisse. C'étaient des bourgeois enrichis. Allemande, Suisse et bourgeoise, madame de Staël avait quelque chose, non pas lourd, mais fort, mais épais, peu délicat. D'elle à Jean-Jacques, son maître, c'est la différence du fer à l'acier.

Justement parce qu'elle restait bourgeoise, malgré son talent, sa fortune, son noble entourage, madame de Staël avait la faiblesse d'adorer les grands seigneurs. Elle ne donnait pas l'essor complet à son bon et excellent cœur, qui l'aurait mise entièrement du côté du peuple. Ses jugements, ses opinions, tenaient fort à ce travers. En tout, elle avait du faux. Elle admirait, entre tous, le peuple qu'elle croyait éminemment aristocratique, l'Angleterre, révérant la noblesse anglaise, ignorant qu'elle est très-récente, sachant mal cette histoire dont elle parlait sans cesse, ne soupçonnant nullement le mécanisme par lequel l'Angleterre, puisant incessamment d'en bas, fait toujours de la noblesse. Nul peuple ne sait mieux faire du vieux.

Il ne fallait pas moins que le grand rêveur, le grand fascinateur du monde, l'amour, pour faire accroire à cette femme passionnée qu'on pouvait mettre le jeune officier, le roué sans consistance, créature brillante et légère, à la tête d'un si grand mouvement. La gigantesque épée de la Révolution eût passé, comme gage d'amour, d'une femme à un jeune fat ! Cela était déjà assez ridicule. Ce qui l'était encore plus, c'est que cette chose hasardée, elle prétendait la faire dans les limites prudentes d'une politique bâtarde, d'une liberté quasi-anglaise, d'une association avec les Feuillants, un parti fini, avec Lafayette, à peu près fini ; de sorte que la folie n'avait pas même ce qui fait réussir la folie parfois, d'être hardiment folle.

Robespierre et les Jacobins supposaient gratuitement que Narbonne et madame de Staël étaient étroitement liés avec Brissot et la Gironde, et que les uns et les autres s'entendaient avec la cour pour précipiter la France dans la guerre, pour amener, par la guerre, la contre-révolution.

Tout cela était un roman. Ce qui est prouvé aujourd'hui, c'est qu'au contraire la Gironde détestait madame de Staël, c'est que la cour haïssait Narbonne et frémissait de ce projet aventureux de la guerre où on voulait la lancer; elle pensait avec raison que, le lendemain, au premier échec, accusée de trahison, elle allait se trouver dans un péril épouvantable, que Narbonne et Lafayette ne tiendraient pas un moment, que la Gironde leur arracherait l'épée, à peine tirée, pour la tourner contre le roi.

« Voyez-vous, disait Robespierre, que le plan de cette guerre perfide, par laquelle on veut nous livrer aux rois de l'Europe, sort justement de l'ambassade de Suède? » C'était supposer que madame de Staël était véritablement la femme de son mari, qu'elle agissait pour M. de Staël et d'après les instructions de sa cour; supposition ridicule, quand on la voyait si publiquement éperdue d'amour pour Narbonne, impatiente de l'illustrer. La pauvre Corinne, hélas! avait vingt-cinq ans, elle était fort imprudente, passionnée, généreuse, à cent lieues de toute idée d'une trahison politique. Ceux qui savent la nature, et l'âge, et la passion, mieux que ne les savait le trop subtil logicien, comprendront parfaitement cette chose, fâcheuse, à coup sûr, immorale, mais enfin réelle : elle agissait pour son amant, nullement pour son mari. Elle avait hâte d'illustrer le premier dans la croisade révolutionnaire, et s'inquiétait médiocrement si les coups ne tomberaient pas sur l'auguste maître de l'ambassadeur de Suède.

Le 11 janvier, Narbonne, ayant, dans un voyage rapide, parcouru les frontières, vint rendre compte à l'Assemblée. Vrai compte de courtisan. Soit précipitation, soit ignorance, il fit un tableau splendide de notre situation militaire, donna des chiffres énormes de troupes, des exagérations de toute espèce, qui, plus tard, furent pulvérisées par un mémoire de Dumouriez.

La chute de M. de Narbonne, renversé par les Girondins, rendit tout à coup madame de Staël zélée royaliste. Elle rédigea un plan d'évasion pour la famille royale. Mais elle voulait que Narbonne, son héros, en eût l'honneur. La cour ne crut pas pouvoir se fier à des mains si légères. Réfugiée en Suisse pendant la Terreur, après Thermidor, partisan aveugle de la réaction, elle change brusquement en 96, appuie le Directoire et participe indirectement au coup d'État qui sauva la République.

Bonaparte la haïssait, croyant qu'elle avait aidé Necker dans ses derniers ouvrages, fort contraires à sa politique. Il n'a pas trouvé de meilleur moyen de la dénigrer que de dire qu'elle lui avait fait je ne sais quelle déclaration d'amour; chose infiniment peu probable à l'époque où elle était toute livrée à Benjamin Constant, qu'elle lança dans l'opposition contre Bonaparte. On sait les persécutions ridicules du maître de l'Europe, l'exil de madame de Staël, la saisie de son *Allemagne*, et les étranges propositions qu'on lui fit porter plusieurs fois. Bonaparte, consul, lui avait offert de lui rembourser deux millions, prêtés en 89 par M. Necker, et, plus tard, il lui fit demander d'écrire pour le roi de Rome.

En 1812, il lui fallut fuir en Autriche, en Russie, en Suède. La terre lui manquait lorsqu'elle écrivit ses *Dix ans d'exil*. Elle avait épousé, en 1810, un jeune officier, malade et blessé, M. de Rocca, plus jeune de vingt et un ans. Elle est morte en 1817.

Au total, femme excellente, d'un bon cœur et d'un grand talent, qui, peut-être, sans les salons, sans les amitiés médiocres, sans les misères du monde parleur, du monde scribe, eût eu du génie.

X

LES SALONS. — MADAME DE CONDORCET.

Presque en face des Tuileries, sur l'autre rive, en vue du pavillon de Flore et du salon royaliste de madame de Lamballe, est le palais de la Monnaie. Là fut un autre salon, celui de M. de Condorcet, qu'un contemporain appelle le foyer de la République.

Ce salon européen de l'illustre secrétaire de l'Académie des sciences vit en effet se concentrer, de tous les points du monde, la pensée républicaine du temps. Elle y fermenta, y prit corps et figure, y trouva ses formules. Pour l'initiative et l'idée première, elle appartenait, nous l'avons vu, dès 89, à Camille Desmoulins. En juin 91, Bonneville et les Cordeliers ont poussé le premier cri.

Le dernier des philosophes du grand dix-huitième siècle, celui qui survivait à tous pour voir leurs théories lancées dans le champ des réalités, était M. de Condorcet, secrétaire de l'Académie des sciences, le successeur de d'Alembert, le dernier correspondant de Voltaire, l'ami de Turgot. Son salon était le centre naturel de l'Europe pensante. Toute nation, comme toute science, y avait sa place. Tous les étrangers distingués, après avoir reçu les théories de la France, venaient là en chercher, en discuter l'application. C'étaient l'Américain Thomas Payne, l'Anglais Williams, l'Écossais Mackintosh, le Génevois Dumont, l'Allemand Anacharsis Clootz ; ce dernier, nullement en rapport avec un tel salon, mais en 91 tous y venaient, tous y étaient confondus. Dans un coin immuablement était l'ami assidu, le médecin Cabanis, maladif et mélancolique, qui avait transporté à cette maison le tendre, le profond attachement qu'il avait eu pour Mirabeau.

Parmi ces illustres penseurs planait la noble et virginale figure de madame de Condorcet, que Raphaël aurait prise pour type de la métaphysique. Elle était toute lumière ; tout semblait s'éclairer, s'épurer sous son regard. Elle avait été chanoinesse, et paraissait moins encore une dame qu'une noble demoiselle. Elle avait alors vingt-sept ans (vingt-deux de moins que son mari). Elle venait d'écrire ses *Lettres sur la Sympathie*, livre d'analyse fine et délicate, où, sous le voile d'une extrême réserve, on sent néanmoins souvent la mélancolie d'un jeune cœur auquel quelque chose a manqué [1]. On a supposé vainement qu'elle eût ambitionné les honneurs, la faveur de la cour, et que son dépit la jeta dans la Révolution. Rien de plus loin d'un tel caractère.

Ce qui est moins invraisemblable, c'est ce qu'on a dit aussi : qu'avant d'épouser Condorcet elle lui aurait déclaré qu'elle n'avait point le cœur libre ; elle aimait, et sans espoir. Le sage accueillit cet aveu avec une bonté paternelle ; il le respecta. Deux ans entiers, selon la même tradition, ils vécurent comme deux esprits. Ce ne fut qu'en 89, au beau moment de juillet, que madame de Condorcet vit tout ce qu'il y avait de passion dans cet homme froid en apparence ; elle commença d'aimer le grand citoyen, l'âme

---

[1] Le touchant petit livre écrit avant la Révolution a été publié après, en 98 ; il participe des deux époques. Les lettres sont adressées à Cabanis, le beau-frère de l'aimable auteur, l'ami inconsolable, le confident de la blessure profonde. Elles sont achevées dans ce pâle Élysée d'Auteuil, plein de regrets, d'ombres aimées. Elles parlent bas, ces lettres ; la sourdine est mise aux cordes sensibles. Dans une si grande réserve, néanmoins, on ne distingue pas toujours, parmi les allusions, ce qui est des premiers chagrins de la jeune fille ou des regrets de la veuve. Est-ce à Condorcet, est-ce à Cabanis que s'adresse ce passage délicat, ému, qui allait être éloquent, mais elle s'arrête à temps : « Le réparateur et le guide de notre bonheur... »

tendre et profonde qui couvait, comme son propre bonheur, l'espoir du bonheur de l'espèce humaine. Elle le trouva jeune de l'éternelle jeunesse de cette grande idée, de ce beau désir. L'unique enfant qu'ils aient eu naquit neuf mois après la prise de la Bastille, en avril 90.

Condorcet, âgé alors de quarante-neuf ans, se retrouvait jeune, en effet, de ces grands événements; il commençait une vie nouvelle, la troisième. Il avait eu celle du mathématicien avec d'Alembert, la vie critique avec Voltaire, et maintenant il s'embarquait sur l'océan de la vie politique. Il avait rêvé le progrès; aujourd'hui il allait le faire, ou du moins s'y dévouer. Toute sa vie avait offert une remarquable alliance entre deux facultés rarement unies, la ferme raison et la foi infinie à l'avenir. Ferme contre Voltaire même, quand il le trouva injuste, ami des Économistes, sans aveuglement pour eux, il se maintint de même indépendant à l'égard de la Gironde. On lit encore avec admiration son plaidoyer pour Paris contre le préjugé des provinces, qui fut celui des Girondins.

Ce grand esprit était toujours présent, éveillé, maître de lui-même. Sa porte était toujours ouverte, quelque travail abstrait qu'il fît. Dans un salon, dans une foule, il pensait toujours; il n'avait nulle distraction. Il parlait peu, entendait tout, profitait de tout;

jamais il n'a rien oublié. Toute personne spéciale qui l'interrogeait le trouvait plus spécial encore dans la chose qui l'occupait. Les femmes étaient étonnées, effrayées, de voir qu'il savait jusqu'à l'histoire de leurs modes, et très-haut en remontant, et dans le plus grand détail. Il paraissait très-froid, ne s'épanchait jamais. Ses amis ne savaient son amitié que par l'extrême ardeur qu'il mettait secrètement à leur rendre des services. « C'est un volcan sous la neige, » disait d'Alembert. Jeune, dit-on, il avait aimé, et, n'espérant rien, il fut un moment tout près du suicide. Agé alors et bien mûr, mais au fond non moins ardent, il avait pour sa Sophie un amour contenu, immense, de ces passions profondes d'autant plus qu'elles sont tardives, plus profondes que la vie même, et qu'on ne peut pas sonder.

Noble époque! et qu'elles furent dignes d'être aimées, ces femmes, dignes d'être confondues par l'homme avec l'idéal même, la patrie et la vertu!... Qui ne se rappelle encore ce déjeuner funèbre, où pour la dernière fois les amis de Camille Desmoulins le prièrent d'arrêter son *Vieux Cordelier*, d'ajourner sa demande du *Comité de la clémence?* Sa Lucile, s'oubliant comme épouse et comme mère, lui jette les bras au cou : « Laissez-le, dit-elle, laissez, qu'il suive sa destinée! »

Ainsi elles ont glorieusement consacré le mariage

et l'amour, soulevant le front fatigué de l'homme en présence de la mort, lui versant la vie encore, l'introduisant dans l'immortalité...

Elles aussi, elles y seront toujours. Toujours les hommes qui viendront regretteront de ne point les avoir vues, ces femmes héroïques et charmantes. Elles restent associées, en nous, aux plus nobles rêves du cœur, types et regret d'amour éternel!

Il y avait comme une ombre de cette tragique destinée dans les traits et l'expression de Condorcet. Avec une contenance timide (comme celle du savant, toujours solitaire au milieu des hommes), il avait quelque chose de triste, de patient, de résigné. Le haut du visage était beau. Les yeux, nobles et doux, pleins d'une idéalité sérieuse, semblaient regarder au fond de l'avenir. Et cependant son front vaste à contenir toute science semblait un magasin immense, un trésor complet du passé.

L'homme était, il faut le dire, plus vaste que fort. On le pressentait à sa bouche, un peu molle et faible, un peu retombante. L'universalité, qui disperse l'esprit sur tout objet, est une cause d'énervation. Ajoutez qu'il avait passé sa vie dans le dix-huitième siècle, et qu'il en portait le poids. Il en avait traversé toutes les disputes, les grandeurs et les petitesses. Il en avait fatalement les contradictions. Neveu d'un évêque tout jésuite, élevé en partie par ses soins, il devait beaucoup aussi au patronage des Larochefoucauld. Quoique pauvre, il était noble, titré, marquis de Condorcet. Naissance, position, relations, beaucoup de choses le rattachaient à l'ancien régime. Sa maison, son salon, sa femme, présentaient même contraste.

Madame de Condorcet, née Grouchy, d'abord chanoinesse, élève enthousiaste de Rousseau et de la Révolution, sortie de sa position demi-ecclésiastique pour présider un salon qui était le centre des libres penseurs, semblait une noble religieuse de la philosophie.

La crise de juin 91 devait décider Condorcet, elle l'appelait à se prononcer. Il lui fallait choisir entre ses relations, ses précédents d'une part, et de l'autre ses idées. Quant aux intérêts, ils étaient nuls avec un tel homme. Le seul peut-être auquel il eût été sensible, c'est que, la République abaissant toute grandeur de convention et rehaussant d'autant les supériorités naturelles, sa Sophie se fût trouvée reine.

M. de Larochefoucauld, son intime ami, ne désespérait pas de neutraliser son républicanisme, comme celui de Lafayette. Il croyait avoir bon marché du savant modeste, de l'homme doux et timide, que sa famille d'ailleurs avait autrefois protégé. On allait jusqu'à affirmer, répandre dans le public que Condorcet partageait les idées royalistes de Sieyès. On le compromettait ainsi, et en même temps on lui offrait comme tentation la perspective d'être nommé gouverneur du Dauphin.

Ces bruits le décidèrent probablement à se déclarer plus tôt qu'il n'aurait fait peut-être. Le 1ᵉʳ juillet, il fit annoncer par la *Bouche-de-fer* qu'il parlerait au Cercle social sur la République. Il attendit jusqu'au 12, et ne le fit qu'avec certaine réserve. Dans un discours ingénieux, il réfutait plusieurs des objections banales qu'on fait à la République, ajoutant toutefois ces paroles, qui étonnèrent fort : « Si pourtant le peuple se réserve d'appeler une Convention pour prononcer si l'on conserve le trône, si l'hérédité continue pour un petit nombre d'années entre deux Conventions, *la royauté, en ce cas, n'est pas essentiellement contraire aux droits des citoyens…* » Il faisait allusion au bruit qui courait, qu'on devait le nommer gouverneur du Dauphin, et disait qu'en ce cas il lui apprendrait surtout à savoir se passer du trône.

Cette apparence d'indécision ne plut pas beaucoup aux républicains, et choqua les royalistes. Ceux-ci furent bien plus blessés encore, quand on répandit dans Paris un pamphlet spirituel, moqueur, écrit d'une main si grave. Condorcet y fut probablement l'écho et le secrétaire de la jeune société qui fréquentait son salon. Le pamphlet était une *Lettre d'un jeune mécanicien*, qui, pour une somme modique, s'engageait à faire un excellent roi constitutionnel.

« Ce roi, disait-il, s'acquitterait à merveille des fonctions de la royauté, marcherait aux cérémonies, siégerait convenablement, irait à la messe, et même, au moyen de certain ressort, prendrait des mains du président de l'Assemblée la liste des ministres que désignerait la majorité... Mon roi ne serait pas dangereux pour la liberté; et cependant, en le réparant avec soin, il serait éternel, ce qui est encore plus beau que d'être héréditaire. On pourrait même le déclarer inviolable sans injustice, et le dire infaillible sans absurdité. »

Chose remarquable. Cet homme mûr et grave, qui s'embarquait par une plaisanterie sur l'océan de la Révolution, ne se dissimulait nullement les chances qu'il allait courir. Plein de foi dans l'avenir lointain de l'espèce humaine, il en avait moins pour le présent, ne se faisait nulle illusion sur la situation, en voyait très-bien les dangers. Il les craignait, non pour lui-même (il donnait volontiers sa vie), mais pour cette femme adorée, pour ce jeune enfant né à peine du moment sacré de Juillet. Depuis plusieurs mois, il s'était secrètement informé du port par lequel il pourrait, au besoin, faire échapper sa famille, et il s'était arrêté à celui de Saint-Valery.

Tout fut ajourné, et, de proche en proche, l'événement arriva. Il arriva par Condorcet lui-même; cet homme si prudent devint hardi en pleine Terreur.

Rédacteur du projet de Constitution en 92, il attaqua violemment la Constitution de 93, et fut obligé de chercher un asile contre la proscription.

XI

SUITE. — MADAME DE CONDORCET (94).

« L'amour est fort comme la mort. » — Et ce sont ces temps de mort qui sont ses triomphes peut-être ; car la mort verse à l'amour je ne sais quoi d'âcre et de brûlant, d'amères et divines saveurs qui ne sont point d'ici-bas.

En lisant l'audacieux voyage de Louvet à travers toute la France pour retrouver ce qu'il aimait, en assistant à ces moments où, réunis par le sort dans la cachette de Paris ou la caverne du Jura, ils tombent dans les bras l'un de l'autre, défaillants, anéantis, qui n'a dit cent fois : « O mort, si tu as cette puissance de centupler, transfigurer à ce point les joies de la vie, tu tiens vraiment les clefs du ciel! »

L'amour a sauvé Louvet. Il avait perdu Desmoulins en le confirmant dans son héroïsme. Il n'a pas été étranger à la mort de Condorcet.

Le 6 avril 1794, Louvet entrait dans Paris pour revoir sa Lodoïska; Condorcet en sortait, pour diminuer les dangers de sa Sophie.

C'est du moins la seule explication qu'on puisse trouver à cette fuite du proscrit qui lui fit quitter son asile.

Dire, comme on a fait, que Condorcet sortit de Paris uniquement pour voir la campagne et séduit par le printemps, c'est une étrange explication, invraisemblable et peu sérieuse.

Pour comprendre, il faut voir la situation de cette famille.

Madame de Condorcet, belle, jeune et vertueuse, épouse de l'illustre proscrit, qui eût pu être son père, s'était trouvée, au moment de la proscription et du séquestre des biens, dans un complet dénûment. Ni l'un ni l'autre n'avait les moyens de fuir. Cabanis, leur ami, s'adressa à deux élèves en médecine, célèbres depuis, Pinel et Boyer. Condorcet fut mis par eux dans un lieu quasi-public, chez une dame Vernet, près du Luxembourg, qui prenait quelques pensionnaires pour le logis et la table. Cette dame fut admirable. Un Montagnard qui logeait dans la maison se montra bon et discret, rencontrant Condorcet tous les jours, sans vouloir le reconnaître. Madame de Condorcet logeait à Auteuil, et chaque jour venait à Paris à pied. Chargée d'une sœur malade, de sa vieille gouvernante, embarrassée d'un jeune enfant, il lui fallait pourtant vivre, faire vivre les siens. Un jeune frère du secrétaire de Condorcet tenait pour elle, rue Saint-Honoré, n° 352 (à deux pas de Robespierre) une petite boutique de lingerie. Dans l'entre-sol au-dessus de la boutique, elle faisait des portraits. Plusieurs des puissants du moment venaient se faire peindre. Nulle industrie ne prospéra davantage sous la Terreur; on se hâtait de fixer sur la toile une ombre de cette vie si peu sûre. L'attrait singulier de pureté, de dignité, qui était en cette jeune femme, amenait là les violents, les ennemis de son mari. Que ne dut-elle pas entendre? Quelles dures et cruelles paroles! Elle en est restée atteinte, languissante, maladive pour toujours. Le soir, parfois, quand elle osait, tremblante et le cœur brisé, elle se glissait dans l'ombre jusqu'à la rue Servandoni, sombre, humide ruelle, cachée sous les tours de Saint-Sulpice. Frémissant d'être rencontrée, elle montait d'un pas léger au pauvre réduit du grand homme; l'amour et l'amour filial donnaient à Condorcet quelques heures de joie, de bonheur. Inutile de dire ici combien elle cachait les épreuves du jour, les humiliations, les duretés, les légèretés barbares, ces supplices d'une âme blessée, au prix desquels elle soutenait son mari, sa famille, diminuant les haines par sa patience, charmant les colères, peut-être retenant le fer suspendu. Mais Condorcet était trop pénétrant pour ne pas deviner toute chose; il lisait tout, sous ce pâle sourire dont elle déguisait sa mort intérieure. Si mal caché, pouvant à tout moment se perdre et la perdre, comprenant parfaitement tout ce qu'elle souffrait et risquait pour lui, il ressentait le plus puissant aiguillon de la Terreur. Peu expansif, il gardait tout, mais haïssait de plus en plus une vie qui compromettait ce qu'il aimait plus que la vie.

Qu'avait-il fait pour mériter ce supplice? Nulle des fautes des Girondins. Loin d'être fédéraliste, il avait, dans un livre ingénieux, défendu le droit de Paris, démontré l'avantage d'une telle capitale, comme instrument de centralisation. Le nom de la République, le premier manifeste républicain, avait été écrit chez lui et lancé par ses amis, quand Robespierre, Danton, Vergniaud, tous enfin hésitaient encore. Il avait écrit, il est vrai, ce premier projet de constitution, impraticable, inapplicable, dont on n'eût jamais pu mettre la machine en mouvement, tant elle est chargée, surchargée, de garanties, de barrières, d'entraves pour le pouvoir, d'assurances pour l'individu. Le mot terrible de Chabot, que la constitution préférée, celle de 93, n'est qu'un piége, un moyen habile d'organiser la dictature, Condorcet ne l'avait pas dit, mais il l'avait démontré dans une brochure violente. Chabot, effrayé de sa propre audace, crut se concilier Robespierre en faisant proscrire Condorcet.

Celui-ci, qui avait fait cette chose hardie le lendemain du 31 mai, savait bien qu'il jouait sa vie. Il s'était fait donner un poison sûr par Cabanis. Fort de cette arme, et pouvant toujours disposer de lui, il voulait, de son asile, continuer la polémique, le duel de la logique contre le couteau, terrifier la Terreur des traits vainqueurs de la Raison. Telle était sa foi profonde dans ce dieu du dix-huitième siècle, dans son infaillible victoire par le bon sens du genre humain.

Une douce puissance l'arrêta, invincible et souveraine, la voix de cette femme aimée, souffrante fleur, laissée là en otage aux violences du monde, tellement exposée par lui, qui pour lui vivait, mourait. Madame de Condorcet lui demanda le sacrifice le plus fort, celui de sa passion, de son combat engagé, c'est-à-dire celui de son cœur. Elle lui dit de laisser là ses ennemis d'un jour, tout ce monde de furieux qui allait passer, et de s'établir hors du temps, de prendre déjà possession de son immortalité, de réaliser l'idée qu'il avait nourrie d'écrire un *Tableau des progrès de l'esprit humain.*

Grand fut l'effort. Il y paraît à l'absence apparente de passion, à la froideur austère et triste que l'auteur s'est imposée. Bien des choses sont élevées, beaucoup sèchement indiquées[1]. Le temps pressait. Comment savoir s'il y avait un lendemain? Le solitaire, sous son toit glacé, ne voyant de sa lucarne que le sommet dépouillé des arbres du Luxembourg, dans l'hiver de 93, précipitait l'âpre travail, les jours sur les jours, les nuits sur les nuits, heureux de dire à chaque feuille, à chaque siècle de son histoire : « Encore un âge du monde soustrait à la mort. »

Il avait, à la fin de mars, revécu, sauvé, consacré tous les siècles et tous les âges; la vitalité des sciences, leur puissance d'éternité, semblait dans son livre et dans lui. Qu'est-ce que l'histoire et la science? la lutte contre la mort. La véhémente aspiration d'une grande âme immortelle pour communiquer l'immortalité emporta alors le sage jusqu'à élever son vœu à cette forme prophétique : « La science aura vaincu la mort. Et alors, on ne mourra plus »

---

[1] Cette sécheresse n'est qu'extérieure. On le sent bien en lisant, dans ses dernières paroles à sa fille, la longue et tendre recommandation qu'il lui fait d'aimer et ménager les animaux, la tristesse qu'il exprime sur la dure loi qui les oblige à se servir mutuellement de nourriture.

Défi sublime au règne de la mort, dont il était environné. Noble et touchante vengeance!... Ayant réfugié son âme dans le bonheur à venir du genre humain, dans ses espérances infinies, sauvé par le salut futur, Condorcet, le 6 avril, la dernière ligne achevée, enfonça son bonnet de laine, et, dans sa veste d'ouvrier, franchit au matin le seuil de la bonne madame Vernet. Elle avait deviné son projet, et le surveillait; il n'échappa que par ruse. Dans une poche il avait son ami fidèle, son libérateur; dans l'autre, le poëte romain qui a écrit les hymnes funèbres de la liberté mourante [1].

Il erra tout le jour dans la campagne. Le soir, il entra dans le charmant village de Fontenay-aux-Roses, fort peuplé de gens de lettres, beau lieu où lui-même, secrétaire de l'Académie des sciences, associé pour ainsi dire à la royauté de Voltaire, il avait eu tant d'amis, et presque des courtisans; tous en fuite ou écartés. Restait la maison du *Petit-Ménage,* on nommait ainsi M. et madame Suard. Véritable miniature de taille et d'esprit. Suard, joli petit homme, madame, vive et gentille, étaient tous deux gens de lettres, sans

---

[1] Altera jam teritur bellis civilibus ætas;
. . . .
Justum et tenacem propositi virum
. . . .
Et cuncta terrarum subacta
Præter atrocem animum Catonis.

faire de livres pourtant, seulement de courts articles, quelques travaux pour les ministres, des nouvelles sentimentales (en cela excellait madame). Jamais il n'y eut personne pour mieux arranger sa vie. Tous deux aimés, influents et considérés jusqu'au dernier jour. Suard est mort censeur royal.

Ils se tenaient tapis là, sous la terre, attendant que passât l'orage et se faisant tout petits. Quand ce proscrit fatigué, à mine hâve, à barbe sale, dans son triste déguisement, leur tomba à l'improviste, le joli petit ménage en fut cruellement dérangé. Que se passa-t-il? on l'ignore. Ce qui est sûr, c'est que Condorcet ressortit immédiatement par une porte du jardin. Il devait revenir, dit-on; la porte devait rester ouverte; il la retrouva fermée. L'égoïsme connu des Suard ne me paraît pas suffisant pour autoriser cette tradition. Ils affirment, et je les crois, que Condorcet, qui quittait Paris pour ne compromettre personne, ne voulut point les compromettre; il aura demandé, reçu des aliments : voilà tout.

Il passa la nuit dans les bois, et le jour encore. Mais la marche l'épuisait. Un homme, assis depuis un an, tout à coup marchant sans repos, fût bientôt mort de fatigue. Force donc lui fut, avec sa barbe longue, ses yeux égarés, d'entrer, pauvre famélique, dans un cabaret de Clamart. Il mangea avidement, et, en même temps, pour soutenir son cœur, il ouvrit le poëte romain. Cet air, ce livre, ces mains blanches, tout le dénonçait. Des paysans qui buvaient là (c'était le comité révolutionnaire de Clamart) virent bientôt tout de suite que c'était un ennemi de la République. Ils le traînèrent au district. La difficulté était qu'il ne pouvait plus faire un pas. Ses pieds étaient déchirés. On le hissa sur une misérable haridelle d'un vigneron qui passait. Ce fut dans cet équipage que cet illustre représentant du dix-huitième siècle fut solennellement conduit à la prison de Bourg-la-Reine. Il épargna à la République la honte du parricide, le crime de frapper le dernier des philosophes sans qui elle n'eût point existé.

XII

SOCIÉTÉS DE FEMMES. — OLYMPE DE GOUGES, ROSE LACOMBE.

Les Jacobins s'appelant *Amis de la Constitution*, la société qui se réunissait au-dessous de leur salle s'intitulait : Société fraternelle des patriotes des deux sexes *défenseurs de la Constitution*. Elle avait pris une forte consistance en mai 91. Dans une grande occasion, où elle proteste contre les décrets de l'Assemblée constituante, elle tire son appel à trois mille. Elle reçoit, vers cette époque, un membre illustre, madame Roland, alors en voyage à Paris.

Nous savons peu, malheureusement, l'histoire des sociétés de femmes. C'est dans les mentions accidentelles de journaux, dans les biographies, etc., qu'on en recueille quelques légères traces.

Plusieurs de ces sociétés furent fondées vers 90 et 91 par la brillante improvisatrice du Midi, Olympe de Gouges, qui, comme Lope de Vega, dictait une tragédie par jour. Elle était fort illettrée ; on a dit même qu'elle ne savait ni lire ni écrire. Elle était née à Montauban (1755) d'une revendeuse à la toilette et d'un père marchand, selon les uns, selon d'autres, homme de lettres. Quelques-uns la croyaient bâtarde de Louis XV. Cette femme infortunée, pleine d'idées généreuses, fut le martyr, le jouet de sa mobile sensibilité. Elle a fondé le droit des femmes par un mot juste et sublime : « Elles ont bien le droit de monter à la tribune, puisqu'elles ont celui de monter à l'échafaud. »

Révolutionnaire en juillet 89, elle fut royaliste au 6 octobre, quand elle vit le roi captif à Paris. Républicaine en juin 91, sous l'impression de la fuite et de la trahison de Louis XVI, elle lui redevint favorable quand on lui fit son procès. On raillait son inconséquence, et, dans sa véhémence méridionale, elle proposait aux railleurs des duels au pistolet.

Le parti de Lafayette contribua surtout à la perdre en la mettant à la tête d'une fête contre-révolutionnaire. On la fit agir, écrire dans plus d'une affaire que sa faible tête ne comprenait pas. Mercier et ses autres amis lui conseillaient en vain de s'arrêter, toujours elle allait, comptant sur la pureté de ses intentions ; elle les expliqua au public dans un très-noble pamphlet, la *Fierté de l'innocence.* La pitié lui fut mortelle. Quand elle vit le roi à la barre de la Convention, républicaine sincère, elle n'offrit pas moins de le défendre. L'offre ne fut pas acceptée. Mais, dès lors, elle fut perdue.

Les femmes, dans leurs dévouements publics où elles bravent les partis, risquent bien plus que les hommes. C'était un odieux machiavélisme de ce temps de mettre la main sur celles dont l'héroïsme pouvait exciter l'enthousiasme, de les rendre ridicules par ces outrages que la brutalité inflige aisément à un sexe faible. Un jour, saisie dans un groupe, Olympe est prise par la tête; un brutal tient cette tête serrée sous le bras, lui arrache le bonnet; ses cheveux se déroulent... pauvres cheveux gris,-quoiqu'elle n'eût que trente-huit ans; le talent et la passion l'avaient consumée. « Qui veut la tête d'Olympe pour quinze sous? » criait le barbare. Elle, doucement, sans se troubler : « Mon ami, dit-elle, mon ami, j'y mets la pièce de trente. » On rit, et elle échappa.

Ce ne fut pas pour longtemps. Traduite au tribunal révolutionnaire, elle eut l'affreuse amertume de voir son fils la renier avec mépris. Là, la force lui manqua. Par une triste réaction de la nature dont les plus intrépides ne sont pas toujours exempts, amollie et trempée de larmes, elle se remit à être femme, faible, tremblante, à avoir peur de la mort. On lui dit que des femmes enceintes avaient obtenu un ajournement du supplice. Elle voulut, dit-on, l'être aussi. Un ami lui aurait rendu, en pleurant, le triste office, dont on prévoyait l'inutilité. Les matrones et les chirurgiens consultés par le tribunal furent assez cruels pour dire que, s'il y avait grossesse, elle était trop récente pour qu'on pût la constater.

Elle reprit tout son courage devant l'échafaud, et mourut en recommandant à la patrie sa vengeance et sa mémoire.

Les sociétés de femmes, tout à fait changées en 93, influent alors puissamment. Celle des *Femmes révolutionnaires* a alors pour chef et meneur une fille éloquente, hardie; qui, la nuit du 31 mai, dans la réunion générale de l'Évêché où fut décidée la perte des Girondins, prit la plus violente initiative et dépassa de beaucoup la fureur des hommes. Elle avait alors pour amant le jeune Lyonnais Leclerc, disciple, je crois, de Châlier, et intimement lié avec Jacques Roux, le tribun de la rue Saint-Martin, dont les prédications répandaient quelques idées communistes. Leclerc, Roux et d'autres, après la mort de Marat, firent un journal d'une tendance très-peu maratiste : *Ombre de Marat*.

Ces hardis novateurs, violemment haïs de Robespierre et des Jacobins, rendirent ceux-ci hostiles aux sociétés de femmes, où leurs nouveautés étaient bien reçues.

D'autre part, les poissardes ou dames de la halle, royalistes en grande partie et toutes fort irritées de la diminution de leur commerce, en voulaient aux sociétés de femmes, que, très-injustement, elles en rendaient responsables. Plus fortes et mieux nourries que ces femmes (pauvres ouvrières), elles les battaient souvent. Maintes fois, elles envahirent une de ces sociétés sous les charniers Saint-Eustache et la mirent en fuite à force de coups.

D'autre part, les républicaines trouvaient mauvais que les poissardes négligeassent de porter la cocarde nationale, que tout le monde portait, conformément à la loi. En octobre 93, époque de la mort des Girondins, habillées en hommes et armées, elles se promenèrent aux halles et injurièrent les poissardes. Celles-ci tombèrent sur elles, et, de leurs robustes mains, leur appliquèrent, au grand amusement des hommes, une indécente correction. Paris ne parla d'autre chose. La Convention jugea, mais contre les victimes; elle défendit aux femmes de s'assembler. Cette grande question sociale se trouva ainsi étranglée par hasard.

Que devint Rose Lacombe? Chose étrange! cette femme violente eut, comme la plupart des terroristes du temps, un jour de faiblesse et d'humanité qui faillit la perdre. Elle se compromit fort en essayant de sauver un suspect. C'est le moment tragique de mars 94. Elle demanda un passe-port, comme actrice, engagée au théâtre de Dunkerque.

En juin 94, nous la retrouvons assise à la porte des prisons, vendant aux détenus du vin, du sucre, du pain d'épice, etc., etc., position lucrative, qui, par la connivence des geôliers, permettait de vendre à tout prix. On n'eût pu reconnaître la fougueuse bacchante de 93. Elle était devenue une marchande intéressée; du reste, douce et polie.

XIII

THÉROIGNE DE MÉRICOURT (89-93).

Il existe un fort bon portrait gravé de la belle, vaillante, infortunée Liégeoise, qui, au 5 octobre, eut la grande initiative de gagner le régiment de Flandre, de briser l'appui de la royauté, qui, au 10 août, parmi les premiers combattants, entra au château l'épée à la main, et reçut une couronne de la main des vainqueurs. — Malheureusement ce portrait, dessiné à la Salpêtrière, quand elle fut devenue folle, rappelle bien faiblement l'héroïque beauté qui ravit le cœur de nos pères et leur fit voir dans une femme l'image même de la Liberté.

La tête ronde et forte (vrai type liégeois), l'œil noir,

un peu gros, un peu dur, n'a pas perdu sa flamme. La passion y reste encore, et la trace du violent amour dont cette fille vécut et mourut, — amour d'un homme? non (quoique la chose semble étrange à dire pour une telle vie), l'amour de l'idée, l'amour de la Liberté et de la Révolution.

L'œil de la pauvre fille n'est pourtant point hagard; il est plein d'amertume, de reproche et de douleur, plein du sentiment d'une si grande ingratitude!... Du reste, le temps a frappé, non moins que le malheur. Les traits grossis ont pris quelque chose de matériel. Sauf les cheveux noirs serrés d'un fichu, tout est abandonné, le sein nu, dernière beauté qui reste, sein conservé de formes pures, fermes et virginales, comme pour témoigner que l'infortunée, prodiguée aux passions des autres, elle-même usa peu de la vie.

Pour comprendre cette femme, il faudrait bien connaître son pays, le pays wallon, de Tournai jusqu'à Liége, connaître surtout Liége, notre ardente petite France de Meuse, avant-garde jetée si loin au milieu des populations allemandes des Pays-Bas. J'ai conté sa glorieuse histoire au quinzième siècle, quand, brisée tant de fois, jamais vaincue, cette population héroïque d'une ville combattit un empire, quand trois cents Liégeois, une nuit, forcèrent un camp de quarante mille hommes pour tuer Charles le Téméraire.

(*Histoire de France*, t. VI.) Dans nos guerres de 93, j'ai dit comment un ouvrier wallon, un batteur de fer de Tournai, le ferblantier Meuris, par un dévouement qui rappelle celui de ces trois cents, sauva la ville de Nantes, comment la Vendée s'y brisa pour le salut de la France. (*Histoire de la Révolution.*)

Pour comprendre Théroigne, il faudrait connaître encore le sort de la ville de Liége, ce martyr de la liberté au commencement de la Révolution. Serve de la pire tyrannie, serve de prêtres, elle s'affranchit deux ans, et ce fut pour retomber sous son évêque, rétabli par l'Autriche. Réfugiés en foule chez nous, les Liégeois brillèrent dans nos armées par leur valeur fougueuse, et marquèrent non moins dans nos clubs par leur colérique éloquence. C'étaient nos frères ou nos enfants. La plus touchante fête de la Révolution est peut-être celle où la Commune, les adoptant solennellement, promena dans Paris les archives de Liége, avant de les recevoir dans son sein à l'Hôtel de Ville.

Théroigne était la fille d'un fermier aisé, qui lui avait fait donner quelque éducation, et elle avait une grande vivacité d'esprit, beaucoup d'éloquence naturelle : cette race du Nord tient beaucoup du Midi. Séduite par un seigneur allemand, abandonnée, fort admirée en Angleterre et entourée d'amants, elle leur préférait à tous un chanteur italien, un castrat, laid et vieux, qui la pillait, vendit ses diamants. Elle se faisait alors appeler, en mémoire de son pays (la Campine), comtesse de Campinados. En France, ses passions furent de même pour des hommes étrangers à l'amour. Elle déclarait détester l'immoralité de Mirabeau; elle n'aimait que le sec et froid Sieyès, ennemi né des femmes. Elle distinguait encore un homme austère, l'un de ceux qui fondèrent plus tard le culte de la Raison, l'auteur du calendrier républicain, le mathématicien Romme, aussi laid de visage qu'il était pur et grand de cœur; il le perça, ce cœur, le jour où il crut la République morte. Romme, en 89, arrivait de Russie; il était gouverneur du jeune prince Strogonoff, et ne se faisait aucun scrupule de mener son élève aux salons de la Liégeoise, fréquentés par des hommes comme Sieyès et Pétion. C'est dire assez que Théroigne, quelle que fût sa position douteuse, n'était nullement une fille.

Les jours entiers, elle les passait à l'Assemblée, ne perdait pas un mot de ce qui s'y disait. Une des plaisanteries les plus ordinaires des royalistes qui rédigeaient les *Actes des apôtres*, c'était de marier Théroigne au député Populus, qui ne la connaissait même pas.

Quand Théroigne n'aurait rien fait, elle serait immortelle par un numéro admirable de Camille Desmoulins sur une séance des Cordeliers. Voici l'extrait que j'en ai fait ailleurs :

« L'orateur est interrompu. Un bruit se fait à la porte, un murmure flatteur, agréable... Une jeune femme entre et veut parler... Comment! ce n'est pas moins que mademoiselle Théroigne, la belle amazone de Liége! Voilà bien sa redingote de soie rouge, son grand sabre du 5 octobre. L'enthousiasme est au comble. « C'est la reine de Saba, s'écrie Desmoulins, « qui vient visiter le Salomon des districts. »

« Déjà elle a traversé toute l'Assemblée d'un pas léger de panthère, elle est montée à la tribune. Sa jolie tête inspirée, lançant des éclairs, apparaît entre les sombres figures apocalyptiques de Danton et de Marat.

« Si vous êtes vraiment des Salomons, dit Théroigne, eh bien, vous le prouverez, vous bâtirez le Temple, le temple de la liberté, le palais de l'Assemblée nationale... Et vous le bâtirez sur la place où fut la Bastille.

« Comment! tandis que le pouvoir exécutif habite le plus beau palais de l'univers, le pavillon de Flore et les colonnades du Louvre, le pouvoir législatif est encore campé sous les tentes, au Jeu de paume, aux Menus, au Manége... comme la colombe de Noé, qui n'a point où poser le pied!

« Cela ne peut rester ainsi. Il faut que les peuples, en regardant les édifices qu'habiteront les deux pouvoirs, apprennent, par la vue seule, où réside le vrai souverain. Qu'est-ce qu'un souverain sans palais? Un dieu sans autel. Qui reconnaîtra son culte?

« Bâtissons-le, cet autel. Et que tous y contribuent, que tous apportent leur or, leurs pierreries ; moi, voici les miennes. Bâtissons le seul vrai temple. Nul autre n'est digne de Dieu que celui où fut prononcée la Déclaration des droits de l'homme. Paris, gardien de ce temple, sera moins une cité que la patrie commune à toutes, le rendez-vous des tribus, leur Jérusalem ! »

Quand Liége, écrasée par les Autrichiens, fut rendue à son tyran ecclésiastique, en 1791, Théroigne ne manqua pas à sa patrie. Mais elle fut suivie de Paris à Liége, arrêtée en arrivant, spécialement comme coupable de l'attentat du 6 octobre contre la reine de France, sœur de l'empereur Léopold. Menée à Vienne, et relâchée à la longue, faute de preuves, elle revint exaspérée, surtout contre les agents de la reine qui l'auraient suivie, livrée. Elle écrivit son aventure; elle voulait l'imprimer; elle en avait lu, dit-on, quelques pages aux Jacobins, lorsque éclata le 10 août.

Un des hommes qu'elle haïssait le plus était le journaliste Suleau, l'un des plus furieux agents de la contre-révolution. Elle lui en voulait, non-seulement pour les plaisanteries dont il l'avait criblée, mais pour avoir publié, à Bruxelles chez les Autrichiens, un des journaux qui écrasèrent la Révolution à Liége, le *Tocsin des rois*. Suleau était dangereux, non par sa plume seulement, mais par son courage, par ses relations infiniment étendues, dans sa province et ailleurs. Montlosier conte que Suleau, dans un danger, lui disait : « J'enverrai, au besoin, toute ma Picardie à votre secours. » Suleau, prodigieusement actif, se multipliait; on le rencontrait souvent déguisé. Lafayette, dès 90, dit qu'on le trouva ainsi, sortant le soir de l'hôtel de l'archevêque de Bordeaux. Déguisé cette fois encore, armé, le matin même du 10 août, au moment de la plus violente fureur populaire, quand la foule, ivre d'avance du combat qu'elle allait livrer, ne cherchait qu'un ennemi, Suleau, pris, dès lors était mort. On l'arrêta dans une fausse patrouille de royalistes, armés d'espingoles, qui faisaient une reconnaissance autour des Tuileries.

Théroigne se promenait avec un garde-française sur la terrasse des Feuillants quand on arrêta Suleau. S'il périssait, ce n'était pas elle du moins qui pouvait le mettre à mort. Les plaisanteries mêmes qu'il avait lancées contre elle auraient dû le protéger. Au point de vue chevaleresque, elle devait le défendre; au point de vue qui dominait alors, l'imitation farouche des républicains de l'antiquité, elle devait frapper l'ennemi public, quoiqu'il fût son ennemi. Un commissaire, monté sur un tréteau, essayait de calmer la foule; Théroigne le renversa, le remplaça, parla contre Suleau. Deux cents hommes de garde nationale défendaient les prisonniers; on obtint de la section un ordre de cesser toute résistance. Appelés un à un, ils furent égorgés par la foule. Suleau montra, dit-on, beaucoup de courage, arracha un sabre aux égorgeurs, essaya de se faire jour. Pour mieux orner le récit, on suppose que la virago (petite et fort délicate, malgré son ardente énergie) aurait sabré de sa main cet homme de grande taille, d'une vigueur et d'une force décuplées par le désespoir. D'autres disent que ce fut le garde-française qui donnait le bras à Théroigne qui porta le premier coup.

Sa participation au 10 août, la couronne que lui décernèrent les Marseillais vainqueurs, avaient resserré ses liens avec les Girondins amis de ces Marseillais et qui les avaient fait venir. Elle s'attacha encore plus à eux par leur horreur commune pour les massacres de Septembre, qu'elle flétrit énergiquement. Dès avril 92, elle avait violemment rompu avec Robespierre, disant fièrement dans un café que, s'il calomniait sans preuves, « elle lui retirait son estime. » La chose, contée le soir ironiquement par Collot-d'Herbois aux Jacobins, jeta l'amazone dans un amusant accès de fureur. Elle était dans une tribune, au milieu des dévotes de Robespierre. Malgré les efforts qu'on faisait pour la retenir, elle sauta par-dessus la barrière qui séparait les tribunes de la salle, perça cette foule ennemie, demanda en vain la parole; on se boucha les oreilles, craignant d'ouïr quelque blasphème contre le dieu du temple; Théroigne fut chassée sans être entendue.

Elle était encore fort populaire, aimée, admirée de la foule pour son courage et sa beauté. On imagina un moyen de lui ôter ce prestige, de l'avilir par une des plus lâches violences qu'un homme puisse exercer sur une femme. Elle se promenait presque seule sur la terrasse des Tuileries ; ils formèrent un groupe autour d'elle, le fermèrent tout à coup sur elle, la saisirent, lui levèrent les jupes, et, nue, sous les risées de la foule, la fouettèrent comme un enfant. Ses prières, ses cris, ses hurlements de désespoir, ne firent qu'augmenter les rires de cette foule cynique et cruelle. Lâchée enfin, l'infortunée continua ses hurlements; tuée par cette injure barbare dans sa dignité et dans son courage, elle avait perdu l'esprit. De 1793 jusqu'en 1817, pendant cette longue période de vingt-quatre années (toute une moitié de sa vie!), elle resta folle furieuse, hurlant comme au premier jour. C'était un spectacle à briser le cœur de voir cette femme héroïque et charmante, tombée plus bas que la bête, heurtant ses barreaux, se déchirant elle-même et mangeant ses excréments. Les royalistes se sont complu à voir là une vengeance de Dieu sur celle dont la beauté fatale enivra la Révolution dans ses premiers jours.

XIV

LES VENDÉENNES EN 90 ET 91.

Au moment où les émigrés, amenant l'ennemi par la main, lui ouvrent nos frontières de l'Est, le 24 et le 25 août, anniversaire de la Saint-Barthélemy, éclate dans l'Ouest la guerre de la Vendée.

Chose étrange! ce fut le 25 août, le jour où le paysan vendéen attaquait la Révolution, que la Révolution, dans sa partialité généreuse, jugeait pour le paysan le long procès des siècles, abolissant les droits féodaux *sans indemnité.*

A ce moment, toutes les nations, Savoie, Italie, Allemagne, Belgique, les cités qui en sont les portes,

Nice, Chambéry, Mayence, Liége, Bruxelles, Anvers, recevaient, appelaient le drapeau tricolore; toutes ambitionnaient de devenir françaises. Et il se trouve un peuple tellement aveugle, qu'il arme contre la France, sa mère, contre le peuple qui est lui-même! Ces pauvres gens ignorants, égarés, criaient : Mort à la nation!

Tout est mystère dans cette guerre de Vendée. C'est une guerre de ténèbres et d'énigmes, une guerre de fantômes, d'insaisissables esprits. Les rapports les plus contradictoires circulent dans le public. Les enquêtes n'apprennent rien. Après quelque fait tragique, les commissaires envoyés arrivent, inattendus, dans la paroisse, et tout est paisible; le paysan est au travail, la femme est sur sa porte, au milieu de ses enfants, assise, et qui file; au cou son grand chapelet. Le seigneur? on le trouve à table; il invite les commissaires; ceux-ci se retirent charmés. Les meurtres et les incendies recommencent le lendemain.

Où donc pouvons-nous saisir le fuyant génie de la guerre civile?

Regardons. Je ne vois rien, sinon là-bas sur la lande, une sœur grise qui trotte humblement et tête basse.

Je ne vois rien. Seulement j'entrevois entre deux bois une dame à cheval, qui, suivie d'un domestique, va rapide, sautant les fossés, quitte la route et prend la traverse. Elle se soucie peu, sans doute, d'être rencontrée.

Sur la route même chemine, le panier au bras, portant ou des œufs, ou des fruits, une honnête paysanne. Elle va vite, et veut arriver à la ville avant la nuit.

Mais la sœur, mais la dame, mais la paysanne, enfin, où vont-elles? Elles vont par trois chemins, elles arrivent au même lieu. Elles vont, toutes les trois, frapper à la porte d'un couvent. Pourquoi pas? La dame a là sa petite fille qu'on élève; la paysanne y vient vendre; la bonne sœur y demande abri pour une seule nuit.

Voulez-vous dire qu'elles y viennent prendre les ordres du prêtre? Il n'y est pas aujourd'hui. — Oui, mais il y fut hier. Il fallait bien qu'il vînt le samedi confesser les religieuses. Confesseur et directeur, il ne les dirige pas seules, mais par elles bien d'autres encore; il confie à ces cœurs passionnés, à ces langues infatigables, tel secret qu'on veut faire savoir, tel faux bruit qu'on veut répandre, tel signal qu'on veut faire courir. Immobile dans sa retraite, par ces nonnes immobiles, il remue toute la contrée.

Femme et prêtre, c'est là tout, la Vendée, la guerre civile.

Notez bien que, sans la femme, le prêtre n'aurait rien pu.

« *Ah! brigandes,* disait un soir un commandant républicain, arrivant dans un village où les femmes seules restaient, lorsque cette guerre effroyable avait fait périr tant d'hommes, *ce sont les femmes,* disait-il, *qui sont cause de nos malheurs ; sans les femmes, la République serait déjà établie, et nous serions chez nous tranquilles...* Allez, vous périrez toutes, nous vous fusillerons demain. Et, après-demain, les brigands viendront eux-mêmes nous tuer. » (*Mémoires de madame de Sapinaud.*)

Il ne tua pas les femmes. Mais il avait dit, en réalité, le vrai mot de la guerre civile. Il le savait mieux que tout autre. Cet officier républicain était un prêtre qui avait jeté la soutane ; il savait parfaitement que toute l'œuvre des ténèbres s'était accomplie par l'intime et profonde entente de la femme et du prêtre.

La femme, c'est la maison ; mais c'est tout autant l'église et le confessionnal. Cette sombre armoire de chêne, où la femme, à genoux, parmi les larmes et les prières, reçoit, renvoie, plus ardente, l'étincelle fanatique, est le vrai foyer de la guerre civile.

La femme, qu'est-ce encore ? le lit, l'influence toute-puissante des habitudes conjugales, la force invincible des soupirs et des pleurs sur l'oreiller... Le mari dort, fatigué. Mais elle, elle ne dort pas. Elle se tourne, se retourne ; elle parvient à l'éveiller. Chaque fois, profond soupir, parfois un sanglot. « Mais qu'as-tu donc cette nuit? — Hélas! le pauvre Roi au Temple!... Hélas! ils l'ont soufflé, comme Notre-Seigneur Jésus-Christ! » — Et, si l'homme s'endort un moment : « On dit qu'on va vendre l'église! l'église et le presbytère!... Ah! malheur, malheur à celui qui achètera!... »

Ainsi, dans chaque famille, dans chaque maison, la contre-révolution avait un prédicateur ardent, zélé, infatigable, nullement suspect, sincère, naïvement passionné, qui pleurait, souffrait, ne disait pas une parole qui ne fût ou ne parût un éclat du cœur brisé... Force immense, vraiment invincible. A mesure que la Révolution, provoquée par les résistances, était obligée de frapper un coup, elle en recevait un autre : la réaction des pleurs, le soupir, le sanglot, le cri de la femme, plus perçant que les poignards.

Peu à peu, ce malheur immense commença à se révéler, ce cruel divorce : la femme devenait l'obstacle et la contradiction du progrès révolutionnaire, que demandait le mari.

Ce fait, le plus grave et le plus terrible de l'époque, a été trop peu remarqué.

Le fer trancha la vie de bien des hommes. Mais voici qui est bien plus : un invisible fer tranche le nœud de la famille, met l'homme d'un côté, la femme de l'autre.

Cette chose tragique et douloureuse apparut vers 92. Soit amour du passé, force des habitudes, soit faiblesse de cœur et pitié trop naturelle pour les victimes de la Révolution, soit enfin dévotion et dépendance des prêtres, la femme devenait l'avocat de la contre-révolution.

C'était sur le terrain matériel de l'acquisition des biens nationaux que se posait généralement la dispute morale entre l'homme et la femme.

Question *matérielle?* On peut dire oui et non.

D'abord, c'était la question de vie et de mort pour la Révolution. L'impôt ne rentrant pas, elle n'avait de ressource que dans la vente des biens nationaux. Si elle ne réalisait cette vente, elle était désarmée, livrée à l'invasion. Le salut de la révolution morale, la victoire des principes, tenait à la révolution financière.

Acheter, c'était un acte civique qui servait très-directement le salut du pays. Acte de foi et d'espérance. C'était dire qu'on s'embarquait décidément sur le vaisseau de l'État en péril, qu'avec lui on voulait aborder ou périr. Le bon citoyen achetait, le mauvais citoyen empêchait d'acheter.

Empêcher, d'une part, la rentrée de l'impôt, de l'autre, la vente des biens nationaux, couper les vivres à la Révolution, la faire mourir de faim : voilà le plan très-simple, très-bien conçu, du parti ecclésiastique.

Le noble amenait l'étranger, et le prêtre empêchait qu'on ne pût se défendre. L'un poignardait la France, l'autre la désarmait.

Par quoi le prêtre arrêtait-il le mouvement de la Révolution? En la mettant dans la famille, en opposant la femme au mari, en fermant par elle la bourse de chaque ménage aux besoins de l'État.

Quarante mille chaires, cent mille confessionnaux travaillaient en ce sens. Machine immense, d'incalculable force, qui lutta sans difficulté contre la machine révolutionnaire de la presse et des clubs, et contraignit ceux-ci, s'ils voulaient vaincre, à organiser la Terreur.

Mais déjà en 89, 90, 91, 92 encore, la Terreur ecclésiastique sévissait dans les sermons, dans la confession. La femme n'en revenait chez elle que tête basse, courbée d'effroi, brisée. Elle ne voyait de toutes parts qu'enfer et flammes éternelles. On ne pouvait plus rien faire sans se damner. On n'obéissait plus aux lois qu'en se damnant. On ne payait l'impôt qu'en se damnant. Mais le fond de l'abîme, l'horreur des tourments sans remède, la griffe la plus aiguë du Diable, étaient pour l'acquéreur des biens nationaux… Comment eût-elle osé continuer de manger avec lui? son pain n'était que cendre. Comment coucher avec un réprouvé? être sa femme, sa moitié, même chair, n'était-ce pas brûler déjà, entrer vivante dans la damnation?

Qui peut dire de combien de sortes le mari était poursuivi, assailli, tourmenté, pour qu'il n'achetât point ! Jamais un général habile, un rusé capitaine, tournant et retournant sous les murs d'une place où il voudrait entrer, n'employa moyens plus divers. Ces biens ne rapportaient rien ; c'étaient des biens maudits, on l'avait déjà vu par le sort de tel acquéreur. Jean, qui a acheté, n'a-t-il pas été grêlé tout d'abord, Jacques inondé ? Pierre, c'est encore pis, il est tombé du toit. Paul, c'est son enfant qui est mort. M. le curé l'a très-bien dit : « Ainsi périrent les premiers-nés d'Égypte... »

Généralement le mari ne répondait rien, tournait le dos, faisait semblant de dormir. Il n'avait pas de quoi répondre à ce flot de paroles. La femme l'embarrassait, par la vivacité du sentiment, par l'éloquence naïve et pathétique, au moins par les pleurs. Il ne répondait point, ou ne répondait qu'un mot que nous dirons tout à l'heure. Il n'était nullement rendu, cependant. Il ne lui était pas facile de devenir l'ennemi de la Révolution, sa bienfaitrice, sa mère, qui prenait son parti, jugeait pour lui, l'affranchissait, le faisait homme, le tirait du néant. N'y eût-il rien gagné, pouvait-il aisément ne pas se réjouir de l'affranchissement général ? Pouvait-il méconnaître ce triomphe de la Justice, fermer les yeux au spectacle sublime de cette création immense : tout un monde naissant à la vie !

— Il résistait donc en lui-même. « Non, disait-il en lui, non, tout ceci est juste, quoi qu'ils disent; et je ne serais pas l'homme qui y profite, que je le croirais juste encore. »

Voilà comment les choses se passèrent dans presque toute la France. Le mari résista, l'homme resta fidèle à la Révolution.

Dans la Vendée, dans une grande partie de l'Anjou, du Maine et de la Bretagne, la femme l'emporta, la femme et le prêtre, étroitement unis.

Tout l'effort de la femme était d'empêcher son mari d'acheter des biens nationaux. Cette terre tant désirée du paysan, si ardemment convoitée de lui, depuis des siècles, au moment où la loi la lui livrait pour ainsi dire, la femme se jetait devant, l'en écartait au nom de Dieu. Et c'eût été en présence de ce désintéressement (aveugle, mais honorable) de la femme que le prêtre aurait profité des avantages matériels que lui offrait la Révolution? Il eût déchu certainement dans l'opinion de ses paroissiennes, se fût fermé leur confiance, eût descendu du haut idéal où leur cœur prévenu aimait à le placer.

On a beaucoup parlé de l'influence des prêtres sur les femmes, mais pas assez de celle des femmes sur les prêtres.

Notre conviction est qu'elles furent et plus sincèrement et plus violemment fanatiques que les prêtres eux-mêmes ; que leur ardente sensibilité, leur pitié douloureuse pour les victimes, coupables ou non, de la Révolution, l'exaltation où les jeta la tragique légende du roi au Temple, de la reine, du petit Dauphin, de madame de Lamballe, en un mot la profonde réaction de la pitié et de la nature au cœur des femmes, fit la force réelle de la contre-révolution. Elles entraînèrent, dominèrent ceux qui paraissaient les conduire, poussèrent leurs confesseurs dans la voie du martyre, leurs maris dans la guerre civile.

Le dix-huitième siècle connaissait peu l'âme du prêtre. Il savait bien que la femme avait influence sur lui ; mais il croyait, d'après la vieille tradition des noëls et des fabliaux, d'après les plaisanteries de village, que la femme qui gouverne le prêtre, c'était la gouvernante, celle qui couche sous son toit, la servante-maîtresse, la dame du presbytère. En cela, il se trompait.

Nul doute que, si la gouvernante eût été la femme du cœur, celle qui influe profondément, le prêtre n'eût reçu, saisi avec bonheur, les bienfaits de la Révolution. Fonctionnaire à traitement fixe et suffisant pour la famille, il eût trouvé bientôt, dans le progrès naturel du nouvel ordre de choses, son affranchissement véritable, la faculté de faire du concubinat un mariage. La gouvernante n'en était pas indigne. Malheureusement, quel que soit son mérite, elle est généralement plus âgée que le prêtre, ou de figure laide et vulgaire. Fût-elle jeune et belle, le cœur du prêtre ne lui resterait pas. Son cœur, qu'on le sache bien, n'est pas au presbytère; il est au confessionnal [1]. La gouvernante est sa vie quotidienne et vulgaire, sa prose. La pénitente est sa poésie; c'est avec elle qu'il a ses rapports de cœur, intimes et profonds.

Et ces rapports ne sont nulle part plus forts que dans l'Ouest.

Sur nos frontières du Nord, dans toutes ces contrées

---

[1] Cette religion, née du cœur de la femme (ce fut le charme de son berceau), va, en sa décadence, s'absorbant dans la femme. Ses docteurs sont insatiables dans les recherches sur le mystère du sexe. Cette année même (1849), quelle matière le concile de Paris a-t-il fouillée, approfondie? Une seule, la Conception. — Ne cherchez point le prêtre dans les sciences ou les lettres; il est au confessionnal, et il s'y est perdu. Que voulez-vous que devienne un pauvre homme à qui tous les jours cent femmes viennent raconter leur cœur, leur lit, tous leurs secrets? Les saints mystères de la nature, qui, vus de face, au jour de Dieu, de l'œil austère de la science, agrandiraient l'esprit, l'affaiblissent et l'énervent quand on les surprend ainsi au demi-jour des confidences sensuelles. L'agitation fiévreuse, les jouissances commencées, plus ou moins éludées, recommencées sans cesse, stérilisent l'homme sans retour (je recommande cet important sujet au philosophe et au médecin). Il peut garder les petites facultés d'intrigue et de manège, mais les grandes facultés viriles, surtout l'invention, ne se développent jamais dans cet état maladif; elles veulent l'état sain, naturel, légitime et loyal Depuis cent cinquante ans surtout, depuis que le *Sacré-Cœur*, sous son voile d'équivoques, a rendu si aisé ce jeu fatal, le prêtre s'y est énervé et n'a plus rien produit; il est resté eunuque dans les sciences.

de passage où vont et viennent les troupes, et qui respirent un souffle de guerre, l'idéal de la femme, c'est le militaire, l'officier. L'épaulette est presque invincible.

Dans le Midi et surtout dans l'Ouest, l'idéal de la femme, de la paysanne du moins, c'est le prêtre.

Le prêtre de Bretagne, spécialement, dut plaire et gouverner. Fils de paysan, il est au niveau de la paysanne par la condition, il est avec elle en rapport de langue et de pensée : il est au-dessus d'elle par la culture, mais pas trop au-dessus. S'il était plus lettré, plus distingué qu'il n'est, il aurait moins de prise. Le voisinage, la famille parfois, aident aussi à créer des rapports entre eux. Elle l'a vu enfant, ce curé, elle a joué avec lui : elle l'a vu grandir. C'est comme un jeune frère à qui elle aime à raconter ses peines, la plus grande peine surtout pour la femme : combien le mariage n'est pas toujours un mariage, combien la plus heureuse a besoin de consolation, la plus aimée d'amour.

Si le mariage est l'union des âmes, le vrai mari c'était le confesseur. Ce mariage spirituel était très-fort, là surtout où il était pur. Le prêtre était souvent aimé de passion, avec un abandon, un entraînement, une jalousie qu'on dissimulait peu. Ces sentiments éclatèrent avec une extrême force, en juin 91, lorsque, le roi étant ramené de Varennes, on crut à l'existence d'une grande conspiration dans l'Ouest, et que plusieurs directoires de départements prirent sur eux d'incarcérer des prêtres. Ils furent relâchés en septembre, lorsque le roi jura la Constitution. Mais, en novembre, une mesure générale fut prise contre ceux qui refusaient le serment. L'Assemblée autorisa les directoires à éloigner les prêtres réfractaires de toute commune où il surviendrait des troubles religieux.

Cette mesure fut motivée non-seulement par les violences dont les prêtres constitutionnels étaient partout l'objet, mais aussi par une nécessité politique et financière. Le mot d'ordre que tous ces prêtres avaient reçu de leurs supérieurs ecclésiastiques, et qu'ils suivaient fidèlement, c'était, nous l'avons dit, d'affamer la Révolution. Ils rendaient impossible la levée de l'impôt. Elle devenait une chose si dangereuse, en Bretagne, que personne ne voulait s'en charger. Les huissiers, les officiers municipaux, étaient en danger de mort. L'Assemblée fut obligée de lancer ce décret du 27 novembre 91, qui envoyait au chef-lieu les prêtres réfractaires, les éloignait de leur commune, de leur centre d'activité, du foyer de fanatisme et de rébellion où ils soufflaient le feu. Elle les transportait dans la grande ville, sous l'œil, sous l'inquiète surveillance des sociétés patriotiques.

Il est impossible de dire tout ce que ce décret suscita de clameurs. Les femmes percèrent l'air de leurs cris. La loi avait cru au célibat du prêtre ; elle l'avait traité comme un individu isolé, qui peut se déplacer plus aisément qu'un chef de famille. Le prêtre, l'homme de l'esprit, tient-il donc aux lieux, aux personnes ? n'est-il pas essentiellement mobile, comme l'esprit dont il est le ministre ? A toutes ces questions, voilà qu'ils répondaient négativement, ils s'accusaient eux-mêmes. Au moment où la loi l'enlevait de terre, ce prêtre, on s'apercevait des racines vivantes qu'il avait dans la terre ; elles saignaient, criaient.

« Hélas ! mené si loin, traîné au chef-lieu, à douze, à quinze, à vingt lieues du village !... » On pleurait ce lointain exil. Dans l'extrême lenteur des voyages d'alors, lorsqu'on mettait deux jours pour franchir une telle distance, elle affligeait bien plus. Le chef-lieu, c'était le bout du monde. Pour faire un tel voyage, on faisait son testament, on mettait ordre à sa conscience.

Qui peut dire les scènes douloureuses de ces départs forcés ? Tout le village assemblé, les femmes agenouillées pour recevoir encore la bénédiction, noyées de larmes, suffoquées de sanglots ?... Telle pleurait jour et nuit. Si le mari s'en étonnait un peu, ce n'était pas pour l'exil du curé qu'elle pleurait, c'était pour telle église qu'on allait vendre, tel couvent qu'on allait fermer... Au printemps de 92, les nécessités financières de la Révolution firent décider enfin la vente des églises qui n'étaient pas indispensables au culte, celles des couvents d'hommes et de femmes. Une lettre d'un évêque émigré, datée de Salisbury, adressée aux Ursulines de Landerneau, fut interceptée, et constata de manière authentique que le centre et le foyer de toute l'intrigue royaliste étaient dans ces couvents. Les religieuses ne négligèrent rien pour donner à leur expulsion un éclat dramatique; elles s'attachèrent aux grilles, ne voulurent point sortir que les officiers municipaux, forcés eux-mêmes d'obéir à la loi et responsables de son exécution, n'eussent arraché les grilles de leurs mains.

De telles scènes, racontées, répétées, surchargées d'ornements pathétiques, troublaient tous les esprits. Les hommes commençaient à s'émouvoir presque autant que les femmes. Étonnant changement, et bien rapide! Le paysan, en 88, était en guerre avec l'Église pour la dîme, toujours tenté de disputer contre elle. Qui donc l'avait si bien, si vite réconcilié avec le prêtre? La Révolution elle-même, en abolissant la dîme. Par cette mesure plus généreuse que politique, elle rendit au prêtre son influence sur les campagnes. Si la dîme eût duré, jamais le paysan n'eût cédé à sa femme, n'eût pris les armes contre la Révolution.

Les prêtres réfractaires, réunis au chef-lieu, connaissaient parfaitement cet état des campagnes, la profonde douleur des femmes, la sombre indignation des hommes. Ils en tirèrent un grand espoir, et entreprirent de le communiquer au roi. Dans une foule de lettres qu'ils lui écrivent, ou lui font écrire au printemps de 92, ils l'encouragent à tenir ferme, à n'avoir pas peur de la Révolution, à la paralyser par l'obstacle constitutionnel, le *veto*. On lui prêche la résistance sur tous les tons, par des arguments variés, et sous des noms de personnes diverses. Tantôt ce sont des lettres d'évêques, écrites en phrases de Bossuet : « Sire, vous êtes le roi très-chrétien... Rappelez-vous vos ancêtres... Qu'aurait fait saint Louis? » etc. Tantôt, des lettres écrites par des religieuses, ou en leur nom, des lettres gémissantes. Ces plaintives colombes, arrachées de leur nid, demandent au roi la faculté d'y rester, d'y mourir. Autrement dit, elles veulent que le roi arrête l'exécution des lois relatives à la vente des biens ecclésiastiques. Celles de Rennes avouent que la municipalité leur offre une autre maison; mais ce n'est point la leur, et elles n'en voudront jamais d'autre.

Les lettres les plus hardies, les plus curieuses, sont celles des prêtres : « Sire, vous êtes un homme pieux, nous ne l'ignorons pas. Vous ferez ce que vous pourrez... Mais enfin, sachez-le, le peuple est las de la Révolution. Son esprit est changé, la ferveur lui est revenue; les sacrements sont fréquentés. Aux chansons ont succédé les cantiques... Le peuple est avec nous. »

Une lettre terrible en ce genre, qui dut tromper le roi [1], l'enhardir, le pousser à sa perte, est celle des prêtres réfractaires réunis à Angers (9 février 92). Elle peut passer pour l'acte originaire de la Vendée, elle l'annonce, la prédit audacieusement. On y parle haut et ferme, comme ayant sous la main, pour arme disponible, une jacquerie de paysans. Cette page sanglante semble écrite de la main, du poignard de Bernier, un jeune curé d'Angers, qui, plus que nul autre, fomenta la Vendée, la souilla par des crimes, la divisa par son ambition, l'exploita dans son intérêt.

« On dit que nous excitons les populations?... Mais c'est tout le contraire. Que deviendrait le royaume si nous ne retenions le peuple? Votre trône ne s'appuierait plus que sur un monceau de cadavres et de ruines... — Vous savez, sire, vous ne savez que trop ce que peut faire un peuple qui se croit patriote. Mais vous ne savez pas de quoi sera capable un peuple qui se voit enlever son culte, ses temples et ses autels. »

Il y a, dans cette lettre hardie, un remarquable aveu. C'est le *va-tout* du prêtre, on le voit, son dernier cri avant la guerre civile. Il n'hésite point à révéler la cause, intime et profonde, de son désespoir, à savoir.

---

[1]. Ces lettres (conservées aux *Archives nationales*, armoire de fer, c. 37, pièces du procès de Louis XVI) fournissent une circonstance atténuante en faveur de l'homme incertain, timoré, dont elles durent torturer l'esprit.

la douleur d'être séparé de celles qu'il dirige : « *On ose rompre ces communications* que l'Église non-seulement permet, mais autorise, » etc.

Ces prophètes de guerre civile étaient sûrs de leur fait, ils risquaient peu de se tromper, en prédisant ce qu'ils faisaient eux-mêmes. Les femmes de prêtres, gouvernantes de curés et autres, éclatèrent les premières, avec une violence plus que conjugale, contre les curés citoyens. A Saint-Servan, près Saint-Malo, il y eut comme une émeute de femmes. En Alsace, ce fut la gouvernante d'un curé qui, la première, sonna le tocsin pour courir sus aux prêtres qui avaient prêté le serment. Les Bretonnes ne sonnaient point, elles frappaient ; elles envahissaient l'église, armées de leurs balais, et battaient le prêtre à l'autel. Des coups plus sûrs encore étaient portés par les religieuses. Les Ursulines, dans leurs innocentes écoles de jeunes filles, arrangeaient la guerre des chouans. Les *Filles de la sagesse*, dont la maison mère était à Saint-Laurent, près Montaigu. allaient soufflant le feu ; ces bonnes sœurs infirmières, en soignant les malades, inoculaient la rage.

« Laissez-les faire, disaient les philosophes, les amis de la tolérance ; laissez-les pleurer et crier, chanter leurs vieux cantiques. Quel mal à tout cela ?..... » Oui, mais entrez le soir dans cette église de village, où le peuple se précipite en foule. Entendez-vous ces chants? Ne frémissez-vous pas?... Les litanies, les hymnes, sur les vieilles paroles, deviennent par l'accent une autre Marseillaise. Et ce *Dies iræ*, hurlé avec fureur, est-ce rien autre chose qu'une prière de meurtre, un appel aux feux éternels?

« Laissez faire, disait-on, ils chantent, n'agissent pas. » Cependant on voyait déjà s'ébranler de grandes foules. En Alsace, huit mille paysans s'assemblèrent pour empêcher de mettre les scellés sur un bien ecclésiastique. Ces bonnes gens, à la vérité, disait-on, n'avaient d'armes que leur chapelet. Mais le soir ils en avaient d'autres, quand le curé constitutionnel, rentré chez lui, recevait des pierres dans ses vitres, et que parfois la balle perçait ses contrevents.

Ce n'était pas par de petits ressorts d'intrigues timidement ménagés, indirects, qu'on poussait les masses à la guerre civile. On employait hardiment les plus grossiers moyens pour leur brouiller l'esprit, les enivrer de fanatisme; on leur versait l'erreur et le meurtre à pleins bords. La bonne vierge Marie apparaissait, et voulait qu'on tuât. A Apt, à Avignon, elle se remua, fit des miracles, déclara qu'elle ne voulait plus rester dans les mains des constitutionnels, et les réfractaires l'enlevèrent, au prix d'un violent combat. Mais il y a trop de soleil en Provence; la Vierge aimait bien mieux apparaître en Vendée, dans les brumes, les épais fourrés, les haies impénétrables. Elle profita des vieilles superstitions locales ; elle se montra dans trois lieux différents, et toujours près d'un vieux chêne druidique. Son lieu chéri était ce Saint-Laurent, d'où les Filles de la sagesse colportaient les miracles, l'appel au sang.

Cette violente et directe préparation de la guerre civile, cette entente profonde des femmes avec les prêtres, des prêtres avec le roi, celle du roi (soupçonnée alors, prouvée depuis) avec les ennemis de la France, dont il appela les armées dès 1791, tout cela, dis-je, eut son effet. Les royalistes constitutionnels, qui avaient cru pouvoir concilier la liberté et la royauté, ménager l'ancien culte, se trouvèrent cruellement démentis par le roi même et le clergé ; ils furent brisés, firent place aux Girondins, qui tuèrent la royauté, aux Montagnards, qui tuèrent le roi, mais qui, par cela même, créèrent dans la sensibilité populaire et dans le cœur des femmes la plus redoutable machine de la contre-révolution : la légende de Louis XVI.

III

XV

MADAME ROLAND (91-92).

Pour vouloir la République, l'inspirer, la faire, ce n'était pas assez d'un noble cœur et d'un grand esprit. Il fallait encore une chose... Et quelle? Être jeune, avoir cette jeunesse d'âme, cette chaleur de sang, cet aveuglement fécond qui voit déjà dans le monde ce qui n'est encore qu'en l'âme, et qui, le voyant, le crée... Il fallait avoir la foi.

Il fallait une certaine harmonie, non-seulement de volonté et d'idées, mais d'habitudes et de mœurs républicaines; avoir en soi la république intérieure, la république morale, la seule qui légitime et fonde la république politique; je veux dire posséder le gouvernement de soi-même, sa propre démocratie, trouver sa liberté dans l'obéissance au devoir... Et il fallait encore, chose qui semble contradictoire, qu'une telle âme, vertueuse et forte, eût un moment passionné qui la fît sortir d'elle-même, la lançât dans l'action.

Dans les mauvais jours d'affaissement, de fatigue, quand la foi révolutionnaire défaillait en eux, plusieurs des députés et journalistes principaux de l'époque allaient prendre force et courage dans une maison où ces deux choses ne manquaient jamais : maison modeste, le petit hôtel Britannique de la rue Guénégaud, près le pont Neuf. Cette rue, assez sombre, qui mène à la rue Mazarine, plus sombre encore, n'a, comme on sait, d'autre vue que les longues murailles de la Monnaie. Ils montaient au troisième étage, et là, invariablement, trouvaient deux personnes travaillant ensemble, M. et madame Roland, venus récemment de Lyon. Le petit salon n'offrait qu'une table où les deux époux écrivaient; la chambre à coucher, entr'ouverte, laissait voir deux lits. Roland avait près de soixante ans, elle trente-six, et paraissait beaucoup moins; il semblait le père de sa femme. C'était un homme assez grand et maigre, l'air austère et passionné. Cet homme, qu'on a trop sacrifié à la gloire de sa femme[1], était un ardent citoyen qui avait la France dans le cœur, un de ces vieux Français de la race des Vauban et des Boisguilbert, qui, sous la royauté, n'en poursuivaient pas moins, dans les seules voies ouvertes alors, la sainte idée du bien public. Inspecteur des manufactures, il avait passé toute sa vie dans les travaux, les voyages, à rechercher les améliorations dont notre industrie était susceptible. Il avait publié plusieurs de ces voyages, et divers traités ou mémoires, relatifs à certains métiers. Sa belle et courageuse femme, sans se rébuter de l'aridité des sujets, copiait, traduisait, compilait pour lui. L'*Art du tourbier*, l'*Art du fabricant de laine rase et sèche*, le *Dictionnaire des manufactures*, avaient occupé la belle main de madame Roland, absorbé ses meilleures années, sans autre distraction que la naissance et l'allaitement du seul enfant qu'elle ait eu. Étroitement associée aux travaux, aux idées de son mari, elle avait pour lui une

---

[1] Avant son mariage avec Roland, mademoiselle Phlipon avait été obligée, par l'inconduite de son père, de se réfugier dans un couvent de la rue Neuve-Saint-Étienne, qui mène au Jardin des Plantes; petite rue si illustre par le souvenir de Pascal, de Rollin, de Bernardin de Saint-Pierre. Elle y vivait, non en religieuse, mais dans sa chambre, entre Plutarque et Rousseau, gaie et courageuse, comme toujours, mais dans une extrême pauvreté, avec une sobriété plus que spartiate, et semblant déjà s'exercer aux vertus de la République.

sorte de culte filial, jusqu'à lui préparer souvent ses aliments elle-même; une préparation toute spéciale était nécessaire, l'estomac du vieillard était délicat, fatigué par le travail.

Roland rédigeait lui-même, et n'employait nullement la plume de sa femme à cette époque; ce fut plus tard, devenu ministre, au milieu d'embarras, de soins infinis, qu'il y eut recours. Elle n'avait aucune impatience d'écrire, et, si la Révolution ne fût venue la tirer de sa retraite, elle eût enterré ces dons inutiles, le talent, l'éloquence, aussi bien que la beauté.

Quand les politiques venaient, madame Roland ne se mêlait pas d'elle-même aux discussions, elle continuait son ouvrage ou écrivait des lettres; mais si, comme il arrivait, on en appelait à elle, elle parlait alors avec une vivacité, une propriété d'expressions, une force gracieuse et pénétrante, dont on était tout saisi. « L'amour-propre aurait bien voulu trouver de l'apprêt dans ce qu'elle disait; mais il n'y avait pas moyen; c'était tout simplement une nature trop parfaite. »

Au premier coup d'œil, on était tenté de croire qu'on voyait la Julie de Rousseau[1]; à tort, ce n'était

---

[1] Voyez les portraits de Lémontey, Riouffe et tant d'autres; comme gravure, le bon et naïf portrait mis par Champagneux en tête de la première édition des Mémoires (an VIII). Elle est prise peu avant le

ni la Julie ni la Sophie, c'était madame Roland, une fille de Rousseau certainement, plus légitime encore peut-être que celles qui sortirent immédiatement de sa plume. Celle-ci n'était pas comme les deux autres une noble demoiselle. Manon Phlipon, c'est son nom de fille (j'en suis fâché pour ceux qui n'aiment pas les noms plébéiens), eut un graveur pour père, et elle gravait elle-même dans la maison paternelle. Elle procédait du peuple; on le voyait aisément à un certain éclat de sang et de carnation qu'on a beaucoup moins dans les classes élevées; elle avait la main belle, mais non pas petite, la bouche un peu grande, le menton assez retroussé, la taille élégante, d'une cambrure marquée fortement, une richesse de hanches et de sein que les dames ont rarement.

Elle différait encore en un point des héroïnes de Rousseau, c'est qu'elle n'eut pas leur faiblesse. Madame Roland fut vertueuse, nullement amollie par l'inaction, la rêverie où languissent les femmes; elle fut au plus haut degré laborieuse, active, le travail fut pour elle le gardien de la vertu. Une idée sacrée, le *devoir*, plane sur cette belle vie, de la naissance à

---

temps de sa mort, à trente-neuf ans. Elle est forte, et déjà un peu *maman*, si on ose le dire, très-sereine, ferme et résolue, avec une tendance visiblement critique. Ce dernier caractère ne tient pas seulement à sa polémique révolutionnaire ; mais tels sont en général ceux qui ont lutté, qui ont peu donné au plaisir, qui ont contenu, ajourné la passion, qui n'ont pas eu enfin leur satisfaction en ce monde.

la mort; elle se rend ce témoignage au dernier moment, à l'heure où l'on ne ment plus : « Personne, dit-elle, moins que moi n'a connu la volupté. » — Et ailleurs : « J'ai commandé à mes sens. »

Pure dans la maison paternelle, au quai de l'Horloge, comme le bleu profond du ciel, qu'elle regardait, dit-elle, de là jusqu'aux Champs-Élysées ; — pure à la table de son sérieux époux, travaillant infatigablement pour lui; — pure au berceau de son enfant, qu'elle s'obstine à allaiter, malgré de vives douleurs; — elle ne l'est pas moins dans les lettres qu'elle écrit à ses amis, aux jeunes hommes qui l'entouraient d'une amitié passionnée[1]; elle les calme et les console, les élève au-dessus de leur faiblesse. Ils lui restèrent fidèles jusqu'à la mort, comme à la vertu elle-même.

L'un d'eux, sans songer au péril, allait en pleine Terreur recevoir d'elle, à sa prison, les feuilles immortelles où elle a raconté sa vie. Proscrit lui-même

---

[1] Voyez la belle lettre à Bosc, alors fort troublé d'elle et triste de la voir transplantée près de Lyon, si loin de Paris : « Assise au coin du feu, après une nuit paisible et les soins divers de la matinée, mon ami à son bureau, ma petite à tricoter, et moi causant avec l'un, veillant l'ouvrage de l'autre, savourant le bonheur d'être bien chaudement au sein de ma petite et chère famille, écrivant à un ami, tandis que la neige tombe sur tant de malheureux, je m'attendris sur leur sort, » etc. — Doux tableaux d'intérieur, sérieux bonheur de la vertu, montré au jeune homme pour calmer son cœur, l'épurer, l'élever... Demain pourtant le vent de la tempête aura emporté ce nid!...

et poursuivi, fuyant sur la neige, sans abri que l'arbre chargé de givre, il sauvait ces feuilles sacrées; elles le sauvèrent peut-être, lui gardant sur la poitrine la chaleur et la force du grand cœur qui les écrivit [1].

Les hommes qui souffrent à voir une vertu trop parfaite ont cherché inquiètement s'ils ne trouveraient pas quelque faiblesse en la vie de cette femme; et, sans preuve, sans le moindre indice [2], ils ont imaginé qu'au fort du drame où elle devenait acteur, à son moment le plus viril, parmi les dangers, les horreurs (après Septembre apparemment? ou la veille du naufrage qui emporta la Gironde?), madame Roland avait le

---

[1] Ce fut lui aussi, l'honnête et digne Bosc, qui, au dernier moment, s'élevant au-dessus de lui-même, pour accomplir en elle l'idéal suprême qu'il y avait toujours admiré, lui donna le noble conseil de ne point dérober sa mort aux regards, de ne point s'empoisonner, mais d'accepter l'échafaud, de mourir publiquement, d'honorer par son courage la République et l'humanité. Il la suit à l'immortalité, pour ce conseil héroïque. Madame Roland y marche souriante, la main dans la main de son austère époux, et elle y mène avec elle ce jeune groupe d'aimables, d'irréprochables amis (sans parler de la Gironde), Bosc, Champagneux, Bancal des Issarts. Rien ne les séparera.

[2] Si vous cherchez ces indices, on vous renvoie à deux passages des Mémoires de madame Roland, lesquels ne prouvent rien du tout. Elle parle des passions, « dont à peine, avec la vigueur d'un athlète, elle sauve l'âge mûr. » Que conclurez-vous de là? — Elle parle des « bonnes raisons » qui, vers le 31 mai, la poussaient au départ. Il est bien extraordinaire et absurdement hardi d'induire que ces bonnes raisons ne peuvent être qu'un amour pour Barbaroux ou Buzot.

temps, le cœur d'écouter les galanteries et de faire l'amour... La seule chose qui les embarrasse, c'est de trouver le nom de l'amant favorisé.

Encore une fois, il n'y a nul fait qui motive ces suppositions. Madame Roland, tout l'annonce, fut toujours reine d'elle-même, maîtresse absolue de ses volontés, de ses actes. N'eut-elle aucune émotion? cette âme forte, mais passionnée, n'eut-elle pas son orage?... Cette question est tout autre, et sans hésiter je répondrai : Oui.

Qu'on me permette d'insister. — Ce fait, peu remarqué encore, n'est point un détail indifférent, purement anecdotique de la vie privée. Il eut sur madame Roland une grave influence en 91, et la puissante action qu'elle exerça dès cette époque serait beaucoup moins explicable, si l'on ne voyait à nu les causes particulières qui passionnaient alors cette âme, jusque-là calme et forte, mais d'une force tout assise en soi et sans action au dehors.

Madame Roland menait sa vie obscure, laborieuse, en 89, au triste clos de la Platière, près de Villefranche, et non loin de Lyon. Elle entend, avec toute la France, le canon de la Bastille : son sein s'émeut et se gonfle; le prodigieux événement semble réaliser tous ses rêves, tout ce qu'elle a lu des anciens, imaginé, espéré; voilà qu'elle a une patrie. La Révolution s'épand sur la France; Lyon s'éveille, et Villefranche, la campagne, tous les villages. La fédération de 90 appelle à Lyon une moitié du royaume, toutes les députations de la garde nationale, de la Corse à la Lorraine. Dès le matin, madame Roland était en extase sur l'admirable quai du Rhône, et s'enivrait de tout ce peuple, de cette fraternité nouvelle, de cette splendide aurore. Elle en écrivit le soir la relation pour son ami Champagneux, jeune homme de Lyon, qui, sans profit et par pur patriotisme, faisait un journal. Le numéro, non signé, fut vendu à soixante mille. Tous ces gardes nationaux, retournant chez eux, emportèrent, sans le savoir, l'âme de madame Roland.

Elle aussi, elle retourna, elle revint pensive dans son désert, au clos de la Platière, qui lui parut, plus qu'à l'ordinaire encore, stérile et aride. Peu propre alors aux travaux techniques dont l'occupait son mari, elle lisait le *Procès-verbal*, si intéressant, *des électeurs de* 89, la révolution du 14 juillet, la prise de la Bastille. Le hasard voulut justement qu'un de ces électeurs, M. Bancal des Issarts, fût adressé aux Roland par leurs amis de Lyon, et passât quelques jours chez eux. M. Bancal, d'une famille de fabricants de Montpellier, mais transplantée à Clermont, y avait été notaire; il venait de quitter cette position lucrative pour se livrer tout entier aux études de son choix, aux recherches politiques et philanthropiques, aux devoirs du citoyen. Il avait environ quarante ans, rien de brillant, mais beaucoup de douceur et de sensibilité, un cœur bon et charitable. Il avait eu une éducation fort religieuse, et, après avoir traversé une période philosophique et politique, la Convention, une longue captivité en Autriche, il est mort dans de grands sentiments de piété, dans la lecture de la Bible, qu'il s'essayait à lire en hébreu.

Il fut amené à la Platière par un jeune médecin, Lanthenas, ami des Roland, qui vivait beaucoup chez eux, y passant des semaines, des mois, travaillant avec eux, pour eux, faisant leurs commissions. La douceur de Lanthenas, la sensibilité de Bancal des Issarts, la bonté austère mais chaleureuse de Roland, leur amour commun du beau et du bon, leur attachement à cette femme parfaite qui leur en présentait l'image, cela formait tout naturellement un groupe, une harmonie complète. Ils se convinrent si bien, qu'ils se demandèrent s'ils ne pourraient continuer de vivre ensemble. Auquel des trois vint cette idée, on ne le sait; mais elle fut saisie par Roland avec vivacité, soutenue avec chaleur. Les Roland, en réunissant tout ce qu'ils avaient, pouvaient apporter à l'association soixante mille livres; Lanthenas en avait vingt ou un peu plus, à quoi Bancal en aurait joint une centaine de mille. Cela faisait une somme assez ronde, qui leur permettait d'acheter des biens nationaux, alors à vil prix.

Rien de plus touchant, de plus digne, de plus honnête, que les lettres où Roland parle de ce projet à Bancal. Cette noble confiance, cette foi à l'amitié, à la vertu, donne et de Roland et d'eux tous la plus haute idée : « Venez, mon ami, lui dit-il. Eh! que tardez-vous?... Vous avez vu notre manière franche et ronde : ce n'est point à mon âge qu'on change, quand on n'a jamais varié... Nous prêchons le patriotisme, nous élevons l'âme; le docteur fait son métier; ma femme est l'apothicaire des malades du canton. Vous et moi, nous ferons les affaires, » etc.

La grande affaire de Roland, c'était de catéchiser les paysans de la contrée, de leur prêcher le nouvel Évangile. Marcheur admirable malgré son âge, parfois, le bâton à la main, il s'en allait jusqu'à Lyon avec son ami Lanthenas, jetant la bonne semence de la liberté sur tout le chemin. Le digne homme croyait trouver dans Bancal un auxiliaire utile, un nouveau missionnaire, dont la parole douce et onctueuse ferait des miracles. Habitué à voir l'assiduité désintéressée du jeune Lanthenas près de madame Roland, il ne lui venait pas même à l'esprit que Bancal, plus âgé, plus sérieux, pût apporter dans sa maison autre chose que la paix. Sa femme, qu'il aimait pourtant si profondément, il avait un peu oublié qu'elle fût une femme, n'y voyant que l'immuable compagnon de ses travaux. Laborieuse, sobre, fraîche et pure, le teint transparent, l'œil ferme et limpide, madame Roland était la plus rassurante image de la force et de la vertu. Sa grâce était bien d'une femme, mais son mâle esprit, son cœur stoïque, étaient d'un homme. On dirait plutôt, à regarder ses amis, que, près d'elle, ce sont eux qui sont femmes; Bancal, Lanthenas, Bosc, Champagneux, ont tous des traits assez doux. Et le plus femme de tous par le cœur peut-être, le plus faible, c'est celui qu'on croit le plus ferme, c'est l'austère Roland, faible d'une profonde passion de vieillard, suspendu à la vie de l'autre; il n'y paraîtra que trop à la mort.

La situation eût été, sinon périlleuse, du moins pleine de combats, d'orages. C'était Volmar appelant Saint-Preux auprès de Julie, c'était la barque en péril aux rochers de Meillerie. Il n'y eût pas eu naufrage, croyons-le, mais il valait mieux ne pas s'embarquer.

C'est ce que madame Roland écrit à Bancal dans une lettre vertueuse, mais en même temps trop-naïve et trop émue. Cette lettre, adorablement imprudente, est restée par cela même un monument inappréciable de la pureté de madame Roland, de son inexpérience, de la virginité de cœur qu'elle conserva toujours... On ne peut lire qu'à genoux.

Rien ne m'a jamais plus surpris, touché... Quoi! ce héros fut donc vraiment une femme? Voilà donc un moment (l'unique) où ce grand courage a fléchi. La cuirasse du guerrier s'entr'ouvre, et c'est une femme qu'on voit, le sein blessé de Clorinde.

Bancal avait écrit aux Roland une lettre affectueuse, tendre, où il disait de cette union projetée : « Elle fera le charme de notre vie, et nous ne serons pas inutiles à nos semblables. » Roland, alors à Lyon, envoya la lettre à sa femme. Elle était seule à la campagne; l'été avait été très-sec, la chaleur était forte, quoiqu'on fût déjà en octobre. Le tonnerre grondait, et pendant plusieurs jours il ne cessa point. Orage au ciel et sur la terre, orage de la passion, orage de la Révolution… De grands troubles, sans-doute, allaient arriver, un flot inconnu d'événements qui devaient bientôt bouleverser les cœurs et les destinées; dans ces grands moments d'attente, l'homme croit volontiers que c'est pour lui que Dieu tonne.

Madame Roland lut à peine, et elle fut inondée de larmes. Elle se mit à sa table sans savoir ce qu'elle écrirait; elle écrivit son trouble même, ne cacha point qu'elle pleurait. C'était bien plus qu'un aveu tendre. Mais, en même temps, cette excellente et courageuse femme, brisant son espoir, se faisait l'effort d'écrire : « Non, je ne suis point assurée de votre bonheur, je ne me pardonnerais point de l'avoir troublé. Je crois vous voir l'attacher à des moyens que je crois faux, à une espérance que je dois interdire. » Tout le reste est un mélange bien touchant de vertu, de passion, d'inconséquence; de temps à autre, un accent mélancolique, et je ne sais quelle sombre prévision du destin : « Quand est-ce que nous vous reverrons?... Question que je me fais souvent et que je n'ose résoudre... Mais pourquoi chercher à pénétrer l'avenir que la nature a voulu nous cacher? Laissons-le donc sous le voile imposant dont elle le couvre, puisqu'il ne nous est pas donné de le pénétrer; nous n'avons sur lui qu'une sorte d'influence, elle est grande sans doute : c'est de préparer son bonheur par le sage emploi du présent... » — Et plus loin : « Il ne s'est point écoulé vingt-quatre heures dans la semaine que le tonnerre ne se soit fait entendre. Il vient encore de gronder. J'aime assez la teinte qu'il prête à nos campagnes, elle est auguste et sombre, mais elle serait terrible qu'elle ne m'inspirerait pas plus d'effroi... »

Bancal était sage et honnête. Bien triste, malgré l'hiver, il passa en Angleterre, et il y resta longtemps. Oserai-je le dire? plus longtemps peut-être que madame Roland ne l'eût voulu elle-même. Telle est l'inconséquence du cœur, même le plus vertueux. Ses lettres, lues attentivement, offrent une fluctuation étrange, elle s'éloigne, elle se rapproche; par moments elle se défie d'elle-même, et par moments se rassure.

Qui dira qu'en février, partant pour Paris, où les

affaires de la ville de Lyon amenaient Roland, elle n'ait pas quelque joie secrète de se retrouver au grand centre où Bancal va nécessairement revenir? Mais c'est justement Paris qui bientôt donne à ses idées un tout autre cours. La passion se transforme, elle se tourne entièrement du côté des affaires publiques. Chose bien intéressante et touchante à observer. Après la grande émotion de la fédération lyonnaise, ce spectacle attendrissant de l'union de tout un peuple, elle s'était trouvée faible et tendre au sentiment individuel. Et maintenant ce sentiment, au spectacle de Paris, redevient tout général, civique et patriotique; madame Roland se retrouve elle-même et n'aime plus que la France.

S'il s'agissait d'une autre femme, je dirais qu'elle fut sauvée d'elle-même par la Révolution, par la République, par le combat et la mort. Son austère union avec Roland fut confirmée par leur participation commune aux événements de l'époque. Ce mariage de travail devint un mariage de luttes communes, de sacrifices, d'efforts héroïques. Préservée ainsi, elle arriva, pure et victorieuse, à l'échafaud, à la gloire.

Elle vint à Paris en février 91, à la veille du moment si grave où devait s'agiter la question de la République; elle y apportait deux forces, la vertu à la fois et la passion. Réservée jusque là dans son désert pour les grands événements, elle arrivait avec une jeunesse d'esprit, une fraîcheur d'idées, de sentiments, d'impressions, à rajeunir les politiques les plus fatigués. Eux, ils étaient déjà las; elle, elle naissait de ce jour.

Autre force mystérieuse. Cette personne très-pure, admirablement gardée par le sort, arrivait pourtant le jour où la femme est bien redoutable, le jour où le devoir ne suffira plus, le jour où le cœur, longtemps contenu, s'épandra. Elle arrivait invincible, avec une force d'impulsion inconnue. Nul scrupule ne la retardait; le bonheur voulait que, le sentiment personnel s'étant vaincu ou éludé, l'âme se tournait tout entière vers un noble but, grand, vertueux, glorieux, et, n'y sentant que l'honneur, se lançait à pleines voiles sur ce nouvel océan de la révolution et de la patrie.

Voilà pourquoi, en ce moment, elle était irrésistible. Tel fut à peu près Rousseau, lorsque après sa passion malheureuse pour madame d'Houdetot, retombé sur lui-même et rentré en lui, il y retrouva un foyer immense, cette inextinguible flamme où s'embrasa tout le siècle; le nôtre, à cent ans de distance, en sent encore la chaleur.

Rien de plus sévère que le premier coup d'œil de madame Roland sur Paris. L'Assemblée lui fait horreur, ses amis lui font pitié. Assise dans les tribunes de l'Assemblée ou des Jacobins, elle perce d'un œil pénétrant tous les caractères, elle voit à nu les faussetés, les lâchetés, les bassesses, la comédie des constitutionnels, les tergiversations, l'indécision des amis de la liberté. Elle ne ménage nullement ni Brissot, qu'elle aime, mais qu'elle trouve timide et léger, ni Condorcet, qu'elle croit double, ni Fauchet, dans lequel « elle voit bien qu'il y a un prêtre. » A peine fait-elle grâce à Pétion et Robespierre; encore on voit bien que leurs lenteurs, leurs ménagements, vont peu à son impatience. Jeune, ardente, forte, sévère, elle leur demande compte à tous, ne veut pas entendre parler de délais, d'obstacles; elle les somme d'être hommes et d'agir.

Au triste spectacle de la liberté entrevue, espérée, déjà perdue, selon elle, elle voudrait retourner à Lyon, « elle verse des larmes de sang... Il nous faudra, dit-elle (le 5 mai), une nouvelle insurrection, ou nous sommes perdus pour le bonheur ou la liberté; mais je doute qu'il y ait assez de vigueur dans le peuple... La guerre civile même, tout horrible qu'elle soit, avancerait la régénération de notre caractère et de nos mœurs... — Il faut être prêt à tout, même à mourir sans regret. »

La génération dont madame Roland désespère si aisément avait des dons admirables, la foi au progrès, le désir sincère du bonheur des hommes, l'amour ardent du bien public; elle a étonné le monde par la grandeur des sacrifices. Cependant, il faut le dire, à cette époque où la situation ne commandait pas encore avec une force impérieuse, ces caractères, formés sous l'ancien régime, ne s'annonçaient pas sous un aspect mâle et sévère. Le courage d'esprit manquait. L'initiative du génie ne fut alors chez personne; je n'excepte pas Mirabeau, malgré son gigantesque talent.

Les hommes d'alors, il faut le dire aussi, avaient déjà immensément écrit, parlé, combattu. Que de travaux, de discussions, d'événements entassés! Que de réformes rapides! Quel renouvellement du monde!... La vie des hommes importants de l'Assemblée, de la presse, avait été si laborieuse, qu'elle nous semble un problème; deux séances de l'Assemblée, sans repos que les séances des Jacobins et autres clubs, jusqu'à onze heures ou minuit; puis les discours à préparer pour le lendemain, les articles, les affaires et les intrigues, les séances des comités, les conciliabules politiques... L'élan immense du premier moment, l'espoir infini, les avaient d'abord mis à même de supporter tout cela. Mais enfin l'effort durait, le travail sans fin ni bornes; ils étaient un peu retombés. Cette génération n'était plus entière d'esprit ni de force; quelque sincères que fussent ses convictions, elle n'avait pas la jeunesse, la fraîcheur d'esprit, le premier élan de la foi.

Le 22 juin, au milieu de l'hésitation universelle

des politiques, madame Roland n'hésita point. Elle écrivit, et fit écrire en province, pour qu'à l'encontre de la faible et pâle adresse des Jacobins les assemblées primaires demandassent une convocation générale : « Pour délibérer par *oui* et par *non* s'il convient de conserver au gouvernement la forme monarchique. » — Elle prouve très-bien, le 24, « que toute régence est impossible, qu'il faut suspendre Louis XVI, » etc.

Tous ou presque tous reculaient, hésitaient, flottaient encore. Ils balançaient les considérations d'intérêts, d'opportunité, s'attendaient les uns les autres, se comptaient. « Nous n'étions pas douze républicains en 89, » dit Camille Desmoulins. Ils avaient bien multiplié en 91, grâce au voyage de Varennes, et le nombre était immense des républicains qui l'étaient sans le savoir; il fallait le leur apprendre à eux-mêmes. Ceux-là seuls calculaient bien l'affaire, qui ne voulaient pas calculer. En tête de cette avant-garde marchait madame Roland; elle jetait le glaive d'or dans la balance indécise, son courage et l'idée du droit.

XVI

MADAME ROLAND (SUITE).

Madame Roland, à cette époque, à en juger par ses lettres, était beaucoup plus violente qu'elle ne le parut plus tard. Elle dit en propres termes : « La chute du trône est arrêtée dans la destinée des empires... Il faut qu'on juge le Roi... Chose cruelle à penser, nous ne saurions être régénérés que par le sang. »

Le massacre du Champ de Mars (juillet 91), où ceux qui demandaient la république furent fusillés sur l'autel, lui parut la mort de la liberté. Elle montra le plus touchant intérêt pour Robespierre, que l'on croyait en péril. Elle alla, à onze heures du soir, rue de Saintonge, au Marais, où il demeurait, pour lui offrir un asile. Mais il était resté chez le menuisier Duplay, rue Saint-Honoré. De là, M. et madame Roland allèrent chez Buzot le prier de défendre Robespierre à l'Assemblée. Buzot refusa; mais Grégoire, qui était présent, s'engagea à le faire.

Ils étaient venus à Paris pour les affaires de la ville de Lyon. Ayant obtenu ce qu'ils voulaient, ils retournèrent dans leur solitude. Immédiatement (27 septembre 91), madame Roland écrivit à Robespierre une fort belle lettre, à la fois spartiate et sentimentale, lettre digne, mais flatteuse. Cette lettre, un peu tendue, sent peut-être le calcul et l'intention politique. Elle était visiblement frappée de l'élasticité prodigieuse avec laquelle la machine jacobine, loin d'être brisée, se relevait alors dans toute la France, et du grand rôle politique de l'homme qui se trouvait le centre de la société. J'y remarque les passages qui suivent :

« Lors même que j'aurais suivi la marche du Corps législatif dans les papiers publics, j'aurais distingué le petit nombre d'hommes courageux, fidèles aux principes, et parmi ces hommes, celui dont l'énergie n'a cessé de… etc. J'aurais voué à ces élus l'attachement et la reconnaissance. — (Suivent des choses très-hautes : Faire le bien comme Dieu, sans vouloir de reconnaissance.) Le peu d'âmes élevées qui seraient capables de grandes choses, dispersées sur la surface de la terre, et commandées par les circonstances, ne peuvent jamais se réunir pour agir de concert... — (Elle s'encadre gracieusement de son enfant, de la nature, nature triste toutefois. Elle esquisse le paysage pierreux, la sécheresse extraordinaire. — Lyon aristocrate. — A la campagne, on croit Roland aristocrate; on a crié : A la lanterne! etc.) — Vous avez beaucoup fait, monsieur, pour démontrer et répandre ces principes; il est beau, il est consolant de pouvoir se rendre ce témoignage, à un âge où tant d'autres ne savent point quelle carrière leur est réservée... Si je n'avais considéré que ce que je pouvais vous mander, je me serais abstenue de vous écrire; mais sans avoir rien à vous apprendre, j'ai eu foi à l'intérêt avec lequel vous recevriez des nouvelles de deux êtres dont l'âme est faite pour vous sentir, et qui aiment à vous exprimer une estime qu'ils accordent à peu de personnes, un attachement qu'ils n'ont voué qu'à ceux qui placent au-dessus de tout la gloire d'être justes et le bonheur d'être sensibles. M. Roland vient de me rejoindre, fatigué, attristé... » etc.

Nous ne voyons pas qu'il ait répondu à ces avances. Du Girondin au Jacobin, il y avait différence, non fortuite, mais naturelle, innée, différence d'espèce, haine instinctive, comme du loup au chien. Madame Roland, en particulier, par ses qualités brillantes et viriles, effarouchait Robespierre. Tous deux avaient ce qui semblerait pouvoir rapprocher les hommes, et qui, au contraire, crée entre eux les plus vives antipathies : *avoir un même défaut*. Sous l'héroïsme de l'une, sous la persévérance admirable de l'autre, il y avait un défaut commun, disons-le, un ridicule. Tous deux, ils écrivaient toujours, *ils étaient nés scribes*. Préoccupés, on le verra, du style autant que des affaires, ils ont écrit la nuit, le jour, vivant, mourant; dans les plus terribles crises et presque sous le couteau, la plume et le style furent pour eux une pensée obstinée. Vrais fils du dix-huitième siècle, du siècle éminemment littéraire et *bellétriste*, pour dire comme les Allemands, ils gardèrent ce caractère dans les tragédies d'un autre âge. Madame Roland, d'un cœur tranquille, écrit, soigne, caresse ses admirables portraits, pendant que les crieurs publics lui chantent sous ses fenêtres : « La mort de la femme Roland » Robespierre, la veille du 9 thermidor, entre la pensée de l'assassinat et celle de l'échafaud, arrondit sa période, moins soucieux de vivre, ce semble, que de rester bon écrivain.

Comme politiques et gens de lettres, dès cette époque, ils s'aimaient peu. Robespierre, d'ailleurs, avait un sens trop juste, une trop parfaite entente de l'unité de vie nécessaire aux grands travailleurs, pour se rapprocher aisément de cette femme, de cette reine. Près de madame Roland, qu'eût été la vie d'un ami? ou l'obéissance, ou l'orage.

M. et madame Roland ne revinrent à Paris qu'en 92, lorsque la force des choses, la chute imminente du trône, porta la Gironde aux affaires. Madame Roland fut, dans les salons dorés du ministère de l'intérieur, ce qu'elle avait été dans sa solitude rustique. Seulement ce qu'il y avait naturellement en elle de sérieux, de fort, de viril, de tendu, y parut souvent hauteur et lui fit beaucoup d'ennemis. Il est faux qu'elle donnât les places, plus vrai qu'au contraire elle notait les pétitions de mots sévères qui écartaient les solliciteurs.

Les deux ministères de Roland appartiennent à l'histoire plus qu'à la biographie. Un mot seulement sur la fameuse lettre au roi, à propos de laquelle on a inculpé, certes à tort, la loyauté du ministre et de sa femme.

Roland, ministre républicain d'un roi, se sentant chaque jour plus déplacé aux Tuileries, n'avait mis le pied dans ce lieu fatal qu'à la condition positive qu'un secrétaire, nommé *ad hoc* expressément, écrirait chaque jour tout au long les délibérations, les avis, pour qu'il en restât témoignage, et qu'en cas de perfidie on pût, dans chaque mesure, diviser et distinguer, faire la part précise de responsabilité qui revenait à chacun.

La promesse ne fut pas tenue ; le roi ne le voulut point. Roland alors adopta deux moyens qui le couvraient. Convaincu que la publicité est l'âme d'un État libre, il publia chaque jour dans un journal, le *Thermomètre*, tout ce qui pouvait se donner utilement des décisions du conseil; d'autre part, il minuta, par la plume de sa femme, une lettre franche, vive et forte, pour donner au roi, et plus tard peut-être au public, si le roi se moquait de lui.

Cette lettre n'était point confidentielle ; elle ne promettait nullement le secret, quoi qu'on ait dit. Elle s'adressait visiblement à la France autant qu'au roi, et disait, en propres termes, que Roland n'avait recouru à ce moyen qu'au défaut du secrétaire et du registre qui eussent pu témoigner pour lui.

Elle fut remise par Roland le 10 juin, le même jour où la cour faisait jouer contre l'Assemblée une nouvelle machine, une pétition menaçante, où l'on disait perfidement, au nom de huit mille prétendus gardes nationaux, que l'appel des vingt mille fédérés des départements était un outrage à la garde nationale de Paris.

Le 11 ou 12, le roi ne parlant pas de la lettre, Roland prit le parti de la lire tout haut en conseil. Cette pièce, vraiment éloquente, est la suprême protestation d'une loyauté républicaine, qui pourtant montre encore au roi la dernière porte de salut. Il y a des paroles dures, de nobles et tendres aussi, celle-ci qui est sublime : « Non, la patrie n'est pas un mot; c'est un être auquel on a fait des sacrifices, à qui l'on s'attache chaque jour par les sollicitudes qu'il cause, qu'on a créé par de grands efforts, qui s'élève au milieu des inquiétudes et qu'on aime autant par ce qu'il coûte que par ce qu'on en espère... » Suivent de graves avertissements, de trop véridiques prophéties sur les chances terribles de la résistance, qui forcera la Révolution de s'achever dans le sang.

Cette lettre eut le meilleur succès que pût espérer l'auteur. Elle le fit renvoyer.

Nous avons noté ailleurs les fautes du second ministère de Roland, l'hésitation pour rester à Paris ou le quitter à l'approche de l'invasion, la maladresse avec laquelle on fit attaquer Robespierre par un homme aussi léger que Louvet, la sévérité impolitique avec laquelle on repoussa les avances de Danton. Quant au reproche de n'avoir point accéléré la vente des biens nationaux, d'avoir laissé la France sans argent dans un tel péril, Roland fit de grands efforts pour ne pas le mériter; mais les administrations girondines de départements restèrent sourdes aux injonctions, aux sommations les plus pressantes.

Dès septembre 92, M. et madame Roland coururent les plus grands périls pour la vie et pour l'honneur. On n'osa user du poignard; on employa les armes plus cruelles de la calomnie. En décembre 92, un intrigant, nommé Viard, alla trouver Chabot et Marat, se fit fort de leur faire saisir les fils d'un grand complot girondin ; Roland en était, et sa femme. Marat tomba sur l'hameçon avec l'âpreté du requin ; quand on jette au poisson vorace du bois, des pierres ou du fer, il avale indifféremment. Chabot était fort léger, gobe-mouche, s'il en fut, avec de l'esprit, peu de sens, encore moins de délicatesse ; il se dépêcha de croire, se garda bien d'examiner. La Convention perdit tout un jour à examiner elle-même, à se disputer, s'injurier. On fit au Viard l'honneur de le faire venir, et l'on entrevit fort bien que ce respectable témoin, produit par Chabot et Marat, était un espion qui probablement travaillait pour tous les partis. On appela, on écouta madame Roland, qui toucha toute l'Assemblée par sa grâce et sa raison, ses paroles pleines de sens, de modestie et de tact. Chabot était accablé. Marat, furieux, écrivit le soir dans sa feuille que le tout avait été arrangé par les rolandistes pour mystifier les patriotes et les rendre ridicules.

Au 2 juin, quand la plupart des Girondins s'éloignèrent ou se cachèrent, les plus braves, sans comparaison, ce furent les Roland, qui jamais ne daignèrent découcher ni changer d'asile. Madame Roland ne craignait ni la prison ni la mort ; elle ne redoutait rien qu'un outrage personnel, et, pour rester toujours maîtresse de son sort, elle ne s'endormait pas sans mettre un pistolet sous son chevet. Sur l'avis que la Commune avait lancé contre Roland un décret d'arrestation, elle courut aux Tuileries, dans l'idée héroïque (plus que raisonnable) d'écraser les accusateurs, de foudroyer la Montagne de son éloquence et de son courage, d'arracher à l'Assemblée la liberté de son époux. Elle fut elle-même arrêtée dans la nuit. Il faut lire toute la scène dans ses Mémoires admirables, qu'on croirait souvent moins écrits d'une plume de femme que du poignard de Caton. Mais tel mot, arraché des entrailles maternelles, telle allusion touchante à l'irréprochable amitié, font trop sentir, par moments, que ce grand homme est une femme, que cette âme, pour être si forte, hélas! n'en était pas moins tendre.

Elle ne fit rien pour se soustraire à l'arrestation, et vint à son tour loger à la Conciergerie près du cachot de la reine, sous ces voûtes veuves à peine de Vergniaud, de Brissot, et pleines de leurs ombres. Elle y vint royalement, héroïquement, ayant, comme Vergniaud, jeté le poison qu'elle avait, et voulu mourir au grand jour. Elle croyait honorer la République par son courage au tribunal et la fermeté de sa mort. Ceux qui la virent à la Conciergerie disent qu'elle était toujours belle, pleine de charme, jeune à trente-neuf ans; une jeunesse entière et puissante, un trésor de vie réserv jaillissait de ses beaux yeux. Sa force paraissait surtout dans sa douceur raisonneuse, dans l'irréprochable harmonie de sa personne et de sa parole. Elle s'était amusée en prison à écrire à Robespierre, non pour lui demander rien, mais pour lui faire la leçon. Elle la faisait au tribunal, lorsqu'on lui ferma la bouche. Le 8, où elle mourut, était un jour froid de novembre. La nature dépouillée et morne exprimait l'état des cœurs ; la Révolution aussi s'enfonçait dans son hiver, dans la mort des illusions. Entre les deux jardins sans feuilles, la nuit tombant (cinq heures et demie du soir), elle arriva au pied de la Liberté colossale, assise près de l'échafaud, à la place où est l'obélisque, monta légèrement les degrés, et, se tournant vers la statue, lui dit, avec une grave douceur, sans reproche : « O Liberté ! que de crimes commis en ton nom ! »

Elle avait fait la gloire de son parti, de son époux, et n'avait pas peu contribué à les perdre. Elle a involontairement obscurci Roland dans l'avenir. Mais elle lui rendait justice, elle avait pour cette âme antique, enthousiaste et austère, une sorte de religion. Lorsqu'elle eut un moment l'idée de s'empoisonner, elle lui écrivit pour s'excuser près de lui de disposer de sa vie sans son aveu. Elle savait que Roland n'avait qu'une unique faiblesse, son violent amour pour elle, d'autant plus profond qu'il le contenait.

Quand on la jugea, elle dit : « Roland se tuera. »

On ne put lui cacher sa mort. Retiré près de Rouen, chez des dames, amies très-sûres, il se déroba, et pour faire perdre sa trace, voulut s'éloigner. Le vieillard, par cette saison, n'aurait pas été bien loin. Il trouva une mauvaise diligence qui allait au pas ; les routes de 93 n'étaient que fondrières. Il n'arriva que le soir aux confins de l'Eure. Dans l'anéantissement de toute police, les voleurs couraient les routes, attaquaient les fermes ; des gendarmes les poursuivaient. Cela inquiéta Roland, il ne remit pas plus loin ce qu'il avait résolu. Il descendit, quitta la route, suivit une allée qui tourne pour conduire à un château ; il s'arrêta au pied d'un chêne, tira sa canne à dard et se perça d'outre en outre. On trouva sur lui son nom, et ce mot : « Respectez les restes d'un homme vertueux. » L'avenir ne l'a pas démenti. Il a emporté avec lui l'estime de ses adversaires, spécialement de Robert Lindet [1].

---

[1] Nous ne résistons pas au plaisir de copier le portrait que Lémontey fait de madame Roland :

« J'ai vu quelquefois, dit-il, madame Roland avant 1789 : ses yeux, sa taille et sa chevelure étaient d'une beauté remarquable, et son teint délicat avait une fraîcheur et un coloris qui, joints à son air de réserve et de candeur, la rajeunissaient singulièrement. Je ne lui trouvai point l'élégance aisée d'une Parisienne, qu'elle s'attribue dans ses Mémoires; je ne veux point dire qu'elle eût de la gaucherie, parce que ce qui est simple et naturel ne saurait jamais manquer de grâce. Je me souviens que, la première fois que je la vis, elle réalisa l'idée que je m'étais faite de la petite-fille de Vevay, qui a tourné tant de têtes, de la Julie de J.-J. Rousseau ; et, quand je l'entendis, l'illusion fut encore plus complète. Madame Roland parlait bien, trop bien. L'amour-propre aurait bien voulu trouver de l'apprêt dans ce qu'elle disait; mais il n'y avait pas moyen : c'était simplement une nature trop parfaite. Esprit, bon sens, propriété d'expressions, raison piquante, grâce naïve, tout cela coulait sans étude entre des dents d'ivoire et des lèvres rosées; force était de s'y résigner. Dans le cours de la Révolution, je n'ai revu qu'une seule fois madame Roland ; c'était au commencement du premier ministère de son mari. Elle n'avait rien perdu de son air de fraîcheur, d'adolescence et de simplicité ; son mari ressemblait à un quaker dont elle eût été la fille, et son enfant voltigeait autour d'elle avec de beaux cheveux flottant jusqu'à la ceinture; on croyait voir des habitants de la Pensylvanie transplantés dans le salon de M. de Calonne. Madame Roland ne parlait plus que des affaires publiques, et je pus reconnaître que ma modération lui inspirait quelque pitié. Son âme était exaltée, mais son cœur restait doux et inoffensif. Quoique les grands déchirements de la monarchie n'eussent point encore eu lieu, elle ne se dissimulait pas que des symptômes d'anarchie commençaient à poindre, et elle promettait de la combattre jusqu'à la mort. Je me rappelle le ton calme et résolu dont elle m'annonça qu'elle porterait, quand il le faudrait, sa tête sur l'échafaud; et j'avoue que l'image de cette tête charmante abandonnée au glaive du bourreau me fit une impression qui ne s'est point effacée, car la fureur des partis ne nous avait pas encore accoutumés à ces effroyables idées. Aussi, dans la suite, les prodiges de la fermeté de madame Roland et l'héroïsme de sa mort ne me surprirent point. Tout était d'accord et rien n'était joué dans cette femme célèbre; ce ne fut pas seulement le caractère le plus fort, mais encore le plus vrai de notre Révolution; l'histoire ne la dédaignera pas, et d'autres nations nous l'envieront. »

XVII

MADEMOISELLE KÉRALIO (MADAME ROBERT) (17 JUILLET 91).

L'acte primitif de la République, la fameuse pétition du Champ de Mars pour ne reconnaître *Ni Louis XVI ni aucun autre roi*, cet acte improvisé au milieu de la foule sur l'autel de la patrie (16 juillet 91), existe encore aux archives du département de la Seine. Il fut écrit par le cordelier Robert.

Sa femme, madame Robert (mademoiselle Kéralio), le dit le soir à madame Roland. Et l'acte en témoigne lui-même. Il est visiblement de l'écriture de Robert, qui l'a signé l'un des premiers.

Robert était un gros homme, qui avait plus de patriotisme que de talent, aucune facilité. Sa femme, au contraire, écrivain connu, journaliste infatigable, esprit vif, rapide, ardent, dut très-probablement dicter.

Cette pièce est fort remarquable. Elle fut très-réellement improvisée. Les Jacobins y étaient contraires. Même le girondin Brissot, qui voulait la chute du roi, avait rédigé un projet de pétition timide, que les Cordeliers écartèrent. Des meneurs des Cordeliers, les uns furent arrêtés le matin, les autres se cachèrent pour ne pas l'être. Il se trouva un moment que, Danton, Desmoulins, Fréron, Legendre, ne paraissant pas, des Cordeliers fort secondaires, comme était Robert, se trouvèrent là en première ligne, et à même de prendre l'initiative.

La petite madame Robert, adroite, spirituelle et fière (c'est le portrait qu'en fait madame Roland), ambitieuse surtout, impatiente de traîner depuis longtemps dans l'obscur labeur d'une femme qui écrit pour vivre, saisit l'occasion aux cheveux. Elle dicta, je n'en fais nul doute, et le gros Robert écrivit.

Le style semble trahir l'auteur. Le discours est coupé, coupé, comme d'une personne haletante. Plusieurs négligences heureuses, de petits élans dardés (comme la colère d'une femme, ou celle du colibri), dénoncent assez clairement la main féminine. « Mais, messieurs, mais, représentants d'un peuple généreux et confiant, rappelez-vous, » etc., etc.

Madame Roland avait été le matin au Champ de Mars pour pressentir le tour que prendraient les choses. Elle revint, croyant sans doute qu'il n'y aurait rien à faire. La veille au soir, elle avait vu la salle des Jacobins envahie par une foule étrange qu'on croyait, non sans vraisemblance, payée par les orléanistes, qui voulaient détourner à leur profit le mouvement républicain.

Donc, ce furent les Cordeliers seuls, M. et madame Robert en tête, qui, restés au Champ de Mars, au milieu du peuple, écrivant pour lui, eurent réellement cette audacieuse initiative, dont les Girondins, puis les Jacobins, devaient bientôt profiter.

Qu'était-ce que madame Robert (mademoiselle Kéralio)?

Bretonne par son père, mais née à Paris en 1758, elle avait alors trente-trois ans. C'était une femme de lettres, on pourrait dire une savante, élevée par son père, membre de l'Académie des inscriptions. Guinement de Kéralio, chevalier de Saint-Louis, avait été appelé avec Condillac à l'éducation du prince de Parme. Professeur de tactique à l'École militaire, inspecteur d'une école militaire de province, il avait eu parmi ses élèves le jeune Corse Bonaparte. Son traitement ne suffisant pas à soutenir sa famille, il écrivait au *Mercure*, au *Journal des savants*, et faisait de plus une foule de traductions. La petite Kéralio n'avait pas dix-sept ans qu'elle traduisait et compilait. A dix-huit ans, elle fit un roman (*Adélaïde*) dont personne ne s'aperçut. Alors, elle mit dix ans à faire un ouvrage sérieux, une longue *Histoire d'Élisabeth*, pleine d'études et de recherches. Par malheur ce grand ouvrage ne fut achevé qu'en 89; c'était trop tard; on faisait l'histoire au lieu de la lire. Vite le père et la fille se tournèrent aux choses du temps. Mademoiselle Kéralio se fit journaliste, rédigea le *Journal de l'État et du citoyen*. Le vieux Kéralio fut, sous la Fayette, instructeur de la garde nationale. On ne voit pas que ni lui ni elle y aient beaucoup profité. Il avait perdu la place qui le faisait vivre, lorsque sa fille, fort à point, trouva un mari.

Ce mari, très-opposé au parti de la Fayette, était le Cordelier Robert, qui, dès la fin de 90, suivant hardiment la voie de Camille Desmoulins, avait écrit le *Républicanisme adapté à la France*. Mademoiselle Kéralio, née noble, élevée dans le monde de l'ancien régime, se jeta avec ardeur dans le mouvement. Son mariage la transportait au plus brûlant foyer de l'agitation parisienne, au club des Cordeliers. Le jour où les chefs Cordeliers, arrêtés ou en fuite, manquèrent au dangereux poste de l'autel de la patrie, elle y fut, elle y agit, et, de la main de son mari, fit l'acte décisif.

La chose n'était pas sans péril. Quoiqu'on ne prévît pas le massacre que firent le soir les royalistes et les soldats de la Fayette, le Champ de Mars avait été témoin, dès le matin, d'une scène fort tragique, d'une plaisanterie fatale qui aboutit à un acte sanglant. Quelque triste et honteux que soit le détail, nous ne pouvons le supprimer ; il tient trop à notre sujet.

Les gentilshommes royalistes étaient rieurs. Dans leurs *Actes des apôtres* et ailleurs, ils faisaient de leurs ennemis d'intarissables gorges chaudes. Ils s'amusèrent spécialement de l'éclipse des chefs Cordeliers, des coups de bâton que tels d'entre eux reçurent de la main des Fayettistes. Les royalistes de bas étage, ex-laquais, portiers, perruquiers, avaient leurs farces aussi ; ils jouaient, quand ils l'osaient, des tours aux révolutionnaires. Les perruquiers spécialement, ruinés par la Révolution, étaient de furieux royalistes. Agents, messagers de plaisir, sous l'ancien régime, témoins nécessaires du lever, des plus libres scènes d'alcôve, ils étaient aussi généralement libertins pour leur propre compte. L'un deux, le samedi soir, la veille du 17 juillet, eut une idée qui ne pouvait guère tomber que dans la tête d'un libertin désœuvré ; ce fut d'aller s'établir sous les planches de l'autel de la patrie, et de regarder sous les jupes des femmes. On ne portait plus de paniers alors, mais des jupes fort bouffantes par derrière. Les altières républicaines, tribuns en bonnet, orateurs des clubs, les romaines, les dames de lettres, allaient monter là fièrement. Le perruquier trouvait bouffon de voir (ou d'imaginer), puis d'en faire des gorges chaudes. Fausse ou vraie, la chose, sans nul doute, eût été vivement saisie dans les salons royalistes; le ton y était très-libre, celui même des plus grandes dames. On voit avec étonnement, dans les mémoires de Lauzun, ce qu'on osait dire en présence de la reine. Les lectrices de Faublas et d'autres livres bien pires auraient sans nul doute reçu avidement ces descriptions effrontées.

Le perruquier, comme celui du *Lutrin*, pour s'enfermer dans ces ténèbres, voulut avoir un camarade, et choisit un brave, un vieux soldat invalide, non moins royaliste, non moins libertin. Ils prennent des vivres, un baril d'eau, vont la nuit au Champ de Mars, lèvent une planche et descendent, la remettent adroitement. Puis, au moyen d'une vrille, ils se mettent à percer des trous. Les nuits sont courtes en juillet, il faisait déjà bien clair, et ils travaillaient encore. L'attente du grand jour éveillait beaucoup de gens, la misère aussi, l'espoir de vendre quelque chose à la foule; une marchande de gâteaux ou de limonade, prenant le devant sur les autres, rôdait déjà, en attendant, sur l'autel de la patrie. Elle sent la vrille sous le pied, elle a peur, elle s'écrie. Il y avait là un apprenti, qui était venu studieusement copier les inscriptions patriotiques. Il court appeler la garde du Gros-Caillou, qui ne veut bouger; il va, tout courant à l'Hôtel de Ville, ramène des hommes, des outils, on ouvre les planches, on trouve les deux coupables, bien penauds, et qui font semblant de dormir. Leur affaire était mauvaise; on ne plaisantait pas alors sur l'autel de la patrie : un officier périt à Brest pour le crime de s'en être moqué. Ici, circonstance aggravante, ils avouent leur vilaine envie. La population du Gros-Caillou est toute de blanchisseuses, une rude population de femmes, armées de battoirs, qui ont eu parfois dans la Révolution leurs jours d'émeutes et de révoltes. Ces dames reçurent fort mal l'aveu d'un outrage aux femmes. D'autre part, parmi la foule, d'autres bruits couraient, ils avaient, disait-on, reçu, pour tenter un coup, promesse de rentes viagères; le baril d'eau, en passant de bouche en bouche, devint un baril de poudre; puis, la conséquence : « Ils voulaient faire sauter le peuple..... » La garde ne peut plus les défendre, on les arrache, on les égorge; puis, pour terrifier les aristocrates, on coupe les deux têtes, on les porte dans Paris. A huit heures et demie ou neuf heures, elles étaient au Palais-Royal.

Un moment après, l'Assemblée, émue, indignée, mais fort habilement dirigée par les royalistes contre la pétition républicaine qu'on prévoyait et redoutait, déclara « Que ceux qui, *par écrits* individuels ou collectifs, porteraient le peuple à résister, étaient criminels de lèse-nation. » La pétition se trouvait ainsi identifiée à l'assassinat du matin et tout rassemblement menacé comme une réunion d'assassins. De moment en moment, le président Charles de Lameth écrivait à la municipalité pour qu'elle déployât le drapeau rouge et lançât la garde nationale contre les pétitionnaires du Champ de Mars.

Le rassemblement, en réalité, était fort inoffensif. Il comptait plus de femmes encore que d'hommes, dit un témoin oculaire. Parmi les signatures, on en voit, en très-grand nombre, de femmes et de filles. Sans doute, ce jour de dimanche, elles étaient au bras de leurs pères, de leurs frères ou de leurs maris. Croyantes d'une foi docile, elles ont voulu témoigner avec eux, communier avec eux, dans ce grand acte dont plusieurs d'entre elles ne comprenaient pas toute la portée. N'importe, elles restaient courageuses et fidèles, et plus d'une bientôt a témoigné aussi de son sang.

Le nombre des signatures dut être véritablement immense. Les feuilles qui subsistent en contiennent plusieurs milliers. Mais il est visible que beaucoup ont été perdues. La dernière est cotée 50. Ce prodigieux empressement du peuple à signer un acte si hostile au roi, si sévère pour l'Assemblée, dut effrayer celle-ci. On lui porta, sans nul doute, une des copies qui circulaient; et elle vit avec terreur, cette Assemblée souveraine, jusqu'ici juge et arbitre entre le roi et le peuple, qu'elle passait au rang d'accusée. Il fallait dès lors, à tout prix, dissoudre le rassemblement, déchirer la pétition.

Telle fut certainement la pensée, je ne dis pas de l'Assemblée entière, qui se laissait conduire, mais la pensée des meneurs. Ils prétendirent avoir avis que la foule du Champ de Mars voulait marcher sur l'Assemblée, chose inexacte certainement, et positivement démentie par tout ce que les témoins oculaires vivants encore racontent de l'attitude du peuple. Qu'il y ait eu, dans le nombre, quelque fou pour proposer l'expédition, cela n'est pas impossible; mais personne n'avait la moindre action sur la foule. Elle était devenue immense, mêlée de mille éléments divers, d'autant moins facile à entraîner, d'autant moins offensive. Les villages de la banlieue, ne sachant rien des derniers événements, s'étaient mis en marche, spécialement la banlieue de l'ouest, Vaugirard, Issy, Sèvres, Saint-Cloud, Boulogne, etc. Ils venaient comme à une fête; mais, une fois au Champ de Mars, ils n'avaient aucune idée d'aller au delà; ils cherchaient plutôt, dans ce jour d'extrême chaleur, un peu d'ombre pour se reposer sous les arbres qui sont autour, ou bien au centre, sous la large pyramide de l'autel de la patrie.

Cependant un dernier, un foudroyant message de

l'Assemblée arrive, vers quatre heures, à l'Hôtel de Ville ; et en même temps un bruit venu de la même source se répand à la Grève, dans tout ce qu'il y avait là de garde soldée : « Une troupe de cinquante mille brigands se sont postés au Champ de Mars, ils vont marcher sur l'Assemblée. »

La municipalité ne résista plus. Elle déploya le drapeau rouge. Le maire Bailly, fort pâle, descendit à la Grève, et marcha à la tête d'une colonne de la garde nationale. Lafayette suivit un autre chemin.

Voici le récit inédit d'un témoin, très-croyable, qui était garde national et alla au Champ de Mars avec le faubourg Saint-Antoine.

« L'aspect que présentait alors cette place immense nous frappa d'étonnement. Nous nous attendions à la voir occupée par une populace en furie ; nous n'y trouvâmes que la population pacifique des promeneurs du dimanche, rassemblée par groupes, en familles, et composée en grande majorité de femmes et d'enfants, au milieu desquels circulaient des marchands de coco, de pain d'épices et de gâteaux de Nanterre, qui avaient alors la vogue de la nouveauté. Il n'y avait dans cette foule personne qui fût armé, excepté quelques gardes nationaux parés de leur uniforme et de leur sabre ; mais la plupart accompagnaient leurs femmes et n'avaient rien de menaçant ni de suspect. La sécurité était si grande, que plusieurs de nos compagnies mirent leurs fusils en faisceaux, et que, poussés par la curiosité, quelques-uns d'entre nous allèrent jusqu'au milieu du Champ de Mars. Interrogés à leur retour, ils dirent qu'il n'y avait rien de nouveau, sinon qu'on signait une pétition sur les marches de l'autel de la Patrie.

« Cet autel était une immense construction, haute de cent pieds ; elle s'appuyait sur quatre massifs qui occupaient les angles de son vaste quadrilatère et qui supportaient des trépieds de grandeur colossale. Ces massifs étaient liés entre eux par des escaliers dont la largeur était telle, qu'un bataillon entier pouvait monter de front chacun d'eux. De la plate-forme sur laquelle ils conduisaient, s'élevait pyramidalement, par une multitude de degrés, un terre-plein que couronnait l'autel de la Patrie, ombragé d'un palmier.

« Les marches pratiquées sur les quatre faces, depuis la base jusqu'au sommet, avaient offert des siéges à la foule fatiguée par une longue promenade et par la chaleur du soleil de juillet. Aussi, quand nous arrivâmes, ce grand monument ressemblait-il à une montagne animée, formée d'êtres humains superposés. Nul de nous ne prévoyait que cet édifice élevé pour une fête allait être changé en un échafaud sanglant. »

Ni Bailly, ni Lafayette, n'étaient des hommes sanguinaires. Ils n'avaient donné qu'un ordre général d'employer la force *en cas de résistance*. Les événements entraînèrent tout : la garde nationale soldée (espèce de gendarmerie) entrait par le milieu du Champ de Mars (du côté du Gros-Caillou) quand *on lui dit* qu'à l'autre bout on avait tiré sur le maire. Et, en effet, d'un groupe d'enfants et d'hommes exaltés, un coup de feu était parti, qui, derrière le maire, blessa un dragon.

On dit, mais qui était cet *on*? les royalistes, sans nul doute, peut-être les perruquiers, qui étaient venus en nombre, armés jusqu'aux dents, pour venger le perruquier tué le matin.

La garde soldée n'attendit rien, et, sans vérifier cet *on dit*, elle avança à la course dans le Champ de Mars, et déchargea toutes ses armes sur l'autel de la Patrie, couvert de femmes et d'enfants. Robert et sa femme ne furent point atteints. Ce sont eux ou leurs amis, les Cordeliers, qui, sous le feu, ramassèrent les feuillets épars de la pétition que nous possédons encore en partie.

Le soir, ils se réfugièrent chez madame Roland. Il faut lire le récit de celle-ci, qui, par son aigreur, ne témoigne que trop de l'excessive timidité de la politique girondine : « En revenant des Jacobins chez moi, à onze heures du soir, je trouvai M. et madame Robert.
« Nous venons, me dit la femme avec l'air de confiance
« d'une ancienne amie, vous demander un asile; il ne
« faut pas vous avoir beaucoup vue, pour croire à la

« franchise de votre caractère et de votre patriotisme.
« Mon mari rédigeait la pétition sur l'autel de la Pa-
« trie; j'étais à ses côtés; nous échappons à la bou-
« cherie, sans oser nous retirer, ni chez nous, ni chez
« des amis connus, où l'on pourrait nous venir cher-
« cher. — Je vous sais bon gré, lui répliquai-je, d'a-
« voir songé à moi dans une aussi triste circonstance,
« et je m'honore d'accueillir les persécutés; mais vous
« serez mal cachés ici (j'étais à l'hôtel Britannique,
« rue Guénégaud); cette maison est fréquentée, et
« l'hôte est fort partisan de Lafayette. — Il n'est ques-
« tion que de cette nuit; demain nous aviserons à
« notre retraite. » Je fis dire à la maîtresse de l'hôtel
qu'une femme de mes parentes, arrivant à Paris dans
ce moment de tumulte, avait laissé ses bagages à la
diligence, et passerait la nuit avec moi; que je la priais
de faire dresser deux lits de camp dans mon appartement. Ils furent disposés dans un salon où se tinrent
les hommes, et madame Robert coucha dans le lit de
mon mari, auprès du mien, dans ma chambre. Le
lendemain au matin, levée d'assez bonne heure, je
n'eus rien de plus pressé que de faire des lettres pour
instruire mes amis éloignés de ce qui s'était passé la
veille. M. et madame Robert, que je supposais devoir
être bien actifs, et avoir des correspondances plus
étendues, comme journalistes, s'habillèrent doucè-
ment, causèrent après le déjeuner que je leur fis ser-

vir, et se mirent au balcon sur la rue ; ils allèrent même jusqu'à appeler par la fenêtre et faire monter près d'eux un passant de leur connaissance.

« Je trouvais cette conduite bien inconséquente de la part de gens qui se cachaient. Le personnage qu'ils avaient fait monter les entretint avec chaleur des événements de la veille, se vanta d'avoir passé son sabre au travers du corps d'un garde national; il parlait très-haut, dans la pièce voisine d'une grande antichambre commune avec un autre appartement que le mien. J'appelai madame Robert : « Je vous ai ac-
« cueillie, madame, avec l'intérêt de la justice et de
« l'humanité pour d'honnêtes gens en danger; mais
« je ne puis donner asile à toutes vos connaissances :
« vous vous exposez à entretenir, comme vous le faites
« dans une maison telle que celle-ci, quelqu'un
« d'aussi peu discret; je reçois habituellement des
« députés, qui risqueraient d'être compromis, si on
« les voyait entrer ici au moment où s'y trouve une
« personne qui se glorifie d'avoir commis hier des
« voies de fait; je vous prie de l'inviter à se retirer. »
Madame Robert appela son mari, je réitérai mes observations avec un accent plus élevé, parce que le personnage, plus épais, me semblait avoir besoin d'une impression forte; on congédia l'homme. J'appris qu'il s'appelait Vachard, qu'il était président d'une société dite des Indigents : on célébra beaucoup ses excellentes

qualités et son ardent patriotisme. Je gémis en moi-même du prix qu'il fallait attacher au patriotisme d'un individu qui avait toute l'encolure de ce qu'on appelle une mauvaise tête, et que j'aurais pris pour un mauvais sujet. J'ai su depuis que c'était un colporteur de la feuille de Marat, qui ne savait pas lire, et qui est aujourd'hui administrateur du département de Paris, où il figure très-bien avec ses pareils.

« Il était midi; M. et madame Robert parlèrent d'aller chez eux, où tout devait être en désordre : je leur dis que, par cette raison, s'ils voulaient accepter ma soupe avant de partir, je la leur ferais servir de bonne heure; ils me répliquèrent qu'ils aimaient mieux revenir, et s'engagèrent ainsi en sortant. Je les revis effectivement avant trois heures; ils avaient fait toilette; la femme avait de grandes plumes et beaucoup de rouge; le mari s'était revêtu d'un habit de soie, bleu céleste, sur lequel ses cheveux noirs, tombant en grosses boucles, tranchaient singulièrement. Une longue épée à son côté ajoutait à son costume tout ce qui pouvait le faire remarquer. Mais, bon Dieu! ces gens sont-ils fous? me demandai-je à moi-même? Et je les regardais parler, pour m'assurer qu'ils n'eussent point perdu l'esprit. Le gros Robert mangeait à merveille, et sa femme jasait à plaisir. Ils me quittèrent enfin, et je ne les revis plus, ni ne parlai d'eux à personne.

« De retour à Paris, l'hiver suivant, Robert, rencontrant Roland aux Jacobins, lui fit d'honnêtes reproches, ou des plaintes de politesse, de n'avoir plus eu aucune espèce de relation avec nous ; sa femme vint me visiter plusieurs fois, m'inviter, de la manière la plus pressante, à aller chez elle deux jours de la semaine, où elle tenait assemblée, et où se trouvaient des hommes de mérite de la Législature : je m'y rendis une fois ; je vis Antoine, dont je connaissais toute la médiocrité, petit homme, bon à mettre sur une toilette, faisant de jolis vers, écrivant agréablement la bagatelle, mais sans consistance et sans caractère. Je vis des députés patriotes à la toise, décents comme Chabot ; quelques femmes ardentes en civisme et d'honorables membres de la Société fraternelle achevaient la composition d'un cercle qui ne me convenait guère, et dans lequel je ne retournai pas. A quelques mois de là, Roland fut appelé au ministère ; vingt-quatre heures étaient à peine écoulées depuis sa nomination que je vis arriver chez moi madame Robert : « Ah çà !
« voilà votre mari en place ; les patriotes doivent se
« servir réciproquement, j'espère que vous n'oublie-
« rez pas le mien. — Je serais, madame, enchantée
« de vous être utile ; mais j'ignore ce que je pourrais
« pour cela, et certainement M. Roland ne négligera
« rien pour l'intérêt public, par l'emploi des personnes
« capables. » Quatre jours se passent ; madame Ro-

bert revient me faire une visite du matin; autre visite encore peu de jours après, et toujours grande instance sur la nécessité de placer son mari, sur ses droits à l'obtenir par son patriotisme. J'appris à madame Robert que le ministre de l'intérieur n'avait aucune espèce de place à sa nomination, autres que celles de ses bureaux; qu'elles étaient toutes remplies; que, malgré l'utilité dont il pouvait être de changer quelques agents, il convenait à l'homme prudent d'étudier les choses et les personnes avant d'opérer des renouvellements, pour ne pas entraver la marche des affaires; et qu'enfin, d'après ce qu'elle m'annonçait elle-même, sans doute que son mari ne voudrait pas d'une place de commis. « Véritablement Robert est fait pour
« mieux que cela. — Dans ce cas, le ministre de l'in-
« térieur ne peut vous servir de rien. — Mais il faut
« qu'il parle à celui des affaires étrangères, et qu'il
« fasse donner quelque mission à Robert. — Je crois
« qu'il est dans l'austérité de M. Roland de ne solli-
« citer personne, et de ne se point mêler du départe-
« ment de ses collègues; mais, comme vous n'entendez
« probablement qu'un témoignage à rendre du ci-
« visme de votre mari, je le dirai au mien. »

« Madame Robert se mit aux trousses de Dumouriez, à celles de Brissot, et elle revint, après trois semaines, me dire qu'elle avait la parole du premier, et qu'elle me priait de lui rappeler sa promesse quand je le verrais.

« Il vint dîner chez moi dans la semaine ; Brissot
et d'autres y étaient : « N'avez-vous pas, dis-je au
« premier, promis à certaine dame, fort pressante,
« de placer incessamment son mari ? Elle m'a priée
« de vous en faire souvenir; et son activité est si
« grande, que je suis bien aise de pouvoir la calmer à
« mon égard, en lui disant que j'ai fait ce qu'elle dé-
« sirait. — N'est-ce pas de Robert dont il est ques-
« tion ? demanda aussitôt Brissot. — Justement. —
« Ah ! reprit-il avec cette bonhomie qui le caractérise,
« vous devez (en s'adressant à Dumouriez) placer cet
« homme-là : c'est un sincère ami de la Révolution,
« un chaud patriote; il n'est point heureux; il faut
« que le règne de la liberté soit utile à ceux qui
« l'aiment. — Quoi ! interrompit Dumouriez avec
« autant de vivacité que de gaieté, vous me parlez de
« ce petit homme à tête noire, aussi large qu'il a de
« hauteur ! mais, par ma foi, je n'ai pas envie de me
« déshonorer. Je n'enverrai nulle part une telle ca-
« boche. — Mais, répliqua Brissot, parmi les agents
« que vous êtes dans le cas d'employer, tous n'ont pas
« besoin d'une égale capacité. — Eh ! connaissez-vous
« bien Robert ? demanda Dumouriez. — Je connais
« beaucoup Kéralio, le père de sa femme; homme in-
« finiment respectable : j'ai vu chez lui Robert ; je sais
« qu'on lui reproche quelques travers; mais je le crois
« honnête, ayant un excellent cœur, pénétré d'un vrai

« civisme, et ayant besoin d'être employé. — Je n'em-
« ploie pas un fou semblable. — Mais vous avez pro-
« mis à sa femme. — Sans doute; une place inférieure
« de mille écus d'appointement, dont il n'a pas voulu.
« Savez-vous ce qu'il me demande? l'ambassade de
« Constantinople! — L'ambassade de Constantinople!
« s'écria Brissot en riant; cela n'est pas possible. —
« Cela est ainsi. — Je n'ai plus rien à dire. — Ni moi,
« ajoute Dumouriez, sinon que je fais rouler ce ton-
« neau jusqu'à la rue s'il se représente chez moi, et
« que j'interdis ma porte à sa femme. »

« Madame Robert revint encore chez moi; je voulais m'en défaire absolument, mais sans éclat; et je ne pouvais employer qu'une manière conforme à ma franchise. Elle se plaignit beaucoup de Dumouriez, de ses lenteurs; je lui dis que je lui avais parlé, mais que je ne devais pas lui dissimuler qu'elle avait des ennemis, qui répandaient de mauvais bruits sur son compte; que je l'engageais à remonter à la source pour les détruire, afin qu'un homme public ne s'exposât point aux reproches des malveillants en employant une personne qu'environnaient des préjugés défavorables; qu'elle ne devait avoir besoin sur cela que d'explications que je l'invitais à donner. Madame Robert alla chez Brissot, qui, dans son ingénuité, lui dit qu'elle avait fait une folie de demander une ambassade, et qu'avec de pareilles prétentions l'on devait finir par ne rien obtenir. Nous ne la revîmes plus; mais son mari fit une brochure contre Brissot pour le dénoncer comme un distributeur de places et un faussaire qui lui avait promis l'ambassade de Constantinople, et s'était dédit. Il se jeta aux Cordeliers, se lia avec Danton, s'offrit d'être son commis lorsqu'au 10 août Danton fut ministre, fut poussé par lui au corps électoral et dans la députation de Paris à la Convention; paya ses dettes, fit de la dépense, recevait chez lui, à manger, d'Orléans et mille autres; est riche aujourd'hui; calomnie Roland et déchire sa femme : tout cela se conçoit; il fait son métier, et gagne son argent. »

Ce portrait amer, injuste, et qui prouve que madame Roland, que les plus grands caractères ont leurs misères et leurs faiblesses, est matériellement inexact en plus d'un point, en un très-certainement. Robert *ne se jeta point aux Cordeliers* à la fin de 92, puisqu'il leur appartenait dès le commencement de 91, et qu'en juillet 91 il avait fait avec sa femme l'acte le plus hardi qui signale les Cordeliers à l'histoire, l'acte originel de la République.

Robert était un bon homme, d'un cœur chaleureux. Il paraît avoir été l'un de ceux qui, dans l'été de 93 (en août ou septembre), firent, avec Garat, quelques tentatives près de Robespierre pour sauver les Girondins, dès lors perdus sans ressource, et que personne ne pouvait sauver.

Un minime accident lui fut très-fatal. La Convention avait porté une loi très-sévère contre les accaparements. On dénonça Robert comme ayant chez lui un tonneau de rhum. Il eut beau protester que ce très-petit baril était pour sa consommation. On n'en déblatéra pas moins aux Jacobins contre Robert *l'accapareur*, charmé qu'on était de couler à fond les vieux Cordeliers.

Quoi qu'en dise madame Roland, ni Robert ni sa femme ne s'étaient enrichis. La pauvre femme, après la Révolution, vécut de sa plume, comme auparavant, écrivant pour les libraires force traductions de l'anglais et de temps en temps des romans : *Amélia et Caroline, ou l'Amour et l'Amitié; Alphonse et Mathilde, ou la Famille espagnole; Rose et Albert, ou le Tombeau d'Emma* (1810). C'est le dernier de ses ouvrages, et probablement la fin de sa vie.

Tout cela est oublié, même son *Histoire d'Élisabeth*. Mais ce qui ne le sera pas, c'est la grande initiative qu'elle prit pour la République le 17 juillet 1791.

XVIII

CHARLOTTE CORDAY.

Le dimanche 7 juillet, on avait battu la générale et réuni sur l'immense tapis vert de la prairie de Caen les volontaires qui partaient pour Paris, *pour la guerre de Marat*. Il en vint trente. Les belles dames qui se trouvaient là avec les députés étaient surprises et mal édifiées de ce petit nombre. Une demoiselle, entre autres, paraissait profondément triste : c'était mademoiselle Marie-Charlotte Corday d'Armont, jeune et belle personne, républicaine, de famille noble et pauvre, qui vivait à Caen avec sa tante. Pétion, qui l'avait vue quelquefois, supposa qu'elle avait là sans doute quelque amant dont le départ l'attristait. Il l'en plaisanta lourdement, disant : « Vous auriez bien du chagrin, n'est-il pas vrai, s'ils ne partaient pas? »

Le Girondin blasé après tant d'événements ne devinait pas le sentiment neuf et vierge, la flamme ardente qui possédait ce jeune cœur. Il ne savait pas que ses discours et ceux de ses amis, qui, dans la bouche d'hommes finis, n'étaient que des discours, dans le cœur de mademoiselle Corday étaient la destinée, la vie, la mort. Sur cette prairie de Caen, qui peut recevoir cent mille hommes et qui n'en avait que trente, elle avait vu une chose que personne ne voyait : la *Patrie abandonnée.*

Les hommes faisant si peu, elle entra en cette pensée qu'il fallait la main d'une femme.

Mademoiselle Corday se trouvait être d'une bien grande noblesse; la très-proche parente des héroïnes de Corneille, de Chimène, de Pauline et de la sœur d'Horace. Elle était l'arrière-petite nièce de l'auteur de *Cinna.* Le sublime en elle était la nature.

Dans sa dernière lettre de mort, elle fait assez entendre tout ce qui fut dans son esprit : elle dit tout d'un mot, qu'elle répète sans cesse · « *La paix, la paix !* »

Sublime et raisonneuse, comme son oncle, à la normande, elle fit ce raisonnement : La Loi est la Paix même. Qui a tué la Loi au 2 juin? Marat surtout. Le meurtrier de la Loi tué, la Paix va refleurir. La mort d'un seul sera la vie de tous.

Telle fut toute sa pensée. Pour sa vie, à elle-même, qu'elle donnait, elle n'y songea point.

Pensée étroite, autant que haute. Elle vit tout en un homme ; dans le fil d'une vie, elle crut couper celui de nos mauvaises destinées, nettement, simplement, comme elle coupait, fille laborieuse, celui de son fuseau.

Qu'on ne croie pas voir en mademoiselle Corday une virago farouche qui ne comptait pour rien le sang. Tout au contraire, ce fut pour l'épargner qu'elle se décida à frapper ce coup. Elle crut sauver tout un monde en exterminant l'exterminateur. Elle avait un cœur de femme, tendre et doux. L'acte qu'elle s'imposa fut un acte de pitié.

Dans l'unique portrait qui reste d'elle, et qu'on a fait au moment de sa mort, on sent son extrême douceur. Rien qui soit moins en rapport avec le sanglant souvenir que rappelle son nom. C'est la figure d'une jeune demoiselle normande, figure vierge, s'il en fut, l'éclat doux du pommier en fleur. Elle paraît beaucoup plus jeune que son âge de vingt-cinq ans. On croit entendre sa voix un peu enfantine, les mots mêmes qu'elle écrivit à son père, dans l'orthographe qui représente la prononciation traînante de Normandie : « Pardonnais-moi, mon papa... »

Dans ce tragique portrait, elle paraît infiniment

sensée, raisonnable, sérieuse, comme sont les femmes de son pays. Prend-elle légèrement son sort? point du tout, il n'y a rien là du faux héroïsme. Il faut songer qu'elle était à une demi-heure de la terrible épreuve. N'a-t-elle pas un peu de l'enfant boudeur? Je le croirais; en regardant bien, l'on surprend, sur sa lèvre un léger mouvement, à peine une petite moue.. Quoi! si peu d'irritation contre la mort!... contre l'ennemi barbare qui va trancher cette charmante vie, tant d'amours et de romans possibles. On est renversé, de la voir si douce; le cœur échappe, les yeux s'obscurcissent; il faut regarder ailleurs.

Le peintre a créé pour les hommes un désespoir, un regret éternel. Nul qui puisse la voir sans dire en son cœur : « Oh! que je sois né si tard!... Oh! combien je l'aurais aimée! »

Elle a les cheveux cendrés du plus doux reflet : bonnet blanc et robe blanche. Est-ce en signe de son innocence et comme justification visible? je ne sais. Il y a dans ses yeux du doute et de la tristesse. Triste de son sort, je ne le crois pas; mais de son acte, peut-être... Le plus ferme qui frappe un tel coup, quelle que soit sa foi, voit souvent, au dernier moment, s'élever d'étranges doutes.

En regardant bien dans ses yeux tristes et doux, on sent encore une chose, qui peut-être explique toute sa destinée : *Elle avait toujours été seule.*

Oui, c'est là l'unique chose qu'on trouve peu rassurante en elle. Dans cet être charmant et bon, il y eut cette sinistre puissance, le *démon de la solitude*.

D'abord, elle n'eut pas de mère. La sienne mourut de bonne heure ; elle ne connut point les caresses maternelles ; elle n'eut point dans ses premières années ce doux lait de femme que rien ne supplée.

Elle n'eut pas de père, à vrai dire. Le sien, pauvre noble de campagne, tête utopique et romanesque, qui écrivait contre les abus dont la noblesse vivait, s'occupait beaucoup de ses livres, peu de ses enfants.

On peut dire même qu'elle n'eut pas de frère. Du moins, les deux qu'elle avait étaient, en 92, si parfaitement éloignés des opinions de leur sœur, qu'ils allèrent rejoindre l'armée de Condé.

Admise à treize ans au couvent de l'Abbaye-aux-Dames de Caen, où l'on recevait les filles de la pauvre noblesse, n'y fut-elle pas seule encore ? On peut le croire, quand on sait combien, dans ces asiles religieux qui sembleraient devoir être les sanctuaires de l'égalité chrétienne, les riches méprisent les pauvres. Nul lieu, plus que l'Abbaye-aux-Dames, ne semble propre à conserver les traditions de l'orgueil. Fondée par Mathilde, la femme de Guillaume le Conquérant, elle domine la ville, et, dans l'effort de ses voûtes romanes, haussées et surexhaussées, elle porte encore écrite l'insolence féodale.

L'âme de la jeune Charlotte chercha son premier asile dans la dévotion, dans les douces amitiés de cloître. Elle aima surtout deux demoiselles, nobles et pauvres comme elle. Elle entrevit aussi le monde. Une société fort mondaine des jeunes gens de la noblesse était admise au parloir du couvent et dans les salons de l'abbesse. Leur futilité dut contribuer à fortifier le cœur viril de la jeune fille dans l'éloignement du monde et le goût de la solitude.

Ses vrais amis étaient ses livres. La philosophie du siècle envahissait les couvents. Lectures fortuites et peu choisies, Raynal pêle-mêle avec Rousseau. « Sa tête, dit un journaliste, était une furie de lectures de toutes sortes. »

Elle était de celles qui peuvent traverser impunément les livres et les opinions sans que leur pureté en soit altérée. Elle garda, dans la science du bien et du mal, un don singulier de virginité morale et comme d'enfance. Cela apparaissait surtout dans les intonations d'une voix presque enfantine, d'un timbre argentin, où l'on sentait parfaitement que la personne était entière, que rien encore n'avait fléchi. On pouvait oublier peut-être les traits de mademoiselle Corday, mais sa voix jamais. Une personne qui l'entendit une fois à Caen, dans une occasion sans importance, dix ans après, avait encore dans l'oreille cette voix unique, et l'eût pu noter.

Cette prolongation d'enfance fut une singularité de Jeanne d'Arc, qui resta une petite fille et ne fut jamais une femme.

Ce qui plus qu'aucune chose rendait mademoiselle Corday très-frappante, impossible à oublier, c'est que cette voix enfantine était unie à une beauté sérieuse, virile par l'expression, quoique délicate par les traits. Ce contraste avait l'effet double et de séduire et d'imposer. On regardait, on approchait; mais, dans cette fleur du temps, quelque chose intimidait qui n'était nullement du temps, mais de l'immortalité. Elle y allait et la voulait. Elle vivait déjà entre les héros dans l'Élysée de Plutarque, parmi ceux qui donnèrent leur vie pour vivre éternellement.

Les Girondins n'eurent sur elle aucune influence. La plupart, nous l'avons vu, avaient cessé d'être eux-mêmes. Elle vit deux fois Barbaroux [1], comme député

---

[1] Les historiens romanesques ne tiennent jamais quitte leur héroïne, sans essayer de prouver qu'elle a dû être amoureuse. Celle-ci probablement, disent-ils, l'aura été de Barbaroux. D'autres, sur un mot d'une vieille servante, ont imaginé un certain Franquelin, jeune homme sensible et bien tourné, qui aurait eu l'insigne honneur d'être aimé de mademoiselle Corday et de lui coûter des larmes. C'est peu connaître la nature humaine. De tels actes supposent l'austère virginité du cœur. Si la prêtresse de Tauride savait enfoncer le couteau, c'est que nul amour humain n'avait amolli son cœur. — Le plus absurde de tous, c'est Wimpfen, qui la fait d'abord royaliste! amoureuse du royaliste Belzunce! La haine de Wimpfen pour les Girondins, qui repoussèrent ses propositions d'appeler l'Anglais, semble lui faire perdre l'esprit. Il va jusqu'à supposer que le pauvre homme Pétion, à moitié mort, qui

de Provence, pour avoir de lui une lettre et solliciter l'affaire d'une de ses amies de famille provençale.

Elle avait vu aussi Fauchet, l'évêque du Calvados; elle l'aimait peu, l'estimait peu, comme prêtre, et comme prêtre immoral. Il est inutile de dire que mademoiselle Corday n'était en rapport avec aucun prêtre, et ne se confessait jamais.

A la suppression des couvents, trouvant son père remarié, elle s'était réfugiée à Caen chez une vieille tante, madame de Breteville Et c'est là qu'elle prit sa résolution.

La prit-elle sans hésitation? non; elle fut retenue un moment par la pensée de sa tante, de cette bonne vieille dame qui la recueillait, et qu'en récompense elle allait cruellement compromettre... Sa tante, un jour, surprit dans ses yeux une larme : « Je pleure, dit-elle, sur la France, sur mes parents et sur vous... Tant que Marat vit, qui est sûr de vivre? »

Elle distribua ses livres, sauf un volume de Plutarque, qu'elle emporta avec elle. Elle rencontra dans la cour l'enfant d'un ouvrier qui logeait dans la maison; elle lui donna son carton de dessin, l'embrassa, et laissa tomber une larme encore sur sa joue... Deux larmes! assez pour la nature.

n'avait plus qu'une idée, ses enfants, sa femme, voulait... (devinez!...) *brûler Caen,* pour imputer ensuite ce crime à la Montagne! Tout le reste est de cette force.

Charlotte Corday ne crut pouvoir quitter la vie sans d'abord aller saluer son père encore une fois. Elle le vit à Argentan, et reçut sa bénédiction. De là, elle alla à Paris dans une voiture publique, en compagnie de quelques Montagnards, grands admirateurs de Marat, qui commencèrent tout d'abord par être amoureux d'elle et lui demander sa main. Elle faisait semblant de dormir, souriait, et jouait avec un enfant.

Elle arriva à Paris le jeudi 11, vers midi, et alla descendre dans la rue des Vieux-Augustins, n° 17, à l'hôtel de la Providence. Elle se coucha à cinq heures du soir, et, fatiguée, dormit jusqu'au lendemain du sommeil de la jeunesse et d'une conscience paisible. Son sacrifice était fait, son acte accompli en pensée; elle n'avait ni trouble ni doute.

Elle était si fixe dans son projet, qu'elle ne sentait pas le besoin de précipiter l'exécution. Elle s'occupa tranquillement de remplir préalablement un devoir d'amitié, qui avait été le prétexte de son voyage à Paris. Elle avait obtenu à Caen une lettre de Barbaroux pour son collègue Duperret, voulant, disait-elle, par son entremise, retirer du ministère de l'intérieur des pièces utiles à son amie, mademoiselle Forbin, émigrée.

Le matin elle ne trouva pas Duperret, qui était à

la Convention. Elle rentra chez elle, et passa le jour à lire tranquillement les *Vies* de Plutarque, la bible des forts. Le soir, elle retourna chez le député, le trouva à table, avec sa famille, ses filles inquiètes. Il lui promit obligeamment de la conduire le lendemain. Elle s'émut en voyant cette famille qu'elle allait compromettre, et dit à Duperret d'une voix presque suppliante : « Croyez-moi, partez pour Caen ; fuyez avant demain soir. » La nuit même, et peut-être pendant que Charlotte parlait, Duperret était déjà proscrit ou du moins bien près de l'être. Il ne lui tint pas moins parole, la mena le lendemain matin chez le ministre, qui ne recevait point, et lui fit enfin comprendre que, suspects tous deux, ils ne pouvaient guère servir la demoiselle émigrée.

Elle ne rentra chez elle que pour éconduire Duperret, qui l'accompagnait, sortit sur-le-champ, et se fit indiquer le Palais-Royal. Dans ce jardin plein de soleil, égayé d'une foule riante, et parmi les jeux des enfants, elle chercha, trouva un coutelier, et acheta quarante sous un couteau, frais émoulu, à manche d'ébène, qu'elle cacha sous son fichu.

La voilà en possession de son arme ; comment s'en servira-t-elle ? Elle eût voulu donner une grande solennité à l'exécution du jugement qu'elle avait porté sur Marat. Sa première idée, celle qu'elle conçut à Caen, qu'elle couva, qu'elle apporta à Paris, eût été d'une mise en scène saisissante et dramatique. Elle voulait le frapper au Champ de Mars, par-devant le peuple, par-devant le ciel, à la solennité du 14 juillet, punir, au jour anniversaire de la défaite de la royauté, ce roi de l'anarchie. Elle eût accompli à la lettre, en vraie nièce de Corneille, les fameux vers de Cinna :

> Demain, au Capitole, il fait un sacrifice...
> Qu'il en soit la victime, et faisons en ces lieux
> Justice au monde entier, à la face des dieux.

La fête étant ajournée, elle adoptait une autre idée, celle de punir Marat au lieu même de son crime, au lieu où, brisant la représentation nationale, il avait dicté le vote de la Convention, désigné ceux-ci pour la vie, ceux-là pour la mort. Elle l'aurait frappé au sommet de la Montagne. Mais Marat était malade ; il n'allait plus à l'Assemblée.

Il fallait donc aller chez lui, le chercher à son foyer, y pénétrer à travers la surveillance inquiète de ceux qui l'entouraient; il fallait, chose pénible, entrer en rapport avec lui, le tromper. C'est la seule chose qui lui ait coûté, qui lui ait laissé un scrupule et un remords.

Le premier billet qu'elle écrivit à Marat resta sans réponse. Elle en écrivit alors un second, où se marque une sorte d'impatience, le progrès de la passion.

Elle va jusqu'à dire « qu'elle lui révélera des secrets ; qu'elle est persécutée, qu'elle est malheureuse..., » ne craignant point d'abuser de la pitié pour tromper celui qu'elle condamnait à mort comme impitoyable, comme ennemi de l'humanité.

Elle n'eut pas besoin, du reste, de commettre cette faute ; elle ne remit point le billet.

Le soir du 13 juillet, à sept heures, elle sortit de chez elle, prit une voiture publique à la place des Victoires, et, traversant le pont neuf, descendit à la porte de Marat, rue des Cordeliers, n° 20 (aujourd'hui rue de l'École-de-Médecine, n° 18). C'est la grande et triste maison avant celle de la tourelle qui fait le coin de la rue.

Marat demeurait à l'étage le plus sombre de cette sombre maison, au premier étage, commode pour le mouvement du journaliste et du tribun populaire, dont la maison est publique autant que la rue, pour l'affluence des porteurs, afficheurs, le va-et-vient des épreuves, un monde d'allants et venants. L'intérieur, l'ameublement, présentaient un bizarre contraste, fidèle image des dissonances qui caractérisaient Marat et sa destinée. Les pièces fort obscures qui étaient sur la cour, garnies de vieux meubles, de tables sales où l'on pliait les journaux, donnaient l'idée d'un triste logement d'ouvrier. Si vous pénétriez plus loin, vous trouviez avec surprise un petit salon sur la rue, meublé en damas bleu et blanc, couleurs délicates et galantes, avec de beaux rideaux de soie et des vases de porcelaine, ordinairement garnis de fleurs. C'était visiblement le logis d'une femme, d'une femme bonne, attentive et tendre, qui, soigneuse, parait pour l'homme voué à ce mortel travail le lieu du repos. C'était là le mystère de la vie de Marat, qui fut plus tard dévoilé par sa sœur ; il n'était pas chez lui, il n'avait pas de *chez lui* en ce monde. « Marat ne faisait point ses frais (c'est sa sœur Albertine qui parle); une femme divine, touchée de sa situation, lorsqu'il fuyait de cave en cave, avait pris et caché chez elle l'Ami du peuple, lui avait voué sa fortune, immolé son repos. »

On trouva dans les papiers de Marat une promesse de mariage à Catherine Évrard. Déjà il l'avait épousée *devant le soleil, devant la nature*.

Cette créature infortunée et vieillie avant l'âge se consumait d'inquiétude. Elle sentait la mort autour de Marat; elle veillait aux portes, elle arrêtait au seuil tout visage suspect.

Celui de mademoiselle Corday était loin de l'être; sa mise décente de demoiselle de province prévenait pour elle. Dans ce temps où toute chose était extrême, où la tenue des femmes était ou négligée ou cynique, la jeune fille semblait bien de bonne vieille roche normande, n'abusant point de sa beauté, contenant par un ruban vert sa chevelure superbe sous le bonnet connu des femmes du Calvados, coiffure modeste, moins triomphale que celle des dames de Caux. Contre l'usage du temps, malgré une chaleur de juillet, son sein était sévèrement recouvert d'un fichu de soie qui se renouait solidement derrière la taille. Elle avait une robe blanche, nul autre luxe que celui qui recommande la femme, les dentelles du bonnet flottantes autour de ses joues. Du reste, aucune pâleur, des joues roses, une voix assurée, nul signe d'émotion.

Elle franchit d'un pas ferme la première barrière, ne s'arrêtant pas à la consigne de la portière, qui la rappelait en vain. Elle subit l'inspection peu bienveillante de Catherine, qui, au bruit, avait entr'ouvert la porte et voulait l'empêcher d'entrer. Ce débat fut entendu de Marat, et les sons de cette voix vibrante, argentine, arrivèrent à lui. Il n'avait nulle horreur des femmes, et, quoique au bain, il ordonna impérieusement qu'on la fît entrer.

La pièce était petite, obscure. Marat au bain, recouvert d'un drap sale et d'une planche sur laquelle il écrivait, ne laissait passer que la tête, les épaules et le bras droit. Ses cheveux gras, entourés d'un mouchoir ou d'une serviette, sa peau jaune et ses membres grêles, sa grande bouche batracienne, ne rappelaient pas beaucoup que cet être fût un homme.

Du reste, la jeune fille, on peut bien le croire, n'y regarda pas. Elle avait promis des nouvelles de la Normandie; il les demanda, les noms surtout des députés réfugiés à Caen; elle les nomma, et il écrivait à mesure. Puis, ayant fini : « C'est bon ! dans huit jours ils iront à la guillotine. »

Charlotte, ayant dans ces mots trouvé un surcroît de force, une raison pour frapper, tira de son sein le couteau, et le plongea tout entier jusqu'au manche au cœur de Marat. Le coup, tombant ainsi d'en haut, et frappé avec une assurance extraordinaire, passa près de la clavicule, traversa tout le poumon, ouvrit le tronc des carotides et tout un fleuve de sang.

« A moi ! ma chère amie ! » C'est tout ce qu'il put dire; et il expira.

XIX

MORT DE CHARLOTTE CORDAY (19 JUILLET 93).

La femme entre, le commissionnaire... Ils trouvent Charlotte, debout et comme pétrifiée, près de la fenêtre... L'homme lui lance un coup de chaise à la tête, barre la porte pour qu'elle ne sorte. Mais elle ne bougeait pas. Aux cris, les voisins accourent, les quartiers, tous les passants. On appelle le chirurgien, qui ne trouve plus qu'un mort. Cependant la garde nationale avait empêché qu'on ne mît Charlotte en pièces; on lui tenait les deux mains. Elle ne songeait guère à s'en servir. Immobile, elle regardait d'un œil terne et froid. Un perruquier du quartier, qui avait pris le couteau, le brandissait en criant. Elle n'y prenait pas garde. La seule chose qui semblait l'étonner, et qui (elle l'a dit elle-même) la faisait souffrir, c'étaient les cris de Catherine Marat. Elle lui donnait la première et pénible idée « qu'après tout Marat était homme. » Elle avait l'air de se dire : « Quoi donc! il était aimé! »

Le commissaire de police arriva bientôt, à sept heures trois quarts, puis les administrateurs de police, Louvet et Marino, enfin les députés Maure, Chabot, Drouet et Legendre, accourus de la Convention pour voir le *monstre*. Ils furent bien étonnés de trouver entre les soldats, qui tenaient ses mains, une belle jeune demoiselle, fort calme, qui répondait à tout avec fermeté et simplicité, sans timidité, sans emphase; elle avouait même *qu'elle eût échappé si elle l'eût pu*. Telles sont les contradictions de la nature. Dans une adresse aux Français qu'elle avait écrite d'avance, et qu'elle avait sur elle, elle disait *qu'elle voulait périr*, pour que sa tête, portée dans Paris, servît de signe de ralliement aux amis des lois.

Autre contradiction. Elle dit et écrivit qu'elle espérait *mourir inconnue*. Et cependant on trouva sur elle son extrait de baptême et son passe-port, qui devaient la faire reconnaître.

Les autres objets qu'on lui trouva faisaient connaître parfaitement toute sa tranquillité d'esprit; c'étaient

18.

ceux qu'emporte une femme soigneuse, qui a des habitudes d'ordre. Outre sa clef et sa montre, son argent, elle avait un dé et du fil, pour réparer dans la prison le désordre assez probable qu'une arrestation violente pouvait faire dans ses habits.

Le trajet n'était pas long jusqu'à l'Abbaye, deux minutes à peine. Mais il était dangereux. La rue était pleine d'amis de Marat, des Cordeliers furieux, qui pleuraient, hurlaient qu'on leur livrât l'assassin. Charlotte avait prévu, accepté d'avance tous les genres de mort, excepté d'être déchirée. Elle faiblit, dit-on, un instant, crut se trouver mal. On atteignit l'Abbaye.

Interrogée de nouveau, dans la nuit, par les membres du Comité de sûreté générale et par d'autres députés, elle montra non-seulement de la fermeté, mais de l'enjouement. Legendre, tout gonflé de son importance, et se croyant naïvement digne du martyre, lui dit : « N'était-ce pas vous qui étiez venue hier chez moi en habit de religieuse? — Le citoyen se trompe, dit-elle avec un sourire. Je n'estimais pas que sa vie ou sa mort importât au salut de la République. »

Chabot tenait toujours sa montre et ne s'en dessaisissait pas... « J'avais cru, dit-elle, que les capucins faisaient vœu de pauvreté. »

Le grand chagrin de Chabot et de ceux qui l'interrogèrent, c'était de ne trouver rien, ni sur elle, ni dans ses réponses, qui pût faire croire qu'elle était envoyée par les Girondins de Caen. Dans l'interrogatoire de nuit, cet impudent Chabot soutint qu'elle avait encore un papier caché dans son sein, et, profitant lâchement de ce qu'elle avait les mains garrottées, il mettait la main sur elle; il eût trouvé sans nul doute ce qui n'y était pas, le manifeste de la Gironde. Toute liée qu'elle était, elle le repoussa vivement ; elle se jeta en arrière avec tant de violence, que ses cordons en rompirent, et qu'on put voir un moment ce chaste et héroïque sein. Tous furent attendris. On la délia pour qu'elle pût se rajuster. On lui permit aussi de rabattre ses manches et de mettre des gants sous ses chaînes.

Transférée, le 16 au matin, de l'Abbaye à la Conciergerie, elle y écrivit le soir une longue lettre à Barbaroux, lettre évidemment calculée pour montrer par son enjouement (qui attriste et qui fait mal) une parfaite tranquillité d'âme. Dans cette lettre, qui ne pouvait manquer d'être lue, répandue dans Paris le lendemain, et qui, malgré sa forme familière, a la portée d'un manifeste, elle fait croire que les volontaires de Caen étaient ardents et nombreux. Elle ignorait encore la déroute de Vernon.

Ce qui semblerait indiquer qu'elle était moins calme qu'elle n'affectait de l'être, c'est que par quatre fois elle revient sur ce qui motive et excuse son acte : la Paix, le désir de la Paix. La lettre est datée : Du second jour de la préparation de la Paix. Et elle dit vers le milieu : « Puisse la Paix s'établir aussitôt que je le désire !... Je jouis de la Paix depuis deux jours. Le bonheur de mon pays fait le mien. »

Elle écrivit à son père pour lui demander pardon d'avoir disposé de sa vie, et elle lui cita ce vers :

Le crime fait la honte, et non pas l'échafaud.

Elle avait écrit aussi à un jeune député, neveu de l'abbesse de Caen, Doulcet de Pontécoulant, un Girondin prudent qui, dit Charlotte Corday, siégeait sur la Montagne. Elle le prenait pour défenseur. Doulcet ne couchait pas chez lui, et la lettre ne le trouva pas.

Si j'en crois une note précieuse, transmise par la famille du peintre qui la peignit en prison, elle avait fait faire un bonnet exprès pour son jugement. C'est ce qui explique pourquoi elle dépensa trente-six francs dans sa captivité si courte.

Quel serait le système de l'accusation ? les autorités de Paris, dans une proclamation, attribuaient le crime *aux fédéralistes*, et en même temps disaient : « Que cette furie était sortie de la maison du ci-devant comte Dorset. » Fouquier-Tinville écrivait au Comité de sûreté : « *Qu'il venait d'être informé* qu'elle était amie de Belzunce, qu'elle avait voulu venger Belzunce et son parent Biron, récemment dénoncé par Marat, que

Barbaroux l'avait poussé, » etc. Roman absurde, dont il n'osa pas même parler dans son réquisitoire.

Le public ne s'y trompait pas. Tout le monde comprit qu'elle était seule, qu'elle n'avait eu de conseils que celui de son courage, de son dévouement, de son fanatisme. Les prisonniers de l'Abbaye, de la Conciergerie, le peuple même des rues (sauf les cris du premier moment), tous la regardaient dans le silence d'une respectueuse admiration. « Quand elle apparut dans l'auditoire, dit son défenseur officieux, Chauveau-Lagarde, tous, juges, jurés et spectateurs, *ils avaient l'air de la prendre pour un juge qui les aurait appelés au tribunal suprême...* On a pu peindre ses traits, dit-il encore, reproduire ses paroles; mais nul art n'eût peint sa grande âme, respirant tout entière dans sa physionomie... l'effet moral des débats et de ces choses qu'on sent, mais qu'il est impossible d'exprimer. »

Il rectifie ensuite ses réponses, habilement défigurées, mutilées, pâlies dans le *Moniteur*. Il n'y en a pas qui ne soit frappée au coin des répliques qu'on lit dans les dialogues serrés de Corneille.

« Qui vous inspira tant de haine? — Je n'avais pas besoin de la haine des autres, j'avais assez de la mienne. »

« Cet acte a dû vous être suggéré? — On exécute mal ce qu'on n'a pas conçu soi-même. »

« Que haïssiez-vous en lui? — Ses crimes. »

« Qu'entendez-vous par là? — Les ravages de la France. »

« Qu'espériez-vous en le tuant? — Rendre la paix à mon pays. »

« Croyez-vous donc avoir tué tous les Marat? — Celui-là mort, les autres auront peur, peut-être. »

« Depuis quand aviez-vous formé ce dessein? — Depuis le 31 mai, où l'on arrêta ici les représentants du peuple. »

Le président, après une déposition qui la charge :

« Que répondez-vous à cela? — Rien, sinon que j'ai réussi. »

Sa véracité ne se démentit qu'en un point. Elle soutint qu'à la revue de Caen il y avait trente mille hommes. Elle voulait faire peur à Paris.

Plusieurs réponses montrèrent que ce cœur si résolu n'était pourtant nullement étranger à la nature. Elle ne put entendre jusqu'au bout la déposition que la femme Marat faisait à travers les sanglots; elle se hâta de dire : « Oui, c'est moi qui l'ai tué. »

Elle eut aussi un mouvement quand on lui montra le couteau. Elle détourna la vue, et, l'éloignant de la main, elle dit d'une voix entrecoupée : « Oui, je le reconnais, je le reconnais... »

Fouquier-Tinville fit observer qu'elle avait frappé d'en haut, pour ne pas manquer son coup; autrement elle eût pu rencontrer une côte et ne pas tuer ; et il ajouta : « Apparemment, vous vous étiez d'avance bien exercée ?... — Oh ! le monstre ! s'écria-t-elle. Il me prend pour un assassin ! »

Ce mot, dit Chauveau-Lagarde, fut comme un coup de foudre. Les débats furent clos. Ils avaient duré en tout une demi-heure.

Le président Montané aurait voulu la sauver. Il changea la question qu'il devait poser aux jurés, se contentant de demander : « L'a-t-elle fait avec préméditation ? » et supprimant la seconde moitié de la formule : « avec dessein criminel et contre-révolutionnaire ? » Ce qui lui valut à lui-même son arrestation quelques jours après.

Le président pour la sauver, les jurés pour l'humilier, auraient voulu que le défenseur la présentât comme folle. Il la regarda et lut dans ses yeux ; il la servit comme elle voulait l'être, établissant la *longue préméditation*, et que pour toute défense elle ne voulait pas être défendue. Jeune et mis au-dessus de lui-même par l'aspect de ce grand courage, il hasarda cette parole (qui touchait de si près l'échafaud) : « Ce calme et cette abnégation, *sublimes* sous un rapport... »

Après la condamnation, elle se fit conduire au jeune avocat, et lui dit, avec beaucoup de grâce, qu'elle le remerciait de cette défense délicate et généreuse, qu'elle voulait lui donner une preuve de son estime. « Ces messieurs viennent de m'apprendre que mes biens sont confisqués; je dois quelque chose à la prison, je vous charge d'acquitter ma dette. »

Redescendue de la salle par le sombre escalier tournant dans les cachots qui sont dessous, elle sourit à ses compagnons de prison qui la regardaient passer, et s'excusa près du concierge Richard et de sa femme, avec qui elle avait promis de déjeuner. Elle reçut la visite d'un prêtre qui lui offrait son ministère, et l'éconduisit poliment : « Remerciez pour moi, dit-elle, les personnes qui vous ont envoyé. »

Elle avait remarqué pendant l'audience qu'un peintre essayait de saisir ses traits, et la regardait avec un vif intérêt. Elle s'était tournée vers lui. Elle le fit appeler après le jugement, et lui donna les derniers moments qui lui restaient avant l'exécution. Le peintre, M. Hauer, était commandant en second du bataillon des Cordeliers. Il dut à ce titre peut-être la faveur qu'on lui fit de le laisser près d'elle, sans autre témoin qu'un gendarme. Elle causa fort tranquillement avec lui de choses indifférentes, et aussi de l'événement du jour, de la paix morale qu'elle sentait en elle-même. Elle pria M. Hauer de copier le portrait en petit, et de l'envoyer à sa famille.

Au bout d'une heure et demie, on frappa doucement à une petite porte qui était derrière elle. On ouvrit, le bourreau entra. Charlotte, se retournant, vit les ciseaux et la chemise rouge qu'il portait. Elle ne put se défendre d'une légère émotion, et dit involontairement : « Quoi ! déjà ! » Elle se remit aussitôt, et, s'adressant à M. Hauer : « Monsieur, dit-elle, je ne sais comment vous remercier du soin que vous avez pris ; je n'ai que ceci à vous offrir, gardez-le en mémoire de moi. » En même temps, elle prit les ciseaux, coupa une belle boucle de ses longs cheveux blond-cendré, qui s'échappaient de son bonnet, et la remit à M. Hauer. Les gendarmes et le bourreau étaient très-émus.

Au moment où elle monta sur la charrette, où la foule, animée de deux fanatismes contraires de fureur ou d'admiration, vit sortir de la basse arcade de la Conciergerie la belle et splendide victime dans son manteau rouge, la nature sembla s'associer à la passion humaine, un violent orage éclata sur Paris. Il dura peu, sembla fuir devant elle, quand elle apparut au pont Neuf et qu'elle avançait lentement par la rue Saint-Honoré. Le soleil revint haut et fort ; il n'était pas sept heures du soir (19 juillet). Les reflets de l'étoffe rouge relevaient d'une manière étrange et toute fantastique l'effet de son teint, de ses yeux.

On assure que Robespierre, Danton, Camille Desmoulins, se placèrent sur son passage et la regardèrent. Paisible image, mais d'autant plus terrible, de la Némésis révolutionnaire, elle troublait les cœurs, les laissait pleins d'étonnement.

Les observateurs sérieux qui la suivirent jusqu'aux derniers moments, gens de lettres, médecins, furent frappés d'une chose rare; les condamnés les plus fermes se soutenaient par l'animation, soit par des chants patriotiques, soit par un appel redoutable qu'ils lançaient à leurs ennemis. Elle montra un calme parfait parmi les cris de la foule, une sérénité grave et simple; elle arriva à la place dans une majesté singulière, et comme transfigurée dans l'auréole du couchant.

Un médecin qui ne la perdait pas de vue dit qu'elle lui sembla un moment pâle, quand elle aperçut le couteau. Mais ses couleurs revinrent, elle monta d'un pas ferme. La jeune fille reparut en elle au moment où le bourreau lui arracha son fichu; sa pudeur en souffrit, elle abrégea, avançant d'elle-même au devant de la mort.

Au moment où la tête tomba, un charpentier maratiste qui servait d'aide au bourreau l'empoigna brutalement, et, la montrant au peuple, eut la férocité indigne de la souffleter. Un frisson d'horreur, un murmure parcourut la place. On crut voir la tête rougir. Simple effet d'optique peut-être : la foule troublée à ce moment avait dans les yeux les rouges rayons du soleil qui perçait les arbres des Champs-Élysées.

La commune de Paris et le tribunal donnèrent satisfaction au sentiment public en mettant l'homme en prison.

Parmi les cris des maratistes, infiniment peu nombreux, l'impression générale avait été violente d'admiration et de douleur. On peut en juger par l'audace qu'eut la *Chronique de Paris*, dans cette grande servitude de la presse, d'imprimer un éloge, presque sans restriction, de Charlotte Corday.

Beaucoup d'hommes restèrent frappés au cœur, et n'en sont jamais revenus. On a vu l'émotion du président, son effort pour la sauver, l'émotion de l'avocat, jeune homme timide qui cette fois fut au-dessus de lui-même. Celle du peintre ne fut pas moins grande. Il exposa cette année un portrait de Marat, peut-être pour s'excuser d'avoir peint Charlotte Corday. Mais son nom ne paraît plus dans aucune exposition. Il semble n'avoir plus peint depuis cette œuvre fatale.

L'effet de cette mort fut terrible : ce fut de faire aimer la mort.

Son exemple, cette calme intrépidité d'une fille charmante, eut un effet d'attraction. Plus d'un qui l'avait entrevue mit une volupté sombre à la suivre, à la chercher dans les mondes inconnus. Un jeune Allemand, Adam Lux, envoyé à Paris pour demander la réunion de Mayence à la France, imprima une brochure où il demande à mourir pour rejoindre Charlotte Corday. Cet infortuné, venu ici le cœur plein d'enthousiasme, croyant contempler face à face dans la Révolution française le pur idéal de la régénération humaine, ne pouvait supporter l'obscurcissement précoce de cet idéal ; il ne comprenait pas les trop cruelles épreuves qu'entraîne un tel enfantement. Dans ses pensées mélancoliques, quand la liberté lui semble perdue, il la voit, c'est Charlotte Corday. Il la voit au tribunal, touchante, admirable d'intrépidité ; il la voit majestueuse et reine sur l'échafaud... Elle lui apparut deux fois... Assez! il a bu la mort.

« Je croyais bien à son courage, dit-il, mais que devins-je quand je vis toute sa douceur parmi les hurlements barbares, ce regard pénétrant, ces vives et humides étincelles jaillissant de ces beaux yeux, où parlait une âme tendre autant qu'intrépide!... O souvenir immortel! émotions douces et amères que je n'avais jamais connues!... Elles soutiennent en moi l'amour de cette Patrie pour laquelle elle voulut mourir, et dont, par adoption, moi aussi je suis le fils. Qu'ils m'honorent maintenant de leur guillotine, elle n'est plus qu'un autel! »

Ame pure et sainte, cœur mystique, il adore Charlotte Corday, et il n'adore point le meurtre.

« On a droit sans doute, dit-il, de tuer l'usurpateur et le tyran, mais tel n'était point Marat. »

Remarquable douceur d'âme. Elle contraste fortement avec la violence d'un grand peuple qui devint amoureux de l'assassinat. Je parle du peuple girondin et même des royalistes. Leur fureur avait besoin d'un saint et d'une légende. Charlotte était un bien autre souvenir, d'une tout autre poésie, que celui de Louis XVI, vulgaire martyr, qui n'eut d'intéressant que son malheur.

Une religion se fonde dans le sang de Charlotte Corday : la religion du poignard.

André Chénier écrit un hymne à la divinité nouvelle :

> O vertu ! le poignard, seul espoir de la terre,
> Est ton arme sacrée !

Cet hymne, incessamment refait en tout âge et dans tout pays, reparaît au bout de l'Europe dans l'*Hymne au poignard*, de Puschkine.

Le vieux patron des meurtres héroïques, Brutus, pâle souvenir d'une lointaine antiquité, se trouve transformé désormais dans une divinité nouvelle plus puissante et plus séduisante. Le jeune homme qui rêve un grand coup, qu'il s'appelle Alibaud ou Sand, de qui rêve-t-il maintenant ? Qui voit-il dans ses songes ? est-ce le fantôme de Brutus ? non, la ravissante Charlotte, telle qu'elle fut dans la splendeur sinistre du manteau rouge, dans l'auréole sanglante du soleil de juillet et dans la pourpre du soir.

XX

LE PALAIS-ROYAL EN 93.
LES SALONS. — COMMENT S'ÉNERVA LA GIRONDE.

Les émotions trop vives, les violentes alternatives, les chutes et rechutes n'avaient pas seulement brisé le nerf moral; elles avaient émoussé, ce semble, chez beaucoup d'hommes, le sentiment qui survit à tous les autres, celui de la vie; on l'eût cru très-fort dans ces hommes qui se ruaient au plaisir si aveuglément, c'était souvent le contraire. Beaucoup, ennuyés, dégoûtés, très-peu curieux de vivre, prenaient le plaisir pour suicide. On avait pu l'observer dès le commencement de la Révolution. A mesure qu'un parti politique faiblissait, devenait malade, tournait à la mort, les hommes qui l'avaient composé ne songeaient plus qu'à jouir : on l'avait vu pour Mirabeau, Chapelier, Talleyrand, Clermont-Tonnerre, pour le club de 89, réuni chez le premier restaurateur du Palais-Royal, à côté des jeux ; la brillante coterie ne fut plus qu'une compagnie de joueurs. Le centre aussi de la Législative et de la Convention, tant d'hommes précipités au cours de la fatalité, allaient se consoler, s'oublier dans ces maisons de ruine. Ce Palais-Royal, si vivant, tout éblouissant de lumière, de luxe et d'or, de belles femmes qui allaient à vous, vous priaient d'être heureux, de vivre, qu'était-ce, en réalité, sinon la maison de la mort?

Elle était là, sous toutes ses formes, et les plus rapides. Au perron, les marchands d'or ; aux galeries de bois, les filles. Les premiers, embusqués au coin des marchands de vin, des petits cafés, vous offraient, à bon compte, les moyens de vous ruiner. Votre portefeuille, réalisé sur-le-champ, en monnaie courante, laissait bonne part au Perron, une autre aux cafés, puis aux jeux du premier étage, le reste au second. Au comble, on était à sec ; tout s'était évaporé.

Ce n'étaient plus ces premiers temps du Palais-Royal, où ses cafés furent les églises de la Révolution naissante, où Camille, au café de Foy, prêcha la croisade. Ce n'était plus cet âge d'innocence révolutionnaire où le bon Fauchet professait au Cirque la doctrine des *Amis*, et l'association philanthropique du *Cercle de la Vérité*. Les cafés, les restaurateurs, étaient très-fréquentés, mais sombres. Telles de ces boutiques fameuses allaient devenir funèbres. Le restaurateur Février vit tuer chez lui Saint-Fargeau. Tout près, au café Corraza, fut tramée la mort de la Gironde.

La vie, la mort, le plaisir rapide, grossier, violent, le plaisir exterminateur, voilà le Palais-Royal de 93.

Il fallait des jeux, et qu'on pût sur une carte se jouer en une fois, d'un seul coup se perdre.

Il fallait des filles; non point cette race chétive que nous voyons dans les rues, propre à confirmer les hommes dans la continence. Les filles qu'on promenait alors étaient choisies, s'il faut le dire, comme on choisit dans les pâturages normands les gigantesques animaux, florissants de chair et de vie, qu'on montre au carnaval. Le sein nu, les épaules, les bras nus, en plein hiver, la tête empanachée d'énormes bouquets de fleurs, elles dominaient de haut toute la foule des hommes. Les vieillards se rappellent, de la Terreur au Consulat, avoir vu au Palais-Royal quatre blondes colossales, énormes, véritables atlas de la prostitution, qui, plus que nulle autre, ont porté le poids de l'orgie révolutionnaire. De quel mépris elles voyaient s'agiter aux galeries de bois l'essaim des marchandes de modes, dont la mine spirituelle et les piquantes œillades rachetaient peu la maigreur !

Voilà les côtés visibles du Palais-Royal. Mais qui aurait parcouru les deux vallées de Gomorrhe qui circulent tout autour, qui eût monté les neuf étages du passage Radziwil, véritable tour de Sodome, eût trouvé bien autre chose. Beaucoup aimaient mieux ces antres obscurs, ces trous ténébreux, petits tripots, bouges, culs-de-sac, caves éclairées le jour par des lampes, le tout assaisonné de cette odeur fade de vieille maison qui, à Versailles même, au milieu de toutes ses pompes, saisissait l'odorat dès le bas de l'escalier. La vieille duchesse de D... rentrant aux Tuileries en 1814, lorsqu'on la félicitait, qu'on lui montrait que le bon temps était tout à fait revenu : « Oui, dit-elle tristement, mais ce n'est pas là l'odeur de Versailles. »

Voilà le monde sale, infect, obscur, de jouissances honteuses, où s'était réfugiée une foule d'hommes, les uns contre-révolutionnaires, les autres désormais sans parti, dégoûtés, ennuyés, brisés par les événements, n'ayant plus ni cœur ni idée. Ceux-là étaient déterminés à se créer un alibi dans le jeu et dans les femmes, pendant tout ce temps d'orage. Ils s'enveloppaient là dedans, bien décidés à ne penser plus. Le peuple mourait de faim et l'armée de froid ; que leur importait ? Ennemis de la Révolution qui les appelait au sacrifice, ils avaient l'air de lui dire : « Nous sommes dans ta caverne ; tu peux nous manger un à un, moi demain, lui aujourd'hui... Pour cela, d'accord ; mais pour faire de nous des hommes, pour réveiller notre cœur, pour nous rendre généreux, sensibles aux souffrances infinies du monde... pour cela, nous t'en défions. »

Nous avons plongé ici au plus bas de l'égoïsme, ouvert la sentine, regardé l'égout... Assez, détournons la tête.

Et sachons bien, toutefois, que nous n'en sommes pas quittes. Si nous nous élevons au-dessus, c'est par transitions insensibles. Des maisons de filles aux maisons de jeux, alors innombrables, peu de différence, les jeux étant tenus généralement par des dames équivoques. Les salons d'actrices arrivent au-dessus, et, de niveau, tout à côté, ceux de telles femmes de lettres, telles intrigantes politiques. Triste échelle où l'élévation n'est pas amélioration. Le plus bas peut-être encore était le moins dangereux. Les filles, c'est l'abrutissement et le chemin de la mort. Les dames ici, le plus souvent, c'est une autre mort, et pire, celle des croyances et des principes, l'énervation des opinions, un art fatal pour amollir, détremper les caractères.

Qu'on se représente des hommes nouveaux sur le terrain de Paris jetés dans un monde pareil, où tout se trouvait d'accord pour les affaiblir et les amoindrir, leur ôter le nerf civique, l'enthousiasme et l'austérité. La plupart des Girondins perdirent, sous cette influence, non pas l'ardeur du combat, non pas le courage, non la force de mourir, mais plutôt celle de vaincre, la fixe et forte résolution de l'emporter à tout prix. Ils s'adoucirent, n'eurent plus « cette âcreté dans le sang qui fait gagner des batailles. » Le plaisir aidant la philosophie, ils se résignèrent. Dès qu'un homme politique se résigne, il est perdu.

Ces hommes, la plupart très-jeunes, jusque-là ensevelis dans l'obscurité des provinces, se voyaient transportés tout à coup en pleine lumière, en présence d'un luxe tout nouveau pour eux, enveloppés des paroles flatteuses, des caresses du monde élégant. Flatteries, caresses, d'autant plus puissantes qu'elles étaient souvent sincères ; on admirait leur énergie, et l'on avait tant besoin d'eux ! Les femmes surtout, les femmes les meilleures, ont en pareil cas une influence dangereuse, à laquelle nul ne résiste. Elles agissent par leurs grâces, souvent plus encore par l'intérêt touchant qu'elles inspirent, par leurs frayeurs qu'on veut calmer, par le bonheur qu'elles ont réellement à se rassurer près de vous. Tel arrivait bien en garde, armé, cuirassé, ferme à toute séduction ; la beauté n'y eût rien gagné. Mais que faire contre une femme qui a peur, et qui le dit, qui vous prend les mains, qui se serre à vous ?... « Ah ! monsieur !

ah! mon ami, vous pouvez encore nous sauver.....
Parlez pour nous, je vous prie; rassurez-moi, faites
pour moi telle démarche, tel discours... Vous ne le
feriez pas pour d'autres, je le sais, mais vous le ferez
pour moi... Voyez comme bat mon cœur! »

Ces dames étaient fort habiles. Elles se gardaient
bien d'abord de montrer l'arrière-pensée. Au premier
jour, vous n'auriez vu dans leurs salons que de bons
républicains, modérés, honnêtes. Au second déjà,
l'on vous présentait des Feuillants, des Fayétistes.
Et pour quelque temps encore, on ne montrait pas
davantage. Enfin, sûre de son pouvoir, ayant acquis
le faible cœur, ayant habitué les yeux, les oreilles, à
ces nuances de sociétés peu républicaines, on démasquait le vrai fonds, les vieux amis royalistes pour qui
l'on avait travaillé. Heureux, si le pauvre jeune homme,
arrivé très-pur à Paris, ne se trouvait pas à son insu
mêlé aux gentilshommes espions, aux intrigants de
Coblentz.

La Gironde tomba ainsi presque entière aux filets
de la société de Paris. On ne demandait pas aux Girondins de se faire royalistes; on se faisait Girondin.
Ce parti devenait peu à peu l'asile du royalisme, le
masque protecteur sous lequel la contre-révolution
put se maintenir à Paris, en présence de la Révolution
même. Les hommes d'argent, de banque, s'étaient
divisés : les uns Girondins, d'autres Jacobins. Ce-

pendant la transition de leurs premières opinions, trop connues, aux opinions républicaines, leur semblait plus aisée du côté de la Gironde. Les salons d'artistes surtout, de femmes à la mode, étaient un terrain neutre où les hommes de banque rencontraient, comme par hasard, les hommes politiques, causaient avec eux, s'abouchaient, sans autre présentation, finissaient par se lier.

Mais les relations les plus pures, les plus éloignées de l'intrigue, celles du véritable amour, n'en contribuèrent pas moins à briser le nerf de la Gironde. L'amour de mademoiselle Candeille ne fut nullement étranger à la perte de Vergniaud. Cette préoccupation de cœur augmenta son indécision, son indolence naturelle. On disait que son âme semblait souvent errer ailleurs. Ce n'était pas sans raison. Cette âme, dans le temps où la patrie l'eût réclamée tout entière, elle habitait dans une autre âme. Un cœur de femme, faible et charmant, tenait comme enfermé ce cœur de lion de Vergniaud. La voix et la harpe de mademoiselle Candeille, la belle, la bonne, l'adorable, l'avaient fasciné. Pauvre, il fut aimé, préféré de celle que la foule suivait. La vanité n'y eut point part, ni les succès de l'orateur, ni ceux de la jeune muse, dont une pièce obtenait cent cinquante représentations.

Cette femme belle et ravissante, pleine de grâce

morale, touchante par son talent, par ses vertus d'intérieur, par sa tendre piété filiale, avait recherché, aimé ce paresseux génie, qui dormait sur les hauteurs ; elle que la foule suivait, elle s'était écartée de tous pour monter à lui. Vergniaud s'était laissé aimer ; il avait enveloppé sa vie dans cet amour, et il y continuait ses rêves. Trop clairvoyant toutefois pour ne pas voir que tous deux suivaient les bords d'un abîme, où sans doute il faudrait tomber. Autre tristesse : cette femme accomplie qui s'était donnée à lui, il ne pouvait la protéger. Elle appartenait, hélas! au public ; sa piété, le besoin de soutenir ses parents, l'avaient menée sur le théâtre, exposée aux caprices d'un monde si orageux. Celle qui voulait plaire à un seul, il lui fallait plaire à tous, partager entre cette foule avide de sensations, hardie, immorale, le trésor de sa beauté, auquel un seul avait droit. Chose humiliante et douloureuse! terrible aussi, à faire trembler, en présence des factions, quand l'immolation d'une femme pouvait être, à chaque instant, un jeu cruel des partis, un barbare amusement.

Là était bien vulnérable le grand orateur. Là, craignait celui qui ne craignait rien. Là, il n'y avait plus ni cuirasse, ni habit, rien qui garantît son cœur.

Ce temps aimait le danger. Ce fut justement au milieu du procès de Louis XVI, sous les regards meurtriers des partis qui se marquaient pour la mort, qu'ils dévoilèrent au public l'endroit qu'on pouvait frapper. Vergniaud venait d'avoir le plus grand de ses triomphes, le triomphe de l'humanité. Mademoiselle Candeille elle-même, descendant sur le théâtre, joua sa propre pièce, la *Belle Fermière*. Elle transporta le public ravi à cent lieues, à mille de tous les événements, dans un monde doux et paisible, où l'on avait tout oublié, même le danger de la patrie.

L'expérience réussit. La *Belle Fermière* eut un succès immense; les jacobins eux-mêmes épargnèrent cette femme charmante, qui versait à tous l'opium d'amour, les eaux du Léthé. L'impression n'en fut pas moins peu favorable à la Gironde. La pièce de l'amie de Vergniaud révélait trop que son parti était celui de l'humanité et de la nature plus encore que de la patrie, qu'il serait l'abri des vaincus, qu'enfin ce parti n'avait pas l'inflexible austérité dont le temps avait besoin.

XXI

LA PREMIÈRE FEMME DE DANTON (92-93).

La collection du colonel Maurin, malheureusement vendue et dispersée aujourd'hui, contenait, entre autres choses précieuses, un fort beau plâtre de la première femme de Danton, tiré, je crois, sur le mort. Le caractère en était la bonté, le calme et la force. On ne s'étonnait nullement qu'elle eût exercé beaucoup d'empire sur le cœur de son mari, et laissé tant de regrets.

Comment en eût-il été autrement? celle-ci fut la femme de sa jeunesse et de sa pauvreté, de son premier temps obscur. Danton, alors avocat au conseil, avocat sans cause, ne possédant guère que des dettes, était nourri par son beau-père, le limonadier du coin du pont Neuf, qui, dit-on, leur donnait quelques louis par mois. Il vivait royalement sur le pavé de Paris, sans souci ni inquiétude, gagnant peu, ne désirant rien. Quand les vivres manquaient absolument au ménage, on s'en allait pour quelque temps au bois, à Fontenai près Vincennes, où le beau-père avait une petite maison.

Danton, avec une nature riche en éléments de vices, n'avait guère de vices coûteux. Il n'était ni joueur ni buveur. Il aimait les femmes, il est vrai, néanmoins surtout la sienne. Les femmes, c'était l'endroit sensible par où les partis l'attaquaient, cherchaient à acquérir quelque prise sur lui. Ainsi le parti d'Orléans essaya de l'ensorceler par la maîtresse du prince, la belle madame de Buffon. Danton, par imagination, par l'exigence de son tempérament orageux, était fort mobile. Cependant son besoin d'amour réel et d'attachement le ramenait invariablement chaque soir au lit conjugal, à la bonne et chère femme de sa jeunesse, au foyer obscur de l'ancien Danton.

Le malheur de la pauvre femme fut d'être transportée brusquement, en 92, au ministère de la Justice, au terrible moment de l'invasion et des massacres de Paris. Elle tomba malade, au grand chagrin de son mari. Nous ne doutons nullement que ce fut en grande partie à cause d'elle que Danton fit, en novembre ou décembre, une dernière démarche, pénible, humiliante, pour se rapprocher de la Gironde, enrayer, s'il était possible, sur la pente de l'abîme qui allait tout dévorer.

L'écrasante rapidité d'une telle révolution qui lui jetait sur le cœur événement sur événement, avait brisé madame Danton. La réputation terrible de son mari, sa forfanterie épouvantable d'avoir fait Septembre, l'avait tuée. Elle était entrée tremblante dans ce fatal hôtel du ministère de la Justice, et elle en sortit morte, je veux dire frappée à mort. Ce fut une ombre qui revint au petit appartement du passage du Commerce, dans la triste maison qui fait arcade et voûte entre le passage et la rue (triste elle-même) des Cordeliers ; c'est aujourd'hui la rue de l'École-de-Médecine.

Le coup était fort pour Danton. Il arrivait au point fatal où, l'homme ayant accompli par la concentration de ses puissances l'œuvre principale de sa vie, son unité diminue, sa dualité reparaît. Le ressort de la volonté étant moins tendu, reviennent avec force la nature et le cœur, ce qui fut primitif en l'homme. Cela, dans le cours ordinaire des choses, arrive en deux âges distincts, divisés par le temps. Mais alors, nous l'avons dit, il n'y avait plus de temps ; la Révolution l'avait tué, avec bien d'autres choses,

C'était déjà ce moment pour Danton. Son œuvre faite, le salut public en 92, il eut, contre la volonté un moment détendue, l'insurrection de la nature, qui lui reprit le cœur, le fouilla durement, jusqu'à ce que l'orgueil et la fureur le reprissent à leur tour et le menassent rugissant à la mort.

Les hommes qui jettent la vie au dehors dans une si terrible abondance, qui nourrissent les peuples de leur parole, de leur poitrine brûlante, du sang de leur cœur, ont un grand besoin du foyer. Il faut qu'il se refasse, ce cœur, qu'il se calme, ce sang. Et cela ne se fait jamais que par une femme, et très-bonne, comme était madame Danton. Elle était, si nous en jugeons par le portrait et le buste, forte et calme, autant que belle et douce; la tradition d'Arcis, où elle alla souvent, ajoute qu'elle était pieuse, naturellement mélancolique, d'un caractère timide.

Elle avait eu le mérite, dans sa situation aisée et calme, de vouloir courir ce hasard, de reconnaître et suivre ce jeune homme, ce génie ignoré, sans réputation ni fortune. Vertueuse, elle l'avait choisi malgré ses vices, visibles en sa face sombre et bouleversée. Elle s'était associée à cette destinée obscure, flottante, et qu'on pouvait dire bâtie sur l'orage. Simple femme, mais pleine de cœur, elle avait saisi au passage cet ange de ténèbres et de lumière pour le suivre à travers l'abîme, passer le Pont aigu....

Là elle n'eut plus la force, et glissa dans la main de Dieu.

« La femme, c'est la Fortune, » a dit l'Orient quelque part. Ce n'était pas seulement la femme qui échappait à Danton, c'était la fortune et son bon destin; c'était la jeunesse et la Grâce, cette faveur dont le sort doue l'homme, en pur don, quand il n'a rien mérité encore. C'étaient la confiance et la foi, le premier acte de foi qu'on eût fait en lui. Une femme du prophète arabe lui demandant pourquoi toujours il regrettait sa première femme : « C'est, dit-il, qu'elle a cru en moi quand personne n'y croyait. »

Je ne doute aucunement que ce ne soit madame Danton qui ait fait promettre à son mari, s'il fallait renverser le roi, de lui sauver la vie, du moins de sauver la reine, la pieuse madame Élisabeth, les deux enfants. Lui aussi, il avait deux enfants : l'un conçu (on le voit par les dates) du moment sacré qui suivit la prise de la Bastille; l'autre, de l'année 91, du moment où Mirabeau mort et la Constituante éteinte livraient l'avenir à Danton, où l'Assemblée nouvelle allait venir et le nouveau roi de la parole.

Cette mère, entre deux berceaux, gisait malade, soignée par la mère de Danton. Chaque fois qu'il rentrait, froissé, blessé des choses du dehors, qu'il laissait à la porte l'armure de l'homme politique et le masque d'acier, il trouvait cette blessure bien autre;

cette plaie terrible et saignante, la certitude que, sous peu, il devait être déchiré de lui-même, coupé en deux, guillotiné du cœur. Il avait toujours aimé cette femme excellente; mais sa légèreté, sa fougue, l'avaient parfois mené ailleurs. Et voilà qu'elle partait, voilà qu'il s'apercevait de la force et profondeur de sa passion pour elle. Et il n'y pouvait rien, elle fondait, fuyait, s'échappait de lui, à mesure que ses bras contractés serraient davantage.

Le plus dur, c'est qu'il ne lui était pas même donné de la voir au moins jusqu'au bout et de recevoir son adieu. Il ne pouvait rester ici; il lui fallait quitter ce lit de mort. Sa situation contradictoire allait éclater; il lui était impossible de mettre d'accord Danton et Danton. La France, le monde, allaient avoir les yeux sur lui dans ce fatal procès. Il ne pouvait pas parler, il ne pouvait pas se taire. S'il ne trouvait quelque ménagement qui ralliât le côté droit, et, par lui, le centre, la masse de la Convention, il lui fallait s'éloigner, fuir de Paris, se faire envoyer en Belgique, sauf à revenir quand le cours des choses et la destinée auraient délié ou tranché le nœud. Mais alors cette femme malade, si malade, vivrait-elle encore? trouverait-elle en son amour assez de souffle et de force pour vivre jusque-là, malgré la nature, et garder le dernier soupir pour son mari de retour?... On pouvait prévoir ce qui arriva, qu'il serait trop tard, qu'il ne reviendrait que pour trouver la maison vide, les enfants sans mère, et ce corps, si violemment aimé, au fond du cercueil. Danton ne croyait guère à l'âme, et c'est le corps qu'il poursuivit et voulut revoir, qu'il arracha de la terre, effroyable et défiguré, au bout de sept nuits et sept jours, qu'il disputa aux vers d'un frénétique embrassement.

XXII

LA SECONDE FEMME DE DANTON. — L'AMOUR EN 93.

La chute de la Gironde fut suivie d'un découragement immense. Les vainqueurs en furent presque aussi atteints que les vaincus. Marat tomba malade. Vergniaud ne daigna même fuir. Danton chercha dans un second mariage une sorte d'*alibi* des affaires politiques.

L'amour fut pour beaucoup dans la mort de Vergniaud et de Danton.

Le grand orateur girondin, prisonnier rue de Clichy, dans ce quartier alors désert et tout en jardins, prisonnier moins de la Convention que de mademoiselle Candeille, flottait dans l'amour et le doute. Lui resterait-il cet amour d'une brillante femme de théâtre, dans l'anéantissement de toutes choses? Ce qu'il gardait de lui-même passait dans ses âpres lettres, lancées contre la Montagne. La fatalité l'avait dispensé d'agir, et il ne le regrettait guère, trouvant doux de mourir ainsi, savourant les belles larmes qu'une femme donne si aisément, voulant croire qu'il était aimé.

Danton, aux mêmes moments, s'arrangeait le même suicide.

Malheureusement alors, c'est le cas d'un grand nombre d'hommes. Au moment où l'affaire publique devient une affaire privée, une question de vie et de mort, ils disent : « A demain les affaires. » Ils se renferment chez eux, se réfugient au foyer, à l'amour, à la nature. La nature est une bonne mère, elle les reprendra bientôt, les absorbera dans son sein.

Danton se mariait en deuil. Sa première femme, tant aimée, venait de mourir le 10 février. Et il l'avait exhumée le 17, pour la voir encore. Il y avait au 17 juin quatre mois, jour pour jour, qu'éperdu, rugissant de douleur, il avait rouvert la terre pour embrasser dans l'horreur du drap mortuaire celle en qui furent sa jeunesse, son bonheur et sa fortune. Que vit-il, que serra-t-il dans ses bras (au bout de sept jours!)?? Ce qui est sûr, c'est qu'en réalité elle l'emporta avec lui.

Mourante, elle avait préparé, voulu son second mariage, qui contribua tant à le perdre. L'aimant avec passion, elle devina qu'il aimait et voulut le rendre heureux. Elle laissait aussi deux petits enfants, et croyait leur donner une mère dans une jeune fille qui n'avait que seize ans, mais qui était pleine de charme moral, pieuse comme madame Danton et de famille royaliste. La pauvre femme, qui se mourait des émotions de Septembre et de la terrible réputation de son mari, crut sans doute, en le remariant ainsi, le tirer de la Révolution, préparer sa conversion, en faire peut-être le secret défenseur de la reine, de l'enfant du Temple, de tous les persécutés.

Danton avait connu au Parlement le père de la jeune fille, qui était huissier audiencier. Devenu ministre, il lui fit avoir une bonne place à la marine. Mais, tout obligée que la famille était à Danton, elle ne se montra point facile à ses vues de mariage La mère, nullement dominée par la terreur de son nom, lui reprocha sèchement et Septembre, qu'il n'avait pas fait, et la mort du roi, qu'il eût voulu sauver.

Danton se garda bien de plaider. Il fit ce qu'on fait en pareil cas quand on veut gagner son procès, qu'on est amoureux et pressé : il se repentit. Il avoua, ce qui était vrai, que les excès de l'anarchie lui étaient chaque jour plus difficiles à supporter, qu'il se sentait déjà bien las de la Révolution, etc.

S'il répugnait tant à la mère, il ne plaisait guère à la fille. Mademoiselle Louise Gély, délicate et jolie personne, élevée dans cette famille bourgeoise de vieille roche, d'honnêtes gens médiocres, était toute dans la tradition de l'ancien régime. Elle éprouvait près de Danton de l'étonnement et un peu de peur, bien plus que d'amour. Cet étrange personnage, tout ensemble lion et homme, lui restait incompréhensible. Il avait beau limer ses dents, accourcir ses griffes, elle n'était nullement rassurée devant ce monstre sublime.

Le monstre était pourtant bon homme, mais tout ce qu'il avait de grand tournait contre lui. Ce mystère d'énergie sauvage, cette poétique laideur illuminée d'éclairs, cette force du puissant mâle d'où jaillissait un flot vivant d'idées, de paroles éternelles, tout cela intimidait, peut-être serrait le cœur de l'enfant.

La famille crut l'arrêter court en lui présentant un obstacle qu'elle croyait insurmontable, la nécessité de se soumettre aux cérémonies catholiques. Tout le monde savait que Danton, le vrai fils de Diderot, ne voyait que superstition dans le christianisme et n'adorait que la Nature.

Mais pour cela justement, ce fils, ce serf de la Nature, obéit sans difficulté. Quelque autel, ou quelque idole qu'on lui présentât, il y courut, il y jura... Telle était la tyrannie de son aveugle désir. La nature était complice; elle déployait tout à coup toutes ses énergies contenues; le printemps, un peu retardé, éclatait en été brûlant; c'était l'éruption des roses. Il n'y eut jamais un tel contraste d'une si triomphante saison et d'une situation si trouble. Dans l'abattement moral, pesait d'autant plus la puissance d'une température ardente, exigeante, passionnée. Danton, sous cette impulsion, ne livra pas de grands combats quand on lui dit que c'était d'un prêtre réfractaire qu'il fallait avoir la bénédiction. Il aurait passé dans la flamme. Ce prêtre enfin, dans son grenier, consciencieux et fanatique, ne tint pas quitte Danton pour un billet acheté. Il fallut, dit-on, qu'il s'agenouillât, simulât la confession, profanant dans un seul acte deux religions à la fois : la nôtre et celle du passé.

Où donc était-il, cet autel consacré par nos Assemblées à la religion de la Loi, sur les ruines du vieil autel de l'arbitraire et de la Grâce? Où était-il, l'autel de la Révolution, où le bon Camille, l'ami de Danton, avait porté son nouveau-né, donnant le premier l'exemple aux générations à venir?

Ceux qui connaissent les portraits de Danton, spécialement les esquisses qu'en surprit David dans les nuits de la Convention, n'ignorent pas comment l'homme peut descendre du lion au taureau, que dis-je? tomber au sanglier, type sombre, abaissé, désolant de sensualité sauvage.

Voilà une force nouvelle qui va régner toute-puissante dans la sanguinaire époque que nous devons raconter; force molle, force terrible, qui dissout, brise en dessous le nerf de la Révolution. Sous l'apparente austérité des mœurs républicaines, parmi la terreur et les tragédies de l'échafaud, la femme et l'amour physique sont les rois de 93.

On y voit des condamnés qui s'en vont sur la charrette, insouciants, la rose à la bouche. C'est la vraie image du temps. Elles mènent l'homme à la mort, ces roses sanglantes.

Danton, mené, traîné ainsi, l'avouait avec une naïveté cynique et douloureuse dont il faut bien modifier l'expression. On l'accusait de conspirer. « Moi! dit-il, c'est impossible!... Que voulez-vous que fasse un homme qui, chaque nuit, s'acharne à l'amour? »

Dans des chants mélancoliques qu'on répète encore, Fabre d'Églantine et d'autres ont laissé la Marseillaise des voluptés funèbres, chantée bien des fois aux prisons, au tribunal même, jusqu'au pied de l'échafaud. L'Amour, en 93, parut ce qu'il est, le frère de la Mort.

IV

XXIII

LA DÉESSE DE LA RAISON (10 NOVEMBRE 93).

J'ai connu en 1816 mademoiselle Dorothée... qui, dans je ne sais quelle ville, avait représenté la Raison aux fêtes de 93. C'était une femme sérieuse et d'une vie toujours exemplaire. On l'avait choisie pour sa grande taille et sa bonne réputation. Elle n'avait jamais été belle, et, de plus, elle louchait.

Les fondateurs du nouveau culte, qui ne songeaient nullement à l'avilir, recommandent expressément, dans leurs journaux, à ceux qui voudront faire la fête en d'autres villes, *de choisir pour remplir un rôle si auguste des personnes dont le caractère rende la beauté respectable, dont la sévérité de mœurs et de regards repousse la licence et remplisse les cœurs de sentiments honnêtes et purs.* Ce furent généralement des demoiselles de familles estimées qui, de gré ou de force, durent représenter la Raison.

La Raison fut représentée à Saint-Sulpice par la femme d'un des premiers magistrats de Paris, à Notre-Dame par une artiste illustre, aimée et estimée, mademoiselle Maillard. On sait combien ces premiers sujets sont obligés (par leur art même) à une vie laborieuse et sérieuse. Ce don divin leur est vendu au prix d'une grande abstinence de la plupart des plaisirs. Le jour où le monde plus sage rendra le sacerdoce aux femmes, comme elles l'eurent dans l'Antiquité, qui s'étonnerait de voir marcher à la tête des pompes nationales la bonne, la charitable, la sainte Garcia Viardot ?

Trois jours encore avant la fête, on voulait que le symbole qui représenterait la Raison fût une statue. On objecta qu'un simulacre fixe pourrait rappeler la Vierge *et créer une autre idolâtrie.* On préféra un simulacre mobile, animé et vivant, qui, changé à chaque fête, ne pourrait devenir un objet de superstition.

C'était le moment où Chaumette, le célèbre procureur de la Commune, se mettant en opposition avec son collègue Hébert, avait demandé que la tyrannie fantasque des petits comités révolutionnaires fût surveillée, limitée par l'inspection du conseil général. Sous cette bannière de modération et de justice indulgente, s'inaugura, le 10 novembre, la nouvelle religion. Gossec avait fait les chants, Chénier les paroles. On avait, tant bien que mal, en deux jours, bâti dans le chœur fort étroit de Notre-Dame un temple de la Philosophie, qu'ornaient les effigies des sages, des pères de la Révolution Une montagne portait ce temple ; sur un rocher brûlait le flambeau de la Vérité. Les magistrats siégeaient sous les colonnes. Point d'armes, point de soldats. Deux rangs de jeunes filles encore enfants faisaient tout l'ornement de la fête ; elles étaient en robes blanches, couronnées de chêne, et non, comme on l'a dit, de roses.

La Raison, vêtue de blanc avec un manteau d'azur, sort du temple de la Philosophie, vient s'asseoir sur un siége de simple verdure. Les jeunes filles lui chantent son hymne ; elle traverse au pied de la montagne en jetant sur l'assistance un doux regard, un doux sourire. Elle rentre, et l'on chante encore... On attendait... C'était tout.

Chaste cérémonie, triste, sèche, ennuyeuse [1].

---

[1] Est-il nécessaire de dire que ce culte n'était nullement le vrai culte de la Révolution ? Elle était déjà vieille et lasse, trop vieille pour enfanter. Ce froid essai de 93 ne sort pas de son sein brûlant, mais des écoles raisonneuses du temps de l'Encyclopédie.—Non, cette face

De Notre-Dame, la Raison alla à la Convention. Elle y entra avec son innocent cortége de petites filles en blanc ; — la Raison, l'humanité, Chaumette, qui la conduisait, par la courageuse initiative de justice qu'il avait prise la veille, s'harmonisait entièrement au sentiment de l'Assemblée.

Une fraternité très-franche éclata entre la Commune, la Convention et le peuple. Le président fit asseoir la Raison près de lui, lui donna, au nom de l'Assemblée, l'accolade fraternelle, et tous, unis un moment sous son doux regard, espérèrent de meilleurs jours.

Un pâle soleil d'après-midi (bien rare en brumaire), pénétrant dans la salle obscure, en éclaircissait un peu les ombres. Les Dantonistes demandèrent que l'Assemblée tînt sa parole, qu'elle allât à Notre-

---

négative, abstraite de Dieu, quelque noble et haute qu'elle soit, n'était pas celle que demandaient les cœurs ni la nécessité du temps. Pour soutenir l'effort des héros et des martyrs, il fallait un autre Dieu que celui de la géométrie. Le puissant Dieu de la nature, le Dieu Père et Créateur (méconnu du moyen âge, *voy.* Monuments de Didron) lui-même n'eût pas suffi ; ce n'était pas assez de la révélation de Newton et de Lavoisier. Le Dieu qu'il fallait à l'âme, c'était le Dieu de Justice héroïque, par lequel la France, prêtre armé dans l'Europe, devait évoquer du tombeau les peuples ensevelis.

Pour n'être pas nommé encore, pour n'être point adoré dans nos temples, ce Dieu n'en fut pas moins suivi de nos pères dans leur croisade pour les libertés du monde. Aujourd'hui, qu'aurions-nous sans lui? Sur les ruines amoncelées, sur le foyer éteint, brisé, lorsque le sol fuit sous nos pieds, en lui reposent inébranlables notre cœur et notre espérance.

Dame, que, visitée par la Raison, elle lui rendît sa visite. On se leva d'un même élan.

Le temps était admirable, lumineux, austère et pur, comme sont les beaux jours d'hiver. La Convention se mit en marche, heureuse de cette lueur d'unité qui avait apparu un moment entre tant de divisions. Beaucoup s'associaient de cœur à la fête, croyant de bonne foi y voir la vraie consommation des temps.

Leur pensée est formulée d'une manière ingénieuse dans un mot de Clootz : Le discordant fédéralisme des sectes s'évanouit dans l'*unité*, l'*indivisibilité* de la Raison. »

XXIV

CULTE DES FEMMES POUR ROBESPIERRE.

Une chose qui peut étonner, c'est qu'un homme aussi austère d'apparence que Robespierre, cet homme volontairement pauvre, d'une mise soignée, exacte, mais uniforme et médiocre, d'une simplicité calculée, ait été tellement aimé, recherché des femmes.

A cela, il n'y a qu'une réponse, et c'est tout le secret du culte dont il fut l'objet : *Il inspirait confiance.*

Les femmes ne haïssent nullement les apparences sévères et graves. Victimes si souvent de la légèreté des hommes, elles se rapprochent volontiers de celui qui les rassure. Elles supposent instinctivement que l'homme austère, en général, est celui qui gardera le mieux son cœur pour une personne aimée.

Pour elles, le cœur est tout. C'est à tort qu'on croit, dans le monde, qu'elles ont besoin d'être amusées. La rhétorique sentimentale de Robespierre avait beau être parfois ennuyeuse ; il lui suffisait de dire : « Les charmes de la vertu, les douces leçons de l'amour maternel, une sainte et douce intimité, la sensibilité de mon cœur, » et autres phrases pareilles, les femmes étaient touchées. Ajoutez que, parmi ces généralités, il y avait toujours une partie individuelle, plus sentimentale encore, sur lui-même ordinairement, sur les travaux de sa pénible carrière, sur ses souffrances personnelles ; tout cela, à chaque discours, et si régulièrement, qu'on attendait ce passage et tenait les mouchoirs prêts. Puis, l'émotion commencée, arrivait le morceau connu, sauf telle ou telle variante, sur les dangers qu'il courait, la haine de ses ennemis, les larmes dont on arroserait un jour la cendre des martyrs de la liberté... Mais, arrivé là, c'était trop, le cœur débondait, elles ne se contenaient plus et s'échappaient en sanglots.

Robespierre s'aidait fort en cela de sa pâle et triste mine, qui plaidait pour lui d'avance près des cœurs sensibles. Avec ses lambeaux de l'*Émile* ou du *Contrat social*, il avait l'air à la tribune d'un triste bâtard de Rousseau. Ses yeux clignotants, mobiles, parcouraient sans cesse toute l'étendue de la salle, plongeaient aux coins mal éclairés, fréquemment se relevaient vers les tribunes des femmes. A cet effet, il manœuvrait, avec sérieux, dextérité, deux paires de lunettes, l'une pour voir de près ou lire, l'autre pour distinguer au loin, comme pour chercher quelque personne. Chacune se disait : « C'est moi. »

La vive partialité des femmes éclata particulièrement lorsque, vers la fin de 92, dans sa lutte contre la Gironde, il déclara aux Jacobins que, si les intrigants disparaissaient, lui-même quitterait la vie publique, fuirait la tribune, ne désirant rien que « de passer ses jours dans les délices d'une sainte et douce intimité. » De nombreuses voix de femmes partirent des tribunes : « Nous vous suivrons! nous vous suivrons! »

Dans cet engouement, il y avait, en écartant les ridicules de la personne et du temps, une chose fort respectable. Elles suivaient de cœur celui dont les mœurs étaient les plus dignes, la probité la mieux constatée, l'idéalité la plus haute, celui qui, avec autant d'habileté que de courage, se constituant à cette époque le défenseur des idées religieuses, osa, en décembre 92, remercier la Providence du salut de la Patrie.

XXV

ROBESPIERRE CHEZ MADAME DUPLAY (91-95).

Un petit portrait, médiocre et fade, de Robespierre à dix-sept ans, le représente une rose à la main, peut-être pour indiquer qu'il était déjà membre de l'académie des *Rosati* d'Arras. Il tient cette rose sur son cœur. On lit au bas cette douce légende : *Tout pour mon amie.* (Collection Saint-Albin.)

Le jeune homme d'Arras, transplanté à Paris, resta-t-il invariablement fidèle à cette pureté sentimentale? Nous l'ignorons. A la Constituante, peut-être, l'intime amitié des Lameth et autres jeunes nobles de la gauche, l'en fit quelque peu dévier. Peut-être, dans les premiers mois de cette Assemblée, croyant avoir besoin d'eux, voulant resserrer ce lien par un entraînement calculé, ne fut-il pas étranger à la corruption du temps[1]. S'il en fut ainsi, il aura cru suivre encore en cela son maître Rousseau, le Rousseau des *Confessions*. Mais de bonne heure il se releva, et personne n'ordonna plus heureusement sa vie dans l'épuration progressive. L'*Émile,* le *Vicaire Savoyard,* le *Contrat Social,* l'affranchirent et l'ennoblirent : il devint vraiment Robespierre. Comme mœurs, il n'est point descendu.

Nous l'avons vu, le soir du massacre du Champ de Mars (17 juillet 91), prendre asile chez un menuisier; un heureux hasard le voulut ainsi; mais, s'il y revint, s'y fixa, ce ne fut en rien un hasard.

---

[1] En 90, apparemment, il en était à Héloïse; il avait une maîtresse (*voy.* notre Histoire, t. II, p. 323). Pour sa conduite en 89, j'hésite à raconter une anecdote suspecte. Je la tiens d'un artiste illustre, véridique, admirateur de Robespierre, mais qui la tenait lui-même de M. Alexandre de Lameth. L'artiste reconduisant un jour le vieux membre de la Constituante, celui-ci lui montra, rue de Fleurus, l'ancien hôtel des Lameth, et lui dit qu'un soir Robespierre, ayant dîné là avec eux, se préparait à retourner chez lui, rue de Saintonge, au Marais; il s'aperçut qu'il avait oublié sa bourse, et emprunta un écu de six francs, disant qu'il en avait besoin, parce qu'au retour il devait s'arrêter chez une fille : « Cela vaut mieux, dit-il, que de séduire les femmes de ses amis. » — Si l'on veut croire que Lameth n'a pas inventé ce mot, l'explication la plus probable, à mon sens, c'est que Robespierre, débarqué récemment à Paris et voulant se faire adopter par le parti le plus avancé, qui, dans la Constituante, était la jeune noblesse, croyait utile d'en imiter les mœurs, au moins en paroles. Il y a à parier qu'il sera retourné tout droit dans son honnête Marais.

Au retour de son triomphe d'Arras, après la Constituante, en octobre 91, il s'était logé avec sa sœur dans un appartement de la rue Saint-Florentin, noble rue, aristocratique, dont les nobles habitants avaient émigré. Charlotte de Robespierre, d'un caractère roide et dur, avait, dès sa première jeunesse, les aigreurs d'une vieille fille; son attitude et ses goûts étaient ceux de l'aristocratie de province; elle eût fort aisément tourné à la grande dame. Robespierre, plus fin et plus féminin, n'en avait pas moins aussi, dans la roideur de son maintien, sa tenue sèche, mais soignée, un certain air d'aristocratie parlementaire. Sa parole était toujours noble, dans la familiarité même, ses prédilections littéraires pour les écrivains nobles ou tendus, pour Racine ou pour Rousseau.

Il n'était point membre de la Législative. Il avait refusé la place d'accusateur public, parce que, disait-il, s'étant violemment prononcé contre ceux qu'on poursuivait, ils l'auraient pu récuser comme ennemi personnel. On supposait aussi qu'il aurait eu trop de peine à surmonter ses répugnances pour la peine de mort. A Arras, elles l'avaient décidé à quitter sa place de juge d'église. A l'Assemblée constituante, il s'était déclaré contre la peine de mort, contre la loi martiale et toute mesure violente de salut public, qui répugnait trop à son cœur.

Dans cette année, de septembre 91 à septembre 92,

Robespierre, hors des fonctions publiques, sans mission ni occupation que celle de journaliste et de membre des Jacobins, était moins sur le théâtre. Les Girondins y étaient; ils y brillaient par leur accord parfait avec le sentiment national sur la question de la guerre. Robespierre et les Jacobins prirent la thèse de la paix, thèse essentiellement impopulaire qui leur fit grand tort. Nul doute qu'à cette époque la popularité du grand démocrate n'eût un besoin essentiel de se fortifier et de se rajeunir. Il avait parlé longtemps, infatigablement, trois années, occupé, fatigué l'attention; il avait eu, à la fin, son triomphe et sa couronne. Il était à craindre que le public, ce roi, fantasque comme un roi, facile à blaser, ne crût l'avoir assez payé, et n'arrêtât son regard sur quelque autre favori.

La parole de Robespierre ne pouvait changer, il n'avait qu'un style; son théâtre pouvait changer et sa mise en scène. Il fallait une machine. Robespierre ne la chercha pas; elle vint à lui, en quelque sorte. Il l'accepta, la saisit, et regarda, sans nul doute, comme une chose heureuse et providentielle de loger chez un menuisier.

La mise en scène est pour beaucoup dans la vie révolutionnaire. Marat, d'instinct, l'avait senti. Il eût pu, très-commodément, rester dans son premier asile, le grenier du boucher Legendre; il préféra les ténèbres de la cave des Cordeliers; cette retraite souterraine d'où ses brûlantes paroles faisaient chaque matin éruption, comme d'un volcan inconnu, charmait son imagination ; elle devait saisir celle du peuple. Marat, fort imitateur, savait parfaitement qu'en 88 le Marat belge, le jésuite Feller, avait tiré grand parti pour sa popularité d'avoir élu domicile, à cent pieds sous terre, tout au fond d'un puits de houille.

Robespierre n'eût pas imité Feller ni Marat, mais il saisit volontiers l'occasion d'imiter Rousseau, de réaliser en pratique le livre qu'il imitait sans cesse en parole, de copier l'*Émile* d'aussi près qu'il le pourrait.

Il était malade, rue Saint-Florentin, vers la fin de 91, malade de ses fatigues, malade d'une inaction nouvelle pour lui, malade aussi de sa sœur, lorsque madame Duplay vint faire à Charlotte une scène épouvantable pour ne pas l'avoir avertie de la maladie de son frère. Elle ne s'en alla pas sans enlever Robespierre, qui se laissa faire d'assez bonne grâce. Elle l'établit chez elle, malgré l'étroitesse du logis, dans une mansarde très-propre, où elle mit les meilleurs meubles de la maison, un assez beau lit bleu et blanc, avec quelques bonnes chaises. Des rayons de sapin, tout neufs, étaient à l'entour, pour poser les quelques livres peu nombreux, de l'orateur ; ses discours, rapports, mémoires, etc., très-nombreux, remplissaient le reste. Sauf Rousseau et Racine, Robespierre ne lisait que Robespierre. Aux murs, la main passionnée de madame Duplay avait suspendu partout les images et portraits qu'on avait faits de son dieu ; quelque part qu'il se tournât, il ne pouvait éviter de se voir lui-même ; à droite, à gauche, Robespierre, Robespierre encore, Robespierre toujours.

La plus habile politique, qui eût bâti la maison spécialement pour cet usage, n'eût pas si bien réussi que l'avait fait le hasard. Si ce n'était une cave, comme le logis de Marat, la petite cour noire et sombre valait au moins une cave. La maison basse, dont les tuiles verdâtres attestaient l'humidité, avec le jardinet sans air qu'elle possédait au delà, était comme étouffée entre les maisons géantes de la rue Saint-Honoré, quartier mixte, à cette époque, de banque et d'aristocratie. Plus bas, c'étaient les hôtels princiers du faubourg et la splendide rue Royale, avec l'odieux souvenir des quinze cents étouffés du mariage de Louis XVI. Plus haut, c'étaient les hôtels des fermiers généraux de la place Vendôme, bâtis de la misère du peuple.

Quelles étaient les impressions des visiteurs de Robespierre, des dévots, des pèlerins, quand, dans ce quartier impie où tout leur blessait les yeux, ils venaient contempler le Juste ? La maison prêchait, parlait. Dès le seuil, l'aspect pauvre et triste de la cour, le hangar, le rabot, les planches, leur disaient le mot du peuple : « C'est ici l'*incorruptible.* » —

S'ils montaient, la mansarde les faisait se récrier plus encore ; propre et pauvre, laborieuse visiblement, sans parure que les papiers du grand homme sur des planches de sapin, elle disait sa moralité parfaite, ses travaux infatigables, une vie donnée toute au peuple. Il n'y avait pas là le théâtral, le fantasmagorique du maniaque Marat, se démenant dans sa cave, variable, de parole et de mise. Ici, nul caprice, tout réglé, tout honnête, tout sérieux. L'attendrissement venait ; on croyait avoir vu, pour la première fois, en ce monde, la maison de la vertu.

Notez pourtant avec cela que la maison, bien regardée, n'était pas une habitation d'artisan. Le premier meuble qu'on apercevait dans le petit salon du bas en avertissait assez. C'était un clavecin, instrument rare alors, même chez la bourgeoisie. L'instrument faisait deviner l'éducation que mesdemoiselles Duplay recevaient, chacune à son tour, au couvent voisin, au moins pendant quelques mois. Le menuisier n'était pas précisément menuisier ; il était entrepreneur en menuiserie de bâtiment. La maison était petite, mais enfin elle lui appartenait ; il logeait chez lui.

Tout ceci avait deux aspects ; c'était le peuple d'une part, et ce n'était pas le peuple ; c'était, si l'on veut, le peuple industrieux, laborieux, passé récemment, par ses efforts et son travail, à l'état de petite bourgeoisie. La transition était visible. Le père, bonhomme ardent et rude, la mère, d'une volonté forte et violente, tous deux pleins d'énergie, de cordialité, étaient bien des gens du peuple. La plus jeune des quatre filles en avait la verve et l'élan ; les autres s'en écartaient déjà, l'aînée surtout, que les patriotes appelaient avec une galanterie respectueuse mademoiselle Cornélia. Celle-ci, décidément, était une demoiselle ; elle aussi sentait Racine, lorsque Robespierre faisait quelquefois lecture en famille. Elle avait à toute chose une grâce de fierté austère, au ménage comme au clavecin ; qu'elle aidât sa mère au hangar, pour laver ou pour préparer le repas de la famille, c'était toujours Cornélia.

Robespierre passa là une année, loin de la tribune, écrivain et journaliste, préparant tout le jour les articles et les discours qu'il devait le soir débiter aux Jacobins ; — une année, la seule, en réalité, qu'il ait vécue en ce monde.

Madame Duplay trouvait très-doux de le tenir là, l'entourait d'une garde inquiète. On peut en juger par la vivacité avec laquelle elle dit au Comité du 10 août, qui cherchait chez elle un lieu sûr : « Allez-vous-en : vous allez compromettre Robespierre. »

C'était l'enfant de la maison, le dieu. Tous s'étaient donnés à lui. Le fils lui servait de secrétaire, copiait, recopiait ses discours tant raturés. Le père Duplay, le neveu, l'écoutaient insatiablement, dévoraient toutes ses paroles. Mesdemoiselles Duplay le voyaient comme un frère; la plus jeune, vive et charmante, ne perdait pas une occasion de dérider le pâle orateur. Avec une telle hospitalité, nulle maison n'eût été triste. La petite cour, avivée par la famille et les ouvriers, ne manquait pas de mouvement. Robespierre, de sa mansarde, de la table de sapin où il écrivait, s'il levait les yeux entre deux périodes, voyait aller et venir, de la maison au hangar, du hangar à la maison, mademoiselle Cornélia ou telle de ses aimables sœurs. Combien dut-il être fortifié, dans sa pensée démocratique, par une si douce image de la vie du peuple! Le peuple, moins la vulgarité, moins la misère et les vices, compagnons de la misère! Cette vie, à la fois populaire et noble, où les soins domestiques se rehaussent de la distinction morale de ceux qui s'y livrent! La beauté que prend le ménage, même en ses côtés les plus humbles, l'excellence du repas préparé par la main aimée!... qui n'a senti toutes ces choses? Et nous ne doutons pas que l'infortuné Robespierre, dans la vie sèche, sombre, artificielle, que les circonstances lui avaient faite depuis sa naissance, n'ait pourtant senti ce moment du charme de la nature, joui de ce doux rayon.

Il reste bien entendu qu'avec une telle famille un dédommagement était difficile. Un Jacobin dissident fit un jour à Robespierre le reproche « d'exploiter la maison Duplay, de se faire nourrir par eux, comme Orgon nourrit Tartufe, » reproche bas et grossier d'un homme indigne de sentir la fraternité de l'époque et le bonheur de l'amitié.

Ce qui est certain, c'est que Robespierre n'entra chez madame Duplay qu'à la condition de payer pension. Sa délicatesse le voulait ainsi. On ne le contredit pas; on le laissa dire. Peut-être même fallut-il, pour le contenter, recevoir les premiers mois. Mais, dans l'entraînement terrible de sa courte destinée, dans l'accablement de chaque jour, il perdit la chose de vue, se croyant d'ailleurs sans doute sûr de dédommager ses amis d'une autre manière. Il n'avait en réalité que son traitement de député, qu'il oubliait même souvent de toucher. La pension payée à sa sœur, avec quelques dépenses en linge ou habits, et quelques sous donnés sur la route à des petits Savoyards, il ne lui restait exactement rien. Les dix mille francs qu'on aurait trouvés sur lui au 9 thermidor sont une fable de ses ennemis. Il devait alors quatre mille francs de pension à madame Duplay.

XXVI

LUCILE DESMOULINS (AVRIL 94).

L'Assemblée constituante avait ordonné qu'en chaque commune, dans la salle municipale où se faisaient les mariages, les déclarations de naissance et de mort, il y aurait un autel.

Les trois moments pathétiques de la destinée humaine se trouvant ainsi consacrés à l'autel de la Commune, et les religions de la famille unies à celles de la Patrie, cet autel fût bientôt devenu le seul, et la municipalité eût été le temple.

Le conseil de Mirabeau eût été suivi : « Vous n'aurez rien fait, si vous ne *dé*-christianisez la Révolution. »

Plusieurs ouvriers du faubourg Saint-Antoine, en 93, déclarèrent qu'ils ne croyaient pas leurs mariages légitimes, s'ils n'étaient consacrés à la Commune par le magistrat.

Camille Desmoulins, en 91, se maria à Saint-Sulpice selon le rit catholique; la famille de sa femme le voulut ainsi. Mais, en 92, son fils Horace étant né, il le porta lui-même à l'Hôtel de Ville, réclama la loi de l'Assemblée constituante. Ce fut le premier exemple du baptême républicain.

Le plus touchant souvenir de toute la Révolution est celui de son grand écrivain, le bon et éloquent Camille, de sa charmante Lucile, de l'acte qui les mena tous deux à la mort (et auquel elle contribua très-directement), la proposition si hardie, en pleine Terreur, d'un *Comité de clémence*.

Pauvre, disons mieux, indigent en 89, peu favorisé de la nature sous le rapport physique, et, de plus, à peu près bègue, Camille, par l'attrait du cœur, le charme du plus piquant esprit, avait conquis sa Lucile, jolie, gracieuse, accomplie, et relativement riche. Il existait d'elle un portrait, unique peut-être, une précieuse miniature (collection du colonel Maurin). Qu'est-elle devenue maintenant? dans quelles mains est-elle passée? Cette chose appartient à la France. Je prie l'acquéreur, quel qu'il soit, de s'en souvenir, et de nous la rendre. Qu'elle soit placée au Musée, en attendant le musée révolutionnaire qu'on formera tôt ou tard.

Lucile était fille d'un ancien commis des finances, et d'une très-belle et excellente femme qu'on prétendait avoir été maîtresse du ministre des finances Terray. Son portrait est d'une jolie femme d'une classe peu élevée, comme le nom en témoigne : Lucile Duplessis Laridon. Jolie, mais surtout mutine; un petit Desmoulins en femme. Son charmant petit visage, ému, orageux, fantasque, a le souffle de la *France libre* (le beau pamphlet de son mari). Le génie a passé par là, on le sent, l'amour d'un homme de génie [1].

Nous ne résistons pas au plaisir de copier la page naïve dans laquelle cette jeune femme de vingt ans conte ses émotions dans la nuit du 10 août :

« Le 8 août, je suis revenue de la campagne; déjà tous les esprits fermentaient bien fort; j'eus des Mar-

---

[1] Elle l'aima jusqu'à vouloir mourir avec lui. — Et pourtant, eut-il tout entier, sans réserve, ce cœur si dévoué? Qui l'affirmerait? Elle était ardemment aimée d'un homme bien inférieur (le trop célèbre Fréron). Elle est bien trouble en ce portrait; la vie est là bien entamée; le teint est obscur, peu net... Pauvre Lucile! j'en ai peur, tu as trop bu à cette coupe, la Révolution est en toi. Je crois te sentir ici dans un nœud inextricable... Mais combien glorieusement tu t'en détachas par la mort!

seillais à dîner, nous nous amusâmes assez. Après le dîner, nous fûmes chez M. Danton. La mère pleurait, elle était on ne peut plus triste ; son petit avait l'air hébété. Danton était résolu ; moi, je riais comme une folle. Ils craignaient que l'affaire n'eût pas lieu ; quoique je n'en fusse pas du tout sûre, je leur disais, comme si je le savais bien, je leur disais qu'elle aurait lieu. « Mais peut-on rire ainsi ? » me disait madame Danton. « Hélas! lui dis-je, cela me présage que je ver-« serai bien des larmes ce soir. » — Il faisait beau ; nous fîmes quelques tours dans la rue ; il y avait assez de monde. Plusieurs sans-culottes passèrent en criant : « Vive la nation ! » Puis des troupes à cheval, enfin des troupes immenses. La peur me prit. Je dis à madame Danton. « Allons-nous-en. » Elle rit de ma peur ; mais, à force de lui en dire, elle eut peur aussi. Je dis à sa mère : « Adieu, vous ne tarderez pas à « entendre sonner le tocsin. » Arrivés chez elle, je vis que chacun s'armait. Camille, mon cher Camille, arriva avec un fusil. O Dieu ! je m'enfonçai dans l'alcôve ; je me cachai avec mes deux mains, et me mis à pleurer. Cependant, ne voulant pas montrer tant de faiblesse et dire tout haut à Camille que je ne voulais pas qu'il se mêlât dans tout cela, je guettai le moment où je pouvais lui parler sans être entendue, et lui dis toutes mes craintes. Il me rassura en me disant qu'il ne quitterait pas Danton. J'ai su depuis qu'il s'était

exposé. Fréron avait l'air déterminé à périr. « Je suis
« las de la vie, disait-il, je ne cherche qu'à mourir. »
Chaque patrouille qui venait, je croyais les voir pour la
dernière fois. J'allai me fourrer dans le salon, qui était
sans lumière, pour ne point voir tous ces apprêts....
Nos patriotes partirent ; je fus m'asseoir près d'un lit,
accablée, anéantie, m'assoupissant parfois ; et, lorsque
je voulais parler, je déraisonnais. Danton vint se coucher, il n'avait pas l'air fort empressé, il ne sortit
presque point. Minuit approchait ; on vint le chercher
plusieurs fois ; enfin il partit pour la Commune. Le
tocsin des Cordeliers sonna, il sonna longtemps. Seule,
baignée de larmes, à genoux sur la fenêtre, cachée
dans mon mouchoir, j'écoutais le son de cette fatale
cloche... Danton revint. On vint plusieurs fois nous
donner de bonnes et de mauvaises nouvelles ; je crus
m'apercevoir que leur projet était d'aller aux Tuileries ; je le leur dis en sanglotant. Je crus que j'allais
m'évanouir. Madame Robert demandait son mari à
tout le monde. « S'il périt, me dit-elle, je ne lui survi-
« vrai pas. Mais ce Danton, lui, ce point de ralliement !
« si mon mari périt, je suis femme à le poignarder... »
Camille revint à une heure ; il s'endormit sur mon
épaule... Madame Danton semblait se préparer à la
mort de son mari. Le matin, on tira le canon. Elle
écoute, pâlit, se laisse aller, et s'évanouit...

« Qu'allons-nous devenir, ô mon pauvre Camille ?

je n'ai plus la force de respirer... Mon Dieu! s'il est vrai que tu existes, sauve donc des hommes qui sont dignes de toi... Nous voulons être libres; ô Dieu! qu'il en coûte!... »

Lucile, qui se montre ici si naïvement dans sa faiblesse de femme, fut un héros à la mort.

Il faut la voir à ce moment décisif où il fut délibéré, entre Desmoulins et ses amis, s'il ferait le pas décisif, et probablement mortel, de réclamer pour les libertés de la presse et de la tribune, étouffées par l'arrestation de son ami Fabre d'Églantine, s'il oserait se mettre en travers du torrent de la Terreur!

Qui ne voyait à ce moment le danger du pauvre artiste?... Entrons dans cette humble et glorieuse maison (rue de l'Ancienne-Comédie, près la rue Dauphine). Au premier, demeurait Fréron. Au second, Camille Desmoulins et sa charmante Lucile. Leurs amis, terrifiés, venaient les prier, les avertir, les arrêter, leur montrer l'abîme. Un homme, nullement timide, le général Brune, familier de la maison, était un matin chez eux, et conseillait la prudence. Camille fit déjeuner Brune, et, sans nier qu'il eût raison, tenta de le convertir. « *Edamus et bibamus*, dit-il en latin à Brune, pour n'être entendu de Lucile; *cras enim moriemur.* » Il parla néanmoins de son dévouement et de sa résolution d'une manière si touchante, que Lucile courut l'embrasser. « Laissez-le, dit-elle, laissez-le, qu'il remplisse sa mission : c'est lui qui sauvera la France... Ceux qui pensent autrement n'auront pas de mon chocolat. »

Fréron, l'ami de Camille, l'admirateur passionné de sa femme, venait d'écrire la part qu'il avait eue à la prise de Toulon, et comment il avait monté aux batteries l'épée à la main. Je croirais très-volontiers que Camille désira d'autant plus s'honorer aux yeux de Lucile. Il n'était qu'un grand écrivain. Il voulut être un héros.

Le septième numéro du *Vieux Cordelier*, si hardi contre les deux Comités gouvernants, le huitième contre Robespierre (publié en 1836). perdirent Camille et le firent envelopper dans le procès de Danton.

La vive émotion qu'excita le procès, la foule incroyable qui entoura le Palais de Justice dans une disposition favorable aux accusés, faisaient croire que, si les prisonniers du Luxembourg parvenaient à sortir, ils pourraient entraîner le peuple. Mais la prison brise l'homme; aucun n'avait d'armes, et presque aucun de courage.

Une femme leur en donna. La jeune femme de Desmoulins errait, éperdue de douleur, autour de ce Luxembourg. Camille était là, collé aux barreaux, la suivant des yeux, écrivant les choses les plus navrantes qui jamais ont percé le cœur de l'homme. Elle aussi s'apercevait, à cet horrible moment, qu'elle aimait violemment son mari. Jeune et brillante, elle avait pu voir avec plaisir l'hommage des militaires, celui du général Dillon, celui de Fréron. Fréron était à Paris, et n'osa rien faire pour eux. Dillon était au Luxembourg, buvant en vrai Irlandais et jouant aux cartes avec le premier venu.

Camille s'était perdu pour la France et pour Lucile.

Elle aussi se perdit pour lui.

Le premier jour, elle s'était adressée au cœur de Robespierre. On avait cru autrefois que Robespierre l'épouserait. Elle rappelait dans sa lettre qu'il avait été le témoin de leur mariage, qu'il était leur premier ami, que Camille n'avait rien fait que travailler à sa gloire, ajoutant ce mot d'une femme qui se sent jeune, charmante, regrettable, qui sent sa vie précieuse : « Tu vas nous tuer tous deux ; le frapper, c'est me tuer, moi. »

Nulle réponse.

Elle écrivit à son admirateur Dillon : « On parle de refaire Septembre... Serait-il d'un homme de cœur de ne pas au moins défendre ses jours ? »

Les prisonniers rougirent de cette leçon d'une femme, et se résolurent d'agir. Il paraît toutefois qu'ils ne voulaient commencer qu'après Lucile, lorsque, d'abord, se jetant au milieu du peuple, elle aurait ameuté la foule.

Dillon, brave, parleur, indiscret, tout d'abord en

jouant aux cartes avec un certain Laflotte, entre deux vins, lui conta toute l'affaire. Laflotte l'écouta et le fit parler. Laflotte était républicain ; mais là, enfermé, sans issue, sans espoir, il fut horriblement tenté. Il ne dénonça pas le soir (5 avril), attendit toute la nuit, hésitant encore peut-être. Le matin, il livra son âme, en échange de sa vie, vendit son honneur, dit tout. C'est avec cette arme indigne qu'on égorgea Danton, Camille Desmoulins, et, quelques jours après, Lucile, et plusieurs prisonniers du Luxembourg, tous étrangers à l'affaire, et qui ne se connaissaient même pas.

Le seul des accusés qui montra un grand courage fut Lucile Desmoulins. Elle parut intrépide, digne de son glorieux nom. Elle déclara qu'elle avait dit à Dillon, aux prisonniers, que, si l'on faisait un 2 Septembre, « c'était pour eux un devoir de défendre leur vie. »

Il n'y eut pas un homme, de quelque opinion qu'il fût, qui n'eût le cœur arraché de cette mort. Ce n'était pas une femme politique, une Corday, une Roland ; c'était simplement une femme, une jeune fille, à la voir, une enfant pour l'apparence. Hélas! qu'avait-elle fait? voulu sauver un amant?... Son mari, le bon Camille, l'avocat du genre humain. Elle mourait pour sa vertu, l'intrépide et charmante femme, pour l'accomplissement du plus saint devoir.

Sa mère, la belle, la bonne madame Duplessis, épouvantée de cette chose qu'elle n'eût jamais pu soupçonner, écrivit à Robespierre, qui ne put ou n'osa y répondre. Il avait aimé Lucile, dit-on, voulu l'épouser. On eût cru, s'il eût répondu, qu'il l'aimait encore. Il aurait donné une prise qui l'eût fortement compromis.

Tout le monde exécra cette prudence. Le sens humain fut soulevé. Chaque homme souffrit et pâtit. Une voix fut dans tout un peuple, sans distinction de partis (de ces voix qui portent malheur) : « Oh! ceci, c'est trop! »

Qu'avait-on fait en infligeant cette torture à l'âme humaine? on avait suscité aux idées une cruelle guerre, éveillé contre elles une redoutable puissance, aveugle, bestiale et terrible, la sensibilité sauvage qui marche sur les principes, qui, pour venger le sang, en verse des fleuves, qui tuerait des nations pour sauver des hommes [1].

---

[1] « De la prison du Luxembourg, duodi germinal, 5 heures du matin.

« Le sommeil bienfaisant a suspendu mes maux. On est libre quand on dort ; on n'a point le sentiment de sa captivité : le ciel a eu pitié de moi. Il n'y a qu'un moment, je te voyais en songe, je vous embrassais tour à tour, toi, Horace et Durousse, qui était à la maison ; mais notre petit avait perdu un œil par une humeur qui venait de se jeter dessus, et la douleur de cet accident m'a réveillé. Je me suis retrouvé dans mon cachot. Il faisait un peu de jour. Ne pouvant plus te voir et entendre tes réponses, car toi et ta mère vous me parliez, je me suis levé au moins pour te parler et t'écrire. Mais, ouvrant mes fenêtres, la pensée de ma solitude, les affreux barreaux, les verrous qui me séparent de toi, ont vaincu toute ma fermeté d'âme. J'ai fondu en larmes, ou plutôt j'ai sangloté en criant dans mon tombeau : Lucile! Lucile! ô ma chère Lucile, où es-tu? (*Ici on remarque la trace d'une larme.*) Hier au soir j'ai eu un pareil moment, et mon cœur s'est également fendu quand j'ai aperçu, dans le jardin, ta mère. Un mouvement machinal m'a jeté à genoux contre les barreaux ; j'ai joint les mains comme implorant sa pitié, elle qui gémit, j'en suis bien sûr, dans ton sein. J'ai vu hier sa douleur (*ici encore une trace de larmes*), à son mouchoir et à son voile qu'elle a baissé, ne pouvant tenir à ce spectacle. Quand vous viendrez, qu'elle s'asseye un peu plus près avec toi, afin que je vous voie mieux. Il n'y a pas de danger, à ce qu'il me semble. Ma lunette n'est pas bien bonne ; je voudrais que tu m'achetasses de ces lunettes comme j'en avais une paire il y a six mois, non pas d'argent, mais d'acier, qui ont deux branches qui s'attachent à la tête. Tu demanderais du numéro 15 : le marchand sait ce que cela veut dire ; mais surtout, je t'en conjure, Lolotte, par mes amours éternelles, envoie-moi ton portrait ; que ton peintre ait compassion de moi, qui ne souffre que pour avoir eu trop compassion des autres ; qu'il te donne deux séances par jour. Dans l'horreur de ma prison, ce sera pour moi une fête, un jour d'ivresse et de ravissement, celui où je recevrai ce portrait. En attendant, envoie-moi de tes cheveux ; que je les mette contre mon cœur. Ma chère Lucile! me voilà revenu au temps de nos premières amours, où quelqu'un m'intéressait par cela seul qu'il sortait de chez toi. Hier, quand le citoyen qui t'a porté ma lettre fut revenu : « Eh bien, vous l'avez vue? » lui dis-je, comme je le disais autrefois à cet abbé Landreville, et je me surprenais à le regarder comme s'il fût resté sur ses habits, sur toute sa personne, quelque chose de ta présence, quelque chose de toi. C'est une âme charitable, puisqu'il t'a remis ma lettre sans retard. Je le verrai, à ce qu'il me paraît, deux fois par jour, le matin et le soir. Ce messager de nos douleurs me devient aussi cher que me l'aurait été autrefois le messager de nos plaisirs. J'ai découvert une fente dans mon appartement ; j'ai appliqué mon oreille, j'ai entendu gémir ; j'ai hasardé quelques paroles, j'ai entendu la voix d'un malade qui souffrait. Il m'a demandé mon nom, je le lui ai dit. « O mon Dieu! » s'est-il écrié à ce nom, en retombant sur son lit, d'où il s'était levé ; et j'ai

reconnu distinctement la voix de Fabre d'Églantine. « Oui, je suis
« Fabre, m'a-t-il dit; mais toi ici! la contre révolution est donc faite? »
Nous n'osons cependant nous parler, de peur que la haine ne nous
envie cette faible consolation, et que, si on venait à nous entendre,
nous ne fussions séparés et resserrés plus étroitement; car il a une
chambre à feu, et la mienne serait assez belle si un cachot pouvait
l'être. Mais, chère amie! tu n'imagines pas ce que c'est que d'être au
secret sans savoir pour quelle raison, sans avoir été interrogé, sans
recevoir un seul journal! c'est vivre et être mort tout ensemble; c'est
n'exister que pour sentir qu'on est dans un cercueil! On dit que l'innocence est calme, courageuse. Ah! ma chère Lucile! ma bien-aimée!
bien souvent mon innocence est faible comme celle d'un mari, celle
d'un père, celle d'un fils! Si c'était Pitt ou Cobourg qui me traitas-
sent si durement; mais mes collègues! mais Robespierre qui a signé
l'ordre de mon cachot! mais la République, après tout ce que j'ai fait
pour elle! C'est là le prix que je reçois de tant de vertus et de sacrifices! En entrant ici, j'ai vu Hérault-Séchelles, Simon, Ferroux,
Chaumette, Antonelle; ils sont moins malheureux : aucun n'est au
secret. C'est moi qui me suis dévoué depuis cinq ans à tant de haine
et de périls pour la République, moi qui ai conservé ma pureté au
milieu de la révolution, moi qui n'ai de pardon à demander qu'à toi
seule au monde, ma chère Lolotte, et à qui tu l'as accordé, parce que
tu sais que mon cœur, malgré ses faiblesses, n'est pas indigne de
toi; c'est moi que des hommes qui se disaient mes amis, qui se disent
républicains, jettent dans un cachot, au secret, comme un conspira-
teur! Socrate but la ciguë; mais au moins il voyait dans sa prison ses
amis et sa femme. Combien il est plus dur d'être séparé de toi! Le
plus grand criminel serait trop puni s'il était arraché à une Lucile
autrement que par la mort, qui ne fait sentir au moins qu'un moment la douleur d'une telle séparation; mais un coupable n'aurait
point été ton époux, et tu ne m'as aimé que parce que je ne respirais
que pour le bonheur de mes concitoyens... On m'appelle... Dans ce
moment, les commissaires du tribunal révolutionnaire viennent de m'in-
terroger. Il ne me fut fait que cette question : Si j'avais conspiré contre la République. Quelle dérision! et peut on insulter ainsi au républicanisme le plus pur! Je vois le sort qui m'attend. Adieu, ma Lucile!
ma chère Lolotte, mon bon loup; dis adieu à mon père. Tu vois en moi
un exemple de la barbarie et de l'ingratitude des hommes. Mes derniers moments ne te déshonoreront pas. Tu vois que ma crainte était

fondée, que nos pressentiments furent toujours vrais. J'ai épousé une femme céleste par ses vertus ; j'ai été bon mari, bon fils ; j'aurais été bon père. J'emporte l'estime et les regrets de tous les vrais républicains, de tous les hommes, la vertu et la liberté. Je meurs à trente-quatre ans ; mais c'est un phénomène que j'aie passé, depuis cinq ans, tant de précipices de la révolution sans y tomber, et que j'existe encore et j'appuie encore ma tête avec calme sur l'oreiller de mes écrits trop nombreux, mais qui respirent tous la même philanthropie, le même désir de rendre mes concitoyens heureux et libres, et que la hache des tyrans ne frappera pas. Je vois bien que la puissance enivre presque tous les hommes, que tous disent comme Denis de Syracuse : « La « tyrannie est une belle épitaphe. » Mais, console-toi, veuve désolée! l'épitaphe de ton pauvre Camille est plus glorieuse : c'est celle des Brutus et des Caton, les tyrannicides. O ma chère Lucile ! j'étais né pour faire des vers, pour défendre les malheureux, pour te rendre heureuse, pour composer, avec ta mère et mon père, et quelques personnes selon notre cœur, un Otaïti. J'avais rêvé une république que tout le monde eût adorée. Je n'ai pu croire que les hommes fussent si féroces et si injustes. Comment penser que quelques plaisanteries, dans mes écrits contre les collègues qui m'avaient provoqué, effaceraient le souvenir de mes services ! Je ne me dissimule point que je meurs victime de ma plaisanterie et de mon amitié pour Danton. Je remercie mes assassins de me faire mourir avec lui et Philippeaux ; et, puisque nos collègues sont assez lâches pour nous abandonner et pour prêter l'oreille à des calomnies que je ne connais pas, mais, à coup sûr, des plus grossières, je vois que nous mourrons victimes de notre courage à dénoncer des traîtres, de notre amour pour la vérité. Nous pouvons bien emporter avec nous ce témoignage, que nous périssons les derniers des républicains. Pardon, chère amie, ma véritable vie, que j'ai perdue du moment qu'on nous a séparés, je m'occupe de ma mémoire. Je devrais bien plutôt m'occuper de te la faire oublier, ma Lucile ! mon bon loulou ! ma poule ! Je t'en conjure, ne reste point sur la branche, ne m'appelle point par tes cris ; ils me déchireraient au fond du tombeau : vis pour mon Horace, parle lui de moi. Tu lui diras ce qu'il ne peut point entendre. Que je l'aurais bien aimé ! Malgré mon supplice, je crois qu'il y a un Dieu. Mon sang effacera mes fautes, les faiblesses de l'humanité ; et ce que j'ai eu de bon, mes vertus, mon amour de la liberté, Dieu le récompensera. Je te reverrai un jour, ô Lucile ! ô Anette ! Sensible comme je l'étais, la mort, qui me délivre de la vue de tant de crimes, est elle un si grand malheur? Adieu, lou-lou; adieu, ma vie, mon âme, ma divinité sur la terre! Je te laisse de bons amis, tout ce qu'il y a d'hommes vertueux et sensibles. Adieu, Lucile, ma chère Lucile! adieu, Horace, Anette! adieu, mon père! Je sens fuir devant moi le rivage de la vie. Je vois encore Lucile! Je la vois! mes bras croisés te serrent! mes mains liées t'embrassent, et ma tête séparée repose sur toi. Je vais mourir! »

XXVII

EXÉCUTIONS DE FEMMES. — LES FEMMES PEUVENT-ELLES
ÊTRE EXÉCUTÉES

Ces morts de femmes étaient terribles. La plus simple politique eût dû supprimer l'échafaud pour les femmes. Cela tuait la République.

La mort de Charlotte Corday, sublime, intrépide et calme, commença une religion.

Celle de la Dubarry, tout horripilée de peur, pauvre vieille fille de chair, qui d'avance sentait la mort dans la chair, reculait de toutes ses forces, criait et se faisait traîner, réveilla toutes les fibres de la pitié animale. Le couteau, disait-on, n'entrait pas dans son cou gras... Tous, au récit, frissonnèrent.

Mais le coup le plus terrible fut l'exécution de Lucile. Nulle ne laissa tant de regret, de fureur, ne fut plus âprement vengée.

Qu'on sache bien qu'une société qui ne s'occupe point de l'éducation des femmes et qui n'en est pas maîtresse est une société perdue. La médecine *préventive* est ici d'autant plus nécessaire, que la *curative* est réellement impossible. *Il n'y a, contre les femmes, aucun moyen sérieux de répression.* La simple prison est déjà chose difficile : « Quis custodiet ipsos custodes? » Elles corrompent tout, brisent tout; point de clôture assez forte. Mais les montrer à l'échafaud, grand Dieu ! Un gouvernement qui fait cette sottise se guillotine lui-même. La nature, qui, par-dessus toutes les lois, place l'amour et la perpétuité de l'espèce, a par cela même mis dans les femmes ce mystère (absurde au premier coup d'œil) : *Elles sont très-responsables,* et *elles ne sont pas punissables.* Dans toute la Révolution, je les vois violentes, intrigantes, bien souvent plus coupables que les hommes. Mais, dès qu'on les frappe, on se frappe. Qui les punit se punit. Quelque chose qu'elles aient faite, sous quelque aspect qu'elles paraissent, elles renversent la justice, en détruisent toute idée, la font nier et maudire. Jeunes, on ne peut les punir. Pourquoi? Parce qu'elles sont jeunes, amour, bonheur, fécondité. Vieilles, on ne peut les punir. Pourquoi? Parce qu'elles sont vieilles, c'est-à-dire qu'elles furent mères, qu'elles sont restées sacrées, et que leurs cheveux gris ressemblent à ceux de votre mère. Enceintes!... Ah! c'est là que la pauvre justice n'ose plus dire un seul mot; à elle de se convertir, de s'humilier, de se faire, s'il le faut, injuste. Une puissance est ici qui brave la loi; si la loi s'obstine, tant pis; elle se nuit cruellement, elle apparait horrible, impie, l'ennemie de Dieu!

Les femmes réclameront peut-être contre tout ceci; peut-être elles demanderont si ce n'est pas les faire éternellement mineures que leur refuser l'échafaud; elles diront qu'elles veulent agir, souffrir les conséquences de leurs actes. Qu'y faire pourtant? Ce n'est pas notre faute, si la nature les a faites, non pas faibles, comme on dit, mais infirmes, périodiquement malades, nature autant que personnes, filles du monde sidéral, donc, par leurs inégalités, écartées de plusieurs fonctions rigides des sociétés politiques. Elles n'y ont pas moins une influence énorme, et le plus souvent fatale jusqu'ici. Il y a paru dans nos révolutions. Ce sont généralement les femmes qui les ont fait avorter; leurs intrigues les ont minées, et leurs morts (souvent méritées, toujours impolitiques) ont puissamment servi la contre-révolution.

Distinguons une chose toutefois. Si elles sont, par leur tempérament, qui est la passion, dangereuses en politique, elles sont peut-être plus propres que l'homme à l'administration. Leurs habitudes sédentaires et le soin qu'elles mettent en tout, leur goût naturel de satisfaire, de plaire et de contenter, en font d'excellents commis. On s'en aperçoit dès aujourd'hui dans l'administration des postes. La Révolution, qui renouvelait tout, en lançant l'homme dans les carrières actives, eût certainement employé la femme dans les carrières sédentaires. Je vois une femme parmi les employés du Comité de salut public. (*Archives, Registres manuscrits des procès-verbaux du Comité*, 5 juin 93, p. 79.)

XXVIII

CATHERINE THÉOT, MÈRE DE DIEU. — ROBESPIERRE MESSIE.
(JUIN 94).

Le temps était au fanatisme. L'excès des émotions avait brisé, humilié, découragé la raison. Sans parler de la Vendée, où l'on ne voyait que miracles, un Dieu avait apparu en Artois. Les morts y ressuscitaient en 94. Dans le Lyonnais, une prophétesse avait eu de grands succès; cent mille âmes y prirent, dit-on, le bâton de voyage, s'en allant sans savoir où. En Allemagne, les sectes innombrables des illuminés s'étendaient non-seulement dans le peuple, mais dans les plus hautes classes : le roi de Prusse en était. Mais nul homme de l'Europe n'excitait si vivement l'intérêt de ces mystiques que l'étonnant Maximilien. Sa vie, son élévation à la suprême puissance par le fait seul de la parole, n'était-elle pas un miracle, et le plus étonnant de tous? Plusieurs lettres lui venaient, qui le déclaraient un Messie. Tels voyaient distinctement au ciel la *constellation Robespierre*. Le 2 août 93, le président des Jacobins désignait, sans le nommer, le *Sauveur qui allait venir*. Une infinité de personnes avaient ses portraits appendus chez elles, comme image sainte. Des femmes, des généraux mêmes, portaient un petit Robespierre dans leur sein, baisaient, priaient la miniature sacrée. Ce qui est plus étonnant, c'est que ceux qui le voyaient sans cesse et l'approchaient de plus près, *ses saintes femmes*, une baronne, une madame Chalabre (qui l'aidait dans sa police), ne le regardaient pas moins comme un être d'autre nature. Elles joignaient les mains, disant : « Oui, Robespierre, tu es Dieu. »

Du petit hôtel (démoli) où se tenait le Comité de sûreté jusqu'aux Tuileries, où était le Comité de salut public, régnait un corridor obscur. Là venaient les hommes de la police remettre les paquets cachetés. De là de petites filles portaient les lettres ou les paquets chez la grande dévote du Sauveur futur, chez cette madame Chalabre, mère de l'entrepreneur des Jeux.

Nous avons parlé ailleurs de la vieille idiote de la rue Montmartre, marmottant devant deux plâtres : « Dieu

sauve Manuel et Pétion! Dieu sauve Manuel et Pétion! »
Et cela, douze heures par jour. Nul doute qu'en 94
elle n'ait tout autant d'heures marmotté pour Robespierre.

L'amer Cévenol, Rabaut-Saint-Étienne, avait très-
bien indiqué que ces momeries ridicules, cet entourage de dévotes, cette patience de Robespierre à les
supporter, c'était le point vulnérable, le talon d'Achille, où l'on percerait le héros. Girey-Dupré, dans
un noël piquant et facétieux, y frappa, mais en passant. N'était-ce pas le sujet de cette comédie de Fabre
d'Églantine qu'on fit disparaître, et pour laquelle
peut-être Fabre disparut?

Pour formuler l'accusation, il fallait pourtant un
fait, une occasion qu'on pût saisir. Robespierre la
donna lui-même.

Dans ses instincts de police, insatiablement curieux
de faits contre ses ennemis, contre le Comité de sûreté, qu'il voulait briser, il furetait volontiers dans
les cartons de ce Comité. Il y trouva, prit, emporta
des papiers relatifs à la duchesse de Bourbon, et refusa de les rendre. Cela rendit curieux. Le Comité
s'en procura des doubles, et vit que cette affaire, si
chère à Robespierre, était une affaire d'illuminisme.

Quel secret motif avait-il de couvrir les *illuminés*,
d'empêcher qu'on ne donnât suite à leur affaire?

Ces sectes n'ont jamais été indifférentes aux politiques. Le duc d'Orléans était fort mêlé aux Francs-Maçons et aux Templiers, dont il fut, dit-on, grand maître. Les jansénistes, devenus sous la persécution une société secrète, par l'habileté peu commune avec laquelle ils organisaient la publicité mystérieuse des *Nouvelles ecclésiastiques*, avaient mérité l'attention particulière des Jacobins. Le tableau ingénieux qui révélait ce mécanisme était le seul ornement de la bibliothèque des Jacobins en 1790. Robespierre, de 89 à 91, demeura rue de Saintonge au Marais, près la rue de Touraine, à la porte même du sanctuaire où ces énergumènes du jansénisme expirant firent leurs derniers miracles ; le principal miracle était de crucifier des femmes, qui, en descendant de la croix, n'en mangeaient que mieux. Une violente recrudescence du fanatisme, après la Terreur, était facile à prévoir. Mais qui en profiterait ?

Au château de la duchesse prêchait un adepte, le chartreux dom Gerle, collègue de Robespierre à la Constituante, celui qui étonna l'Assemblée en demandant, comme chose simple, qu'elle déclarât le catholicisme religion d'État. Dom Gerle, à la même époque, voulait aussi que l'Assemblée proclamât la vérité des prophéties d'une folle, la jeune Suzanne Labrousse. Dom Gerle était toujours lié avec son ancien collègue ; il allait souvent le voir, l'honorait comme son patron : et, sans doute pour lui plaire, demeurait aussi chez un menuisier. Il avait obtenu de lui un certificat de civisme.

Bon républicain, le chartreux n'en était pas moins un prophète. Dans un grenier du pays latin, l'esprit lui était soufflé par une vieille femme, idiote, qu'on appelait la Mère de Dieu. Catherine Théot (c'était son nom) était assistée dans ses mystères de deux jeunes et charmantes femmes, brune et blonde, qu'on appelait la *Chanteuse* et la *Colombe*. Elles achalandaient le grenier. Des royalistes y allaient, des magnétiseurs, des simples, des fripons, des sots. Jusqu'à quel point un homme aussi grave que Robespierre pouvait-il être mêlé à ces momeries? on l'ignore. Seulement on savait que la vieille avait trois fauteuils, blanc, rouge et bleu; elle siégeait sur le premier, son fils dom Gerle sur le second à gauche; pour qui était l'autre, le fauteuil d'honneur à la droite de la Mère de Dieu? n'était-ce pas pour un fils aîné, le *Sauveur qui devait venir?*

Quelque ridicule que la chose pût être en elle-même, et quelque intérêt qu'on ait eu à la montrer telle, il y a deux points qui y découvrent l'essai d'une association grossière entre l'illuminisme chrétien, le mysticisme révolutionnaire et l'inauguration d'un gouvernement des prophètes.

« Le premier sceau de l'Évangile fut l'annonce du Verbe; le second, la séparation des cultes; *le troi-*

sième la Révolution; le quatrième, la mort des rois; le cinquième, la réunion des peuples; le sixième, le combat de l'ange exterminateur; le septième, la résurrection des élus de la Mère de Dieu, et le bonheur général *surveillé par les prophètes*. »

« Au jour de la résurrection, où sera la Mère de Dieu? Sur son trône, *entre ses prophètes*, dans le Panthéon. »

L'espion Sénart, qui se fit initier pour les trahir et les arrêta, trouva, dit-il, chez la Mère, une lettre écrite en son nom à Robespierre comme à son premier prophète, au fils de l'Être suprême, au Rédempteur, au Messie.

Les deux Gascons, Barrère, Vadier, qui firent ensemble l'œuvre malicieuse du rapport que les Comités lançaient dans la Convention, y mirent (comme ingrédients dans la chaudière du Sabbat) des choses tout à fait étrangères; je ne sais quel portrait, par exemple, du petit Capet, qu'on avait trouvé à Saint-Cloud. Cela donnait un prétexte de parler dans le rapport du royalisme, de restauration de la royauté. L'Assemblée, désorientée, ne savait d'abord que croire. Peu à peu, elle comprit. Sous le débit sombre et morne de Vadier, elle sentit le puissant comique de la facétie. La plaisanterie dans la bouche d'un homme qui tient son sérieux emporte souvent le fou rire sans qu'on puisse résister. L'effet fut si violent, que, sous le couteau de la guillotine, dans le feu, dans les supplices, l'Assemblée eût ri de même. On se tordait sur les bancs.

On décida, d'enthousiasme, que ce rapport serait envoyé aux quarante-quatre mille communes de la République, à toutes les administrations, aux armées. Tirage de cent mille peut-être !

Rien ne contribua plus directement à la chute de Robespierre.

XXIX

LES DAMES SAINT-AMARANTHE (JUIN 94).

Cette affaire de la Mère de Dieu se compliqua d'une autre accusation, bien moins méritée, dont Robespierre fut l'objet.

On supposa gratuitement que l'apôtre des Jacobins avait cherché des prosélytes jusque dans les maisons de jeu, des disciples parmi les dames qui recevaient des joueurs.

En réalité, on confondit malignement, calomnieusement, Robespierre aîné et Robespierre jeune, qui fréquentait ces maisons.

Robespierre jeune, avocat, parleur facile et vulgaire, homme de société, de plaisir, ne sentait pas assez combien la haute et terrible réputation de son frère demandait de ménagements. Dans ses missions, où son nom lui donnait un rôle très-grand et difficile à jouer, il veillait trop peu sur lui. On le voyait mener partout, et dans les clubs même, une femme très-équivoque.

Il avait vivement embrassé, par jeunesse et par bon cœur, l'espoir que son frère pourrait adoucir la Révolution. Il ne cachait point cet espoir, ne tenant pas assez compte des obstacles, des délais qui ajournaient ce moment. En Provence, il montra de l'humanité, épargna des communes girondines. A Paris, il eut le courage de sauver plusieurs personnes, entre autres le directeur de l'économat du clergé (qui plus tard fut le beau-père de Geoffroy-Saint-Hilaire).

Dans la précipitation de son zèle antiterroriste, il lui arriva parfois de faire taire et d'humilier de violents patriotes qui s'étaient avancés sans réserve pour la Révolution. Dans le Jura, par exemple, il imposa royalement silence au représentant Bernard de Saintes. Cette scène, très-saisissante, donna aux contre-révolutionnaires du Jura une confiance illimitée. Ils disaient légèrement (un des leurs, Nodier, le rapporte) : « Nous avons la protection de MM. de Robespierre. »

A Paris, Robespierre jeune fréquentait une maison infiniment suspecte du Palais-Royal, en face du perron même, au coin de la rue Vivienne, l'ancien hôtel Helvétius. Le perron était, comme on sait, le centre des agioteurs, tripoteurs de Bourse, des marchands d'or et d'assignats, des marchands de femmes. De somptueuses maisons de jeux étaient tout autour, hantées des aristocrates. J'ai dit ailleurs comment tous les vieux partis, à mesure qu'ils se dissolvaient, venaient mourir là, entre les filles et la roulette. Là finirent les Constituants, les Talleyrand, les Chapelier. Là traînèrent les Orléanistes. Plusieurs de la Gironde y vinrent. Robespierre jeune, gâté par ses missions princières, aimait aussi à retrouver là quelques restes de l'ancienne société.

La maison où il jouait était tenue par deux dames royalistes, fort jolies, la fille de dix-sept ans, la mère n'en avait pas quarante. Celle-ci, madame de Saint-Amaranthe, veuve, à ce qu'elle disait, d'un garde du corps qui se fit tuer au 6 octobre, avait marié sa fille dans une famille d'un nom fameux de police, au jeune Sartine, fils du ministre de la Pompadour, que Latude a immortalisé.

Madame de Saint-Amaranthe, sans trop de mystère, laissait, sous les yeux des joueurs, les portraits du roi et de la reine. Cette enseigne de royalisme ne nuisait pas à la maison. Les riches restaient royalistes. Mais ces dames avaient soin d'avoir de hauts protecteurs patriotes. La petite Saint-Amaranthe était fort aimée du Jacobin Desfieux, agent du Comité de sûreté (quand ce comité était sous Chabot), ami intime de Proly et logeant dans la même chambre, ami de Junius Frey, ce fameux banquier patriote qui donna sa sœur à Chabot. Tout cela avait apparu au procès de Desfieux, noyé avec Proly, dans le procès des Hébertistes.

Desfieux ayant été exécuté avec Hébert, le 24 mars, Saint-Just transmit une note contre la maison qu'il fréquentait au Comité de sûreté, qui, le 31, fit arrêter les Saint-Amaranthe et Sartine. (*Archives, Comité de sûreté, registre* 642, *10 germinal.*)

Mais Robespierre jeune, aussi bien que Desfieux, était ami de cette maison; c'est ce qui, sans doute, valut à ces dames de rester en prison assez longtemps sans jugement. Le Comité de sûreté, auquel il dut s'adresser pour leur obtenir des délais, était instruit de l'affaire. Il avait là une ressource, un glaive contre son ennemi. Admirable prise! La chose habilement arrangée, Robespierre pouvait apparaître comme patron des maisons de jeu!

Robespierre? lequel des deux? on se garda de dire *le jeune*. La chose eût perdu tout son prix.

Il fut bientôt averti, sans doute par son frère même, qui fit sa confession. Il vit l'abîme et frémit.

Alla-t-il aux comités? ou les comités lui envoyèrent-ils? on ne sait. Ce qui est sûr, c'est que, le soir du

25 prairial (14 juin), deux choses terribles se firent entre lui et eux.

Il réfléchit que l'affaire était irrémédiable, que l'effet en serait augmenté par sa résistance, qu'il fallait en tirer parti, obtenir des comités, en retour de cette vaine joie de malignité, un pouvoir nouveau qui lui servirait peut-être à frapper les comités, en tout cas, à faire un pas décisif dans sa voie de dictature judiciaire.

Lors donc que le vieux Vadier lui dit d'un air observateur : « Nous faisons demain le rapport sur l'affaire Saint-Amaranthe, » il fit quelques objections, mollement, et moins qu'on ne pensait.

Chacun crut Robespierre lié avec les Saint-Amaranthe, que, selon toute apparence, il ne connaissait même pas. L'invraisemblance du roman n'arrêta personne. Que cet homme sombrement austère, si cruellement agité, acharné à la poursuite de son tragique destin, s'en allât comme un Barrère, un marquis de la Terreur, s'égayer en une telle maison, chez des dames ainsi notées, on trouva cela naturel !... La crédulité furieuse serrait sur ses yeux le bandeau.

Il était à craindre pourtant que l'équité et le bon sens ne retrouvassent un peu de jour, que quelques-uns ne s'avisassent de cette chose si simple : Il y a deux Robespierre.

En juin eut lieu à grand bruit, avec un appareil incroyable, le supplice solennel des prétendus *assassins de Robespierre*, parmi lesquels on avait placé les Saint-Amaranthe.

Le drame de l'exécution, monté avec un soin, un effet extraordinaires, offrit cinquante-quatre personnes, portant toutes le vêtement que la seule Charlotte Corday avait porté jusque-là, la sinistre chemise rouge des parricides et de ceux qui assassinaient les pères du peuple, les représentants. Le cortége mit trois heures pour aller de la Conciergerie à la place de la Révolution, et l'exécution employa une heure.

De sorte que, dans cette longue exhibition de quatre heures entières, le peuple put regarder, compter, connaître, examiner les *assassins de Robespierre*, savoir toute leur histoire.

Des canons suivaient les charrettes, et tout un monde de troupes. Pompeux et redoutable appareil qu'on n'avait jamais vu depuis l'exécution de Louis XVI. « Quoi ! tout cela, disait-on, pour venger un homme ! Et que ferait-on de plus *si Robespierre était roi ?* »

Il y avait cinq ou six femmes jolies, et trois toutes jeunes. C'était là surtout ce que le peuple regardait et ce qu'il ne digérait pas ; — et, autour de ces femmes charmantes, leurs familles tout entières, la Saint-Amaranthe avec tous les siens, la Renault avec tous les siens, une tragédie complète sur chaque voiture;

les pleurs et les regrets mutuels, des appels de l'un à l'autre à crever le cœur. Madame de Saint-Amaranthe, fière et résolue d'abord, défaillait à tout instant.

Une actrice des Italiens, mademoiselle Grandmaison, portait l'intérêt au comble. Maîtresse autrefois de Sartine, qui avait épousé la jeune Saint-Amaranthe, elle lui restait fidèle. Pour lui, elle s'était perdue. Elles étaient là ensemble, assises dans la même charrette, les deux infortunées, devenues sœurs dans la mort, et mourant dans un même amour.

Un bruit circulait dans la foule, horriblement calomnieux, que Saint-Just avait voulu avoir la jeune Saint-Amaranthe, et que c'était par jalousie, par rage, qu'il l'avait dénoncée.

Que Robespierre eût ainsi abandonné les Saint-Amaranthe, qu'on supposait ses disciples, ce fut le sujet d'un prodigieux étonnement.

Toutes les conditions de l'horreur et du ridicule semblaient réunies dans cette affaire. Le Comité de sûreté, qui avait arrangé la chose, dans son drame atroce, mêlé de vrai et de faux, avait dépassé à la fois la comédie, la tragédie, écrasé tous les grands maîtres. L'immuable et l'irréprochable, surpris dans le pas secret d'une si leste gymnastique, montré nu entre deux masques, ce fut un aliment si cher à la malignité, qu'on crut tout, on avala tout, on n'en rabattit pas un mot. Philosophe chez le menuisier, messie des vieilles rue Saint-Jacques, au Palais-Royal souteneur de jeux! Faire marcher de front ces trois rôles, et sous ce blême visage de censeur impitoyable!... Shakspeare était humilié, Molière vaincu; Talma, Garrick, n'étaient plus rien à côté.

Mais, quand, en même temps, on réfléchissait au lâche égoïsme qui lançait en avant les siens et qui les abandonnait! à la prudence infinie de ce messie, de ce sauveur, qui ne sauvait que lui-même, laissant ses apôtres à Judas, avec Marie-Madeleine, pour être en croix à sa place!... oh! la fureur du mépris débordait de toutes les âmes!

Hier, dictateur, pape et Dieu... l'infortuné Robespierre aujourd'hui roulait à l'ignominie.

Telle fut l'âcre, brûlante et rapide impression de la calomnie sur des âmes bien préparées. Il avait, toute sa vie, usé d'accusations vagues. Il semblait qu'elles lui revinssent au dernier jour par ce noir flot de boue sanglante...

Les colporteurs, au matin, de clameurs épouvantables, hurlant la *sainte guillotine*, les *cinquante-quatre en manteaux rouges*, les *assassins de Robespierre*, aboyaient plus haut encore les *Mystères de la Mère de Dieu*. Une nuée de petits pamphlets, millions de mouches piquantes nées de l'heure d'orage, volaient sous ce titre. Ces colporteurs, maratistes, hébertistes, regrettant toujours leurs patrons, poussaient par des cris infernaux la publicité monstrueuse du rapport déjà imprimé par décret à près de cent mille.

On ne les laissait pas tranquilles. Mais rien n'y faisait. Le combat des grandes puissances se combattait sur leur dos. La Commune de Robespierre hardiment les arrêtait. Mais le Comité de sûreté à l'instant les relâchait. Ils n'en étaient que plus sauvages, plus furieux à crier. De l'Assemblée aux Jacobins et jusqu'à la maison Duplay, en face de l'Assomption, toute la rue Saint-Honoré vibrait de leurs cris ; les vitres en tremblaient. La *grande colère du Père Duchesne* semblait revenue triomphante dans leurs mille gueules effrenées et dans leurs bouches tordues.

XXX

INDIFFÉRENCE A LA VIE. — AMOURS RAPIDES DES PRISONS (93-94).

La prodigalité de la peine de mort avait produit son effet ordinaire : une étonnante indifférence à la vie.

La Terreur généralement était une loterie. Elle frappait au hasard, très-souvent frappait à côté. Elle manquait ainsi son objet. Ce grand sacrifice d'efforts et de sang, cette terrible accumulation de haines, étaient en pure perte. On sentait confusément, instinctivement, l'inutilité de ce qui se faisait. De là un grand découragement, une rapide et funeste démoralisation, une sorte de choléra moral.

Quand le nerf moral se brise, deux choses contraires en adviennent. Les uns, décidés à vivre à tout prix, s'établissent en pleine boue. Les autres, d'ennui, de nausée, vont au-devant de la mort, ou du moins ne la fuient plus.

Cela avait commencé à Lyon ; les exécutions trop fréquentes avaient blasé les spectateurs ; un d'eux disait en revenant : « Que ferai-je pour être guillotiné ? » Cinq prisonniers à Paris échappent aux gendarmes ; ils avaient voulu seulement aller encore au Vaudeville. L'un revient au tribunal : « Je ne puis plus retrouver les autres. Pourriez-vous me dire où sont nos gendarmes ? Donnez-moi des renseignements. »

De pareils signes indiquaient trop que décidément la Terreur s'usait. Cet effort contre nature ne pouvait plus se soutenir. La nature, la toute-puissante, l'indomptable nature, qui ne germe nulle part plus énergiquement que sur les tombeaux, reparaissait victorieuse, sous mille formes inattendues. La guerre, la terreur, la mort, tout ce qui semblait contre elle, lui donnaient de nouveaux triomphes. Les femmes ne furent jamais si fortes. Elles se multipliaient, remuaient tout. L'atrocité de la loi rendait quasi-légitimes les faiblesses de la grâce. Elles disaient hardiment, en consolant le prisonnier : « Si je ne suis bonne aujourd'hui, il sera trop tard demain. » Le matin, on rencontrait de jolis jeunes imberbes menant le cabriolet à bride abattue, c'étaient des femmes humaines qui sollicitaient, couraient les puissants du jour. De là, aux prisons. La charité les menait loin. Consolatrices du dehors, ou prisonnières du dedans, aucune ne disputait. Être enceinte, pour ces dernières, c'était une chance de vivre.

Un mot était répété sans cesse, employé à tout : La *nature!* suivre la nature! Livrez-vous à la nature, etc. Le mot *vie* succéda en 95 : « Coulons la vie!... Manquer sa vie, » etc.

On frémissait de la manquer, on la saisissait au passage, on en économisait les miettes. On en volait au destin tout ce qu'on pouvait dérober. De respect humain, aucun souvenir. La captivité était, en ce sens, un complet affranchissement. Des hommes graves, des femmes sérieuses, se livraient aux folles parades, aux dérisions de la mort. Leur récréation favorite était la répétition préalable du drame suprême, l'essai de la dernière toilette et les grâces de la guillotine. Ces lugubres parades comportaient d'audacieuses exhibitions de la beauté ; on voulait faire regretter ce que la mort allait atteindre. Si l'on en croit un royaliste, de grandes dames humanisées, sur des chaises mal assurées, hasardaient cette gymnastique. Même à la sombre Conciergerie, où l'on ne venait guère que pour mourir, la grille tragique et sacrée, témoin des prédications viriles de madame Roland, vit souvent, à certaines heures, des scènes bien moins sérieuses; la nuit et la mort gardaient le secret.

De même que, l'assignat n'inspirant aucune confiance, on hâtait les transactions, l'homme aussi n'étant pas plus sûr de durer que le papier, les liaisons se brusquaient, se rompaient, se reformaient avec une mobilité extraordinaire. L'existence, pour ainsi parler, était volatilisée. Plus de solide, tout fluide, et bientôt gaz évanoui.

Lavoisier venait d'établir et démontrer la grande idée moderne : solide, fluide et gazeux, trois formes d'une même substance.

Qu'est-ce que l'homme physique et la vie? Un gaz solidifié [1].

---

[1] Je trouve avec bonheur, chez Liebig (Nouvelles lettres sur la chimie, lettre xxxvi), cette observation si juste, qui, dans cette extrême mobilité de l'être physique, me garantit la fixité de mon âme et son indépendance : « L'être immatériel, conscient, pensant et sensible, qui habite la boîte d'air condensé qu'on appelle homme, est-il un simple effet de sa structure et de sa disposition intérieure? Beaucoup le croient ainsi. Mais, si cela était vrai, l'homme devrait être identique avec le bœuf ou autre animal inférieur dont il ne diffère pas, comme composition et disposition. » Plus la chimie me prouve que je suis matériellement semblable à l'animal, plus elle m'oblige de rapporter à un principe différent mes énergies si variées et tellement supérieures aux siennes.

XXXI

CHAQUE PARTI PÉRIT PAR LES FEMMES.

Si les femmes, dès le commencement, ajoutèrent une flamme nouvelle à l'enthousiasme révolutionnaire, il faut dire qu'en revanche, sous l'impulsion d'une sensibilité aveugle, elles contribuèrent de bonne heure à la réaction, et, lors même que leur influence était la plus respectable, préparèrent souvent la mort des partis.

Lafayette, par le désintéressement de son caractère, l'imitation de l'Amérique, l'amitié de Jefferson, etc., eût été très-loin. Il fut arrêté surtout par l'influence des femmes flatteuses qui l'enlacèrent, par celle même de sa femme, dont l'apparente résignation, la douleur et la vertu, agirent puissamment sur son cœur. Il avait chez lui en elle un puissant avocat de la royauté, puissant par ses larmes muettes. Elle ne se consolait pas de voir son mari se faire le geôlier du Roi. Née Noailles, avec ses parentes, elle ne vivait presque qu'au couvent des Miramiones, l'un des principaux foyers du fanatisme royaliste. Elle finit par s'enfuir en Auvergne, et délaissa son mari, qui devint, peu à peu, le champion de la royauté.

Les vainqueurs de Lafayette, les Girondins, ont été de même gravement compromis, on l'a vu, par les femmes. Nous avons énuméré ailleurs les courageuses imprudences de madame Roland. Nous avons vu le génie de Vergniaud s'endormir et s'énerver aux sons trop doux de la harpe de mademoiselle Candeille.

Robespierre, très-faussement accusé pour les légèretés de son frère, le fut avec raison pour le culte fétichiste dont il se laissa devenir l'objet, pour l'adoration ridicule dont l'entouraient ses dévotes. Il fut vraiment frappé à mort par l'affaire de Catherine Théot.

Si, des républicains, nous passons aux royalistes, même observation. Les imprudences de la reine, sa violence et ses fautes, ses rapports avec l'étranger, contribuèrent, plus qu'aucune autre chose, à précipiter le destin de la royauté.

Les Vendéennes, de bonne heure, travaillèrent à préparer, à lancer la guerre civile. Mais l'aveugle furie de leur zèle fut aussi l'une des causes qui la firent échouer. Leur obstination à suivre la grande armée qui passa la Loire en octobre 93 contribua plus qu'aucune chose à la paralyser. Le plus capable des Vendéens, M. de Bonchamps, avait espéré dans le désespoir, dans les forces qu'il donnerait, quand, ayant quitté son fort, son profond Bocage, et mise en rase campagne, la Vendée courrait la France, dont les forces était aux frontières. Cette course de sanglier voulait une rapidité, un élan terribles, une décision vigoureuse d'hommes et de soldats. Bonchamps n'avait pas calculé que dix ou douze mille femmes s'accrocheraient aux Vendéens et se feraient emmener.

Elles crurent trop dangereux de rester dans le pays. Aventureuses d'ailleurs, du même élan qu'elles avaient commencé la lutte civile, elles voulurent aussi en courir la suprême chance. Elles jurèrent qu'elles iraient plus vite et mieux que les hommes, qu'elles marcheraient jusqu'au bout du monde. Les unes, femmes sédentaires, les autres, religieuses (comme l'abbesse de Fontevraud), elles embrassaient volontiers d'imagination l'inconnu de la croisade, d'une vie libre et guerrière. Et pourquoi la Révolution, si mal combattue par les hommes, n'aurait-elle pas été vaincue par les femmes, si Dieu le voulait?

On demandait à la tante d'un de mes amis, jusque-là bonne religieuse, ce qu'elle espérait en suivant cette grande armée confuse où elle courait bien des hasards. Elle répondit martialement : « Faire peur à la Convention. »

Bon nombre de Vendéennes croyaient que les hommes moins passionnés pourraient bien avoir besoin d'être soutenus, relevés par leur énergie. Elles voulaient faire marcher droit leurs maris et leurs amants, donner courage à leurs prêtres. Au passage de la Loire, les barques étaient peu nombreuses, elles employaient, en attendant, le temps à se confesser. Les prêtres les écoutaient, assis sur les tertres du rivage. L'opération fut troublée par quelques volées perdues du canon républicain. Un des confesseurs fuyait... Sa pénitente le rattrape : « Eh! mon père! l'absolution! — Ah! ma fille, vous l'avez. — Mais elle ne le tint pas quitte : le retenant par sa soutane, elle le fit rester sous le feu.

Tout intrépides qu'elles fussent, ces dames n'en furent pas moins d'un grand embarras pour l'armée. Outre cinquante carrosses où elles s'étaient entassées, il y en avait des milliers, ou en charrette, ou à cheval, à pied, de toutes façons. Beaucoup traînaient des enfants. Plusieurs étaient grosses. Elles trouvèrent bientôt les hommes autres qu'ils n'étaient au départ. Les vertus du Vendéen tenaient à ses habitudes ; hors de chez lui, il se trouva démoralisé. Sa confiance en ses chefs, en ses prêtres, disparut; il soupçonnait les premiers de vouloir fuir, s'embarquer. Pour les prêtres, leurs disputes, la fourbe de l'évêque d'Agra, les intrigues de Bernier, leurs mœurs jusque-là cachées, tout parut cyniquement. L'armée y perdit sa foi. Point de milieu; dévots hier, tout à coup douteurs aujourd'hui, beaucoup ne respectaient plus rien.

Les Vendéennes payèrent cruellement la part qu'elles avaient eue à la guerre civile. Sans parler des noyades qui suivirent, dès la bataille du Mans quelques trentaines de femmes furent immédiatement fusillées. Beaucoup d'autres, il est vrai, furent sauvées par les soldats, qui, donnant le bras aux dames tremblantes, les tirèrent de la bagarre. On en cacha tant qu'on put dans les familles de la ville. Marceau, dans un cabriolet à lui, sauva une demoiselle qui avait perdu tous les siens. Elle se souciait peu de vivre et ne fit rien pour aider son libérateur; elle fut jugée et périt. Quelques-unes épousèrent ceux qui les avaient sauvées; ces mariages tournèrent mal; l'implacable amertume revenait bientôt.

Un jeune employé du Mans, nommé Goubin, trouve, le soir de la bataille, une pauvre demoiselle, se cachant sous une porte et ne sachant où aller. Lui-même, étranger à la ville, ne connaissant nulle maison sûre, il la retira chez lui. Cette infortunée, grelottante de froid ou de peur, il la mit dans son propre lit. Petit commis à six cents francs, il avait un cabinet, une chaise, un lit, rien de plus. Huit nuits de suite, il dormit sur sa chaise. Fatigué alors, devenant malade, il lui demanda, obtint de coucher près d'elle, habillé. Inutile de dire qu'il fut ce qu'il devait être. Une heureuse occasion permit à la demoiselle de retourner chez ses parents. Il se trouva qu'elle était riche, de grande famille, et (c'est le plus étonnant) qu'elle avait de la mémoire. Elle fit dire à Goubin qu'elle voulait l'épouser : « Non, mademoiselle ; je suis républicain ; les bleus doivent rester bleus ! »

XXXII

LA RÉACTION PAR LES FEMMES DANS LE DEMI-SIÈCLE QUI SUIT
LA RÉVOLUTION.

Plusieurs choses précipitèrent la réaction, après le 9 thermidor :

La tension excessive du gouvernement révolutionnaire, la lassitude d'un ordre de choses qui imposait les plus durs sacrifices et aux sens et au cœur. Immense fut l'élan de la pitié, aveugle, irrésistible.

Il ne faut pas s'étonner si les femmes furent les principaux agents de la réaction.

La négligence voulue du costume, l'adoption du langage et des habitudes populaires, le *débraillé* de l'époque, ont été flétris du nom de cynisme. En réalité, l'autorité républicaine, dans sa sévérité croissante, fut unanime pour imposer, comme garantie de civisme, l'austérité des mœurs.

La *censure* morale était exercée, non-seulement par les magistrats, mais par les sociétés populaires. Plus d'une fois des procès d'adultère furent portés à la Commune et aux Jacobins. Les uns et les autres décident que l'homme immoral *est suspect*. Grave et sinistre désignation, plus redoutée alors qu'aucune peine!

Jamais aucun gouvernement ne poursuivit plus rudement les filles publiques.

De là les secours aux filles mères, dont on a tant parlé. En réalité, si les filles qui ont failli ne sont point secourues, elles deviennent la plupart des filles publiques. L'enfant délaissé va aux hôpitaux, c'est-à-dire qu'il meurt.

Les bals et les jeux (alors synonymes de maisons de prostitution) avaient à peu près disparu.

Les salons, où les femmes avaient tant brillé jusqu'en 92, se ferment avant 93.

Les femmes se jugeaient annulées. Sous ce gouvernement farouche, elles n'eussent été qu'épouses et mères.

La détente se lâche le 9 thermidor. Un débordement inouï, une furieuse bacchanale commença dès le jour même.

Dans la longue promenade qu'on fit faire à Robespierre pour le mener à l'échafaud, le plus horrible, ce fut l'aspect des fenêtres, louées à tout prix. Des figures inconnues, qui depuis longtemps se cachaient, étaient sorties au soleil. Un monde de riches, de filles, paradait à ces balcons. A la faveur de cette réaction violente de sensibilité publique, leur fureur osait se montrer. Les femmes surtout offraient un spectacle intolérable. Impudentes, demi-nues, sous prétexte de juillet, la gorge chargée de fleurs, accoudées sur le velours, penchées à mi-corps sur la rue Saint-Honoré, avec les hommes derrière, elles criaient d'une voix aigre : « A mort ! à la guillotine ! » Elles reprirent ce jour-là hardiment les grandes toilettes, et, le soir, elles *soupèrent*. Personne ne se contraignait plus.

De Sade sortit de prison le 10 thermidor.

Quand le funèbre cortége arriva à l'Assomption, devant la maison Duplay, les actrices donnèrent une scène. Des furies dansaient en rond. Un enfant était là à point, avec un seau de sang de bœuf ; d'un balai, il jeta des gouttes contre la maison. Robespierre ferma les yeux.

Le soir, ces mêmes bacchantes coururent à Sainte-Pélagie, où était la mère Duplay, criant qu'elles étaient les veuves des victimes de Robespierre. Elles se firent ouvrir les portes par les geôliers effrayés, étranglèrent la vieille femme et la pendirent à la tringle de ses rideaux.

Paris redevint très-gai. Il y eut famine, il est vrai. Dans tout l'Ouest et le Midi, on assassinait librement. Le Palais-Royal regorgeait de joueurs et de filles, et les dames, demi-nues, faisaient honte aux filles publiques. Puis, ouvrirent ces *bals des victimes*, où la luxure impudente roulait dans l'orgie son faux deuil.

L'*homme sensible*, en gémissant, spéculait sur l'assignat et les biens nationaux. La *bande noire* pleurait à chaudes larmes les parents qu'elle n'eut jamais. Les marquises et les comtesses, les actrices royalistes, rentrant hardiment en France, sortant de prison ou de leurs cachettes, travaillaient, sans s'épargner, à royaliser la Terreur ; elles enlaçaient les Terroristes, fascinaient les Thermidoriens, leur poussaient la main au meurtre, leur affilaient le couteau pour saigner la République. Nombre de Montagnards, Tallien, Bentabole, Rovère, s'étaient mariés noblement. Le boucher Legendre, longtemps aplati comme un bœuf saigné, redevint tout à coup terrible sous l'aiguillon de la Contat ; cette maligne Suzanne du *Figaro* de Beaumarchais jeta le lacet au taureau, et le lança, cornes basses, au travers des Jacobins.

Nous n'avons pas à raconter ces choses. Tout ceci n'est plus la Révolution. Ce sont les commencements de la longue Réaction qui dure depuis un demi-siècle.

CONCLUSION

CONCLUSION

Le défaut essentiel de ce livre, c'est de ne pas remplir son titre. Il ne donne point les *femmes de la Révolution*, mais quelques héroïnes, quelques femmes plus ou moins célèbres. Il dit telles vertus éclatantes. Il tait un monde de sacrifices obscurs, d'autant plus méritants que la gloire ne les soutint pas.

Ce que les femmes furent en 89, à l'immortelle aurore, ce qu'elles furent au midi de 90, à l'heure sainte des Fédérations, de quel cœur elles dressèrent l'autel de l'avenir! — au départ enfin de 92, quand il fallut se l'arracher, ce cœur, et donner tout ce qu'on aimait!... qui pourrait dire cela? Nous avons entrepris ailleurs d'en faire entrevoir quelque chose, mais combien incomplétement!

Pendant les dix années que coûta cette œuvre historique, nous avions essayé dans notre chaire du Collége de France de reprendre et d'approfondir ces grands sujets de l'influence de la femme et de la famille.

En 1848 spécialement, nous indiquions l'initiative que la femme était appelée à prendre dans nos nouvelles circonstances. Nous disions à la République : Vous ne fonderez pas l'État sans une réforme morale de la famille. La famille ébranlée ne se raffermira qu'au foyer du nouvel autel, fondé par la Révolution.

Qu'ont servi tant d'efforts? et que sont devenues ces paroles? où est cet auditoire bienveillant, sympathique?..

Dois-je dire comme le vieux Villon : *Où sont les neiges de l'autre an?*

Mais les murs au moins s'en souviennent, la salle qui vibra de la puissante voix de Quinet, la voûte où je vis telle parole prophétique de Mickiewicz se graver en lettres de feu...

Oui, je disais aux femmes : Personne plus que vous n'est intéressé dans l'État, puisque personne ne porte plus que vous le poids des malheurs publics.

L'homme donne sa vie et sa sueur. Vous donnez vos enfants.

Qui paye l'impôt du sang ? la mère.

C'est elle qui met dans nos affaires la mise la plus forte, le plus terrible enjeu.

Qui plus que vous a le droit, le devoir, de s'entourer de lumières sur un tel intérêt, de s'initier complétement aux destinées de la Patrie ?

Femmes qui lisez ce livre, ne laissez pas votre attention distraite aux anecdotes variées de ces biographies. Regardez sérieusement les premières pages et les dernières.

Dans les premières, que voyez-vous ?

La sensibilité, le cœur, la sympathie pour les misères du genre humain, vous lança en 89 dans la Révolution. Vous eûtes pitié du monde, et vous vous élevâtes à ce point d'immoler la famille même.

La fin du livre, quelle est-elle ?

La sensibilité encore, la pitié et l'horreur du sang, l'amour inquiet de la famille, contribuèrent plus qu'aucune autre chose à vous jeter dans la réaction.

L'horreur du sang. Et la Terreur blanche, en 95, en 1815, en versa plus par les assassinats que 93 par les échafauds.

L'amour de la famille. Pour vos fils en effet, pour leur vie et pour leur salut, vous reniâtes la pensée de 92, la délivrance du monde. Vous cherchâtes abri sous la force. Vos fils, que devinrent-ils? quelque enfant que je fusse alors, ma mémoire est fidèle : jusqu'en 1815, n'étiez-vous pas toutes en deuil?

Le cœur vous trompa-t-il en 89, alors qu'il embrassa le monde? L'avenir dira non. — Mais, qu'il vous ait trompées dans la réaction de cette époque, lorsque vous immolâtes le monde à la famille pour voir ensuite décimer la famille et l'Europe semée des os de vos enfants, rien de plus sûr : le passé vous l'a dit.

Une autre chose encore doit sortir pour vous de ce livre.

Comparez, je vous prie, la vie de vos mères et la vôtre, leur vie pleine et forte, féconde d'œuvres, de nobles passions. Et regardez ensuite, si vous le pouvez, le néant et l'ennui, la langueur où coulent vos jours. Quelle a été votre part, votre rôle, dans ce misérable demi-siècle de la réaction?

Voulez-vous que je vous dise franchement d'où vient la différence?

Elles aimèrent les forts et les vivants. Vous, vous aimez les morts.

J'appelle les vivants ceux dont les actes et dont les œuvres renouvellent le monde, ceux qui du moins en font le mouvement, le vivifient de leur activité, qui voguent avec lui, respirant du grand souffle dont se gonfle la voile du siècle, et dont le mot est : *En avant!*

Et les morts? J'appelle ainsi, madame, l'homme inutile qui vous amuse à vingt ans de sa frivolité, l'homme dangereux qui vous mène à quarante dans les voies de l'intrigue pieuse, qui vous nourrit de petitesses, d'agitations sans but, d'ennui stérile.

Quoi! pendant que le monde vivant qu'on vous laisse ignorer, pendant que le foudroyant génie moderne, dans sa fécondité terrible, multiplie ses miracles par heure et par minute, vapeur et daguerréotype, chemin de fer, télégraphe électrique (où sera tout à l'heure la conscience du globe), tous les arts mécaniques et chimiques, leurs bienfaits, leurs dons infinis, versés à votre insu sur vous (et jusqu'à la robe que vous portez, effort de vingt sciences!), pendant ce prodigieux mouvement de la vie, vous enfermer dans le sépulcre!

Vous user à sauver la ruine qu'on ne sauvera pas!

Si vous aimez le moyen âge, écoutez ce mot prophétique que je traduis d'un de ses chants, d'une vieille *prose*, comique et sublime :

> Le nouveau emporte le vieux,
> L'ombre est chassée par la clarté,
> Le jour met en fuite la nuit ..
> . . . .
> A genoux! et dis : Amen !...
> Assez mangé d'herbe et de foin...
> Laisse les vieilles choses... Et va !...

Filles de la longue paix qui traîne depuis 1815, connaissez bien votre situation.

Voyez-vous là-bas tous ces nuages noirs qui commencent à crever? Et, sous vos pieds, entendez-vous ces craquements du sol, ces grondements de volcans souterrains, ces gémissements de la nature?...

Ah! cette lourde paix qui fut pour vous un temps

de langueur et de rêves, elle fut pour des peuples entiers le cauchemar de l'écrasement. Elle finit... Je connais votre cœur, remerciez-en Dieu qui lève le pesant sceau de plomb sous lequel le monde haletait.

Ce bien-être où languissait votre mollesse, il fallait qu'il finît. Pour ne parler que d'un péril, qui ne voyait venir la barbare rapacité du Nord, la fascination russe, la ruse byzantine poussant vers l'Occident la férocité du Cosaque?

Oubliez, oubliez que vous fûtes les filles de la paix. Vous voilà tout à l'heure dans la haute et difficile situation de vos mères aux jours des grands combats. Comment soutinrent-elles ces épreuves? Il est temps pour vous de le demander.

Elles n'acceptèrent pas seulement le sacrifice, elles l'aimèrent, elles allèrent au-devant.

La fortune, la nécessité, qui croyaient leur faire peur, et venaient à elles, les mains pleines de glaives, les trouvèrent fortes et souriantes, sans plainte molle, sans injure à la mort.

Le destin tenta davantage. Il frappa ce qu'elles aimaient... Et là encore il les trouva plus grandes, et disant sous leurs crêpes : « La mort !... mais la mort immortelle ! »

A cela plusieurs de vous disent, je les entends d'ici : « Et nous aussi, nous serions fortes !... Viennent l'épreuve et le péril ! Les grandes crises nous trouveront toujours prêtes. Nous ne serons pas au-dessous. »

Au danger? oui, peut-être ; mais aux privations? au changement prolongé de situation, d'habitudes? C'est là le difficile, l'écueil même de tel noble cœur!...

Dire adieu à la vie somptueuse, abondante, souffrir, jeûner, d'accord, s'il le fallait. Mais se détacher de ce monde d'inutilités élégantes qui, dans l'état de nos mœurs, semblent faire la poésie de la femme!... Ah! ceci est trop fort! Beaucoup voudraient plutôt mourir!

———

Dans les années dites *heureuses* qui amenèrent 1848, quand l'horizon moral s'était rembruni tellement, quand l'existence lourde, n'étant point soulevée ni par l'espoir ni par l'épreuve, s'affaissait sur elle-même, je cherchais bien souvent en moi quelle prise restait encore, quelle chance pour un renouvellement.

Entouré de cette foule où plusieurs avaient foi, plus qu'un autre affecté des signes effrayants d'une caducité de Bas-Empire, je regardais avec inquiétude autour de moi. Que voyais-je devant ma chaire? Une brillante jeunesse, charmant, sympathique auditoire et le plus pénétrant qui fut jamais. Dévoué à l'idée?

ah! plus d'un l'a prouvé!... Mais pour un grand nombre pourtant l'écueil était l'excès de la culture, la curiosité infinie, la mobilité de l'esprit, des amours passagers pour tel et tel système, un faible pour les utopies ingénieuses qui promettent un monde harmonique sans lutte et sans combat, qui, rendant par cela toute privation inutile, feraient disparaître d'ici la nécessité du sacrifice et l'occasion du dévouement.

Le sacrifice est la loi de ce monde. Qui se sacrifiera?

Telle était la question que je m'adressais tristement.

« Dieu me donne un point d'appui! disait le philosophe, je me charge d'enlever le globe! »

Nul autre point d'appui que la disposition au sacrifice.

Le devoir y suffirait-il? Non, il y faut l'amour.

« Qui aime encore? » C'est la seconde question que le moraliste devait s'adresser.

Question déplacée? Nullement, dans le monde de glace, d'intérêt croissant, d'égoïsme, d'intrigue politique, de banque, de bourse, dont nous nous sentons entourés.

« Qui aime? (La nature me fit cette réponse.) Qui aime? c'est la femme.

« D'amour, elle aime un jour. De maternité, pour la vie. »

Donc, je m'adressai à la femme, à la mère, pour la grande initiative sociale [1].

Le bon Ballanche, parmi tous ses obscurs romans mystiques, eut parfois des coups de lumière, des intuitions vraies. Un jour que, pour l'embarrasser, nous lui faisions cette question : « Qu'est-ce que la femme, à votre avis ? » il rêva quelque temps. Ses doux yeux de biche égarée furent plus sauvages encore qu'à l'ordinaire. Enfin, le vieillard rougissant, comme une jeune fille au mot d'amour : « C'est une initiation. »

---

[1] « Ainsi, diront les sages, délaissant le ferme terrain de l'idée, vous vous plaçâtes dans les voies mobiles du sentiment. »

A quoi je répondrais : Peu, très peu d'idées sont nouvelles. Presque toutes celles qui éclatent en ce siècle, et veulent l'entraîner, ont paru bien des fois, et toujours inutilement. L'avénement d'une idée n'est pas tant la première apparition de sa formule que sa définitive incubation, quand, reçue dans la puissante chaleur de l'amour, elle éclôt fécondée par la force du cœur.

Alors, alors, elle n'est plus un mot, elle est chose vivante ; comme telle, elle est aimée, embrassée, comme un cher nouveau-né, que l'humanité reçoit dans ses bras.

D'idées et de systèmes, nous abondons, surabondons. Lequel nous

Mot charmant, mot profond, profondément, délicatement vrai, en cent nuances et cent manières.

La femme est l'initiation active, la puissance éminemment douce et patiente qui sait et peut initier.

Elle est elle-même l'objet de l'initiation. Elle initie à la beauté qui est elle-même, à la beauté en ses divers degrés, au degré sublime surtout. — Et quel? Le sacrifice.

Le sacrifice pénible et dramatique, souvent choquant par le combat, l'effort, — dans la mère, il est harmonique, il entre dans son harmonie même; c'est sa souveraine beauté.

Le sacrifice ailleurs se tord, s'arrache et se déchire. En elle, il sourit, remercie. Donnant sa vie pour ce qu'elle aime, pour son amour réalisé, vivant (c'est pour l'enfant que je veux dire), elle se plaint de donner peu encore.

Elle implore toute chose à suppléer son impuissance,

---

sauvera? Plus d'un le peut. Cela tient à l'heure de la crise et à nos circonstances, très-diverses selon la diversité des temps et des nations.

Le grand, le difficile, c'est que l'idée utile, au moment décisif, rencontre préparé un foyer de bonne volonté morale, de chaleur héroïque, de dévouement, de sacrifice.. Où en retrouverai-je l'étincelle primitive, dans le refroidissement universel? Voilà ce que je me disais.

Je m'adressai à l'étincelle indestructible, au foyer qui brûlera encore sur les ruines du monde, à l'immortelle chaleur de l'âme maternelle.

invite tout à douer ce berceau... Ah! que n'a-t-elle un diamant de là-haut, une étoile de Dieu!... Le rameau d'or de la sibylle, cet infaillible guide, la rassurerait peu sur ses premiers pas chancelants. Le rayon de lumière sur lequel Béatrix fit monter l'âme aimée de monde en monde était brillant sans doute, mais eut-il la chaleur de l'humide rayon qui tremble dans un œil de mère?

Celle-ci, qui appelle toute chose à son secours, a bien plus en elle pour douer son fils.

Elle a ce qui est elle-même, sa profonde nature de mère, le *sacrifice illimité*.

Merci, nous n'en voulons pas plus. Dieu, la Patrie, n'en veulent davantage.

Cette unique puissance, si elle est vraiment acquise par l'enfant, elle embrassera tout.

Que te demandons-nous, ô femme? Rien que de réaliser pour celui que tu aimes, de mettre dans sa vérité complète, ta nature propre, qui est le sacrifice.

Cela est simple, cela contient beaucoup.

Cela implique d'abord l'oubli, le sacrifice des amours passagers à ton grand, ton durable amour.

Le sacrifice du petit monde artificiel, des petits arts de la beauté, à la souveraine beauté de nature qui est en toi, si tu la cherches, et dont tu dois créer, agrandir l'âme aimée.

Le sacrifice enfin (là est l'épreuve, la gloire aussi et le succès) des molles tendresses qui couvrent l'égoïsme. — Le sacrifice qui dit : « Non pour moi, mais pour tous !... Qu'il m'aime ! mais surtout qu'il soit grand ! »

Là, je le sais, est l'infini du sacrifice. Et c'est là justement le but de l'initiation, c'est là ce que le fils doit prendre de sa mère, c'est par là qu'il doit la représenter : *Aimer et non pour soi, se préférer le monde.*

Cette élasticité divine d'amour et d'assimilation, cette dilatation du cœur qui n'en diminue pas la force, impliquant au contraire l'absolu du dévouement, s'il l'atteint, que lui souhaiter? Il est grand dès ce jour, et ne pourrait grandir... Car alors le monde est en lui.

Nervi, près Gênes, 29 mars 1854.

FIN.

TABLE DES MATIÈRES

I

	Pages.
I. Aux femmes, aux mères, aux filles.	5
II. Influence des femmes au dix-huitième siècle. — Maternité.	9
III. Héroïsme de pitié. — Une femme a détruit la Bastille. .	13
IV. L'amour et l'amour de l'idée (89-91).	21
V. Les femmes du 6 octobre (89).	26
VI. Les femmes de la fédération (1790).	57
VII. Les dames jacobines (1790).	66
VIII. Le Palais-Royal en 90. — Émancipation des femmes. — La cave des Jacobins.	70

II

	Pages.
IX. Les salons. — Madame de Staël.	75
X. Les salons. — Madame de Condorcet.	85
XI. Suite. — Madame de Condorcet (94).	95
XII. Sociétés de femmes. — Olympe de Gouge, Rose Lacombe.	104
XIII. Théroigne de Méricourt (89-93).	110
XIV. Les Vendéennes en 90 et 91.	119

III

XV. Madame Roland (91-92)	141
XVI. Madame Roland (suite).	160
XVII. Mademoiselle Kéralio (madame Robert) (17 juillet 91).	172
XVIII. Charlotte Corday.	193
XIX. Mort de Charlotte Corday (19 juillet 93).	208
XX. Le Palais-Royal en 93. — Les salons. — Comment s'énerva la Gironde.	222
XXI. La première femme de Danton (92-93).	232
XXII. La seconde femme de Danton. — L'amour en 93.	239

IV

XXIII. La déesse de la Raison (10 novembre 93).	247
XXIV. Culte des femmes pour Robespierre.	252
XXV. Robespierre chez madame Duplay (91-95).	255
XXVI. Lucile Desmoulins (avril 94).	265

TABLE DES MATIÈRES.

Pages.

XXVII. Exécutions de femmes. — Les femmes peuvent-elles être exécutées?. 279

XXVIII. Catherine Théot, Mère de Dieu.— Robespierre messie (juin 94). 283

XXIX. Les dames Saint-Amaranthe (juin 94). 290

XXX. Indifférence à la vie. — Amours rapides des prisons (93-94). 299

XXXI. Chaque parti périt par les femmes. 305

XXXII. La réaction par les femmes dans le demi-siècle qui suit la Révolution. 309

Conclusion. 315

FIN DE LA TABLE.

EXTRAIT DU CATALOGUE

DE LA

LIBRAIRIE A PRIX RÉDUITS

DE

ADOLPHE DELAHAYS

ACQUÉREUR

DU FONDS DE LIBRAIRIE DE M. LEBIGRE-DUQUESNE

Et d'une partie du fonds de M. Lerou

JUILLET 1855

PARIS. — RUE VOLTAIRE, 4 et 6.

NOUVELLES PUBLICATIONS

J. MICHELET
MEMBRE DE L'INSTITUT

Les Femmes de la Révolution. Deuxième édition entièrement refondue. 1 beau vol. pap. vél., glacé, satiné, non rogné et non coupé, rel. en perc.

Sommaire.

I

§ I. Aux femmes, aux mères, aux filles (1er mars 1854).
§ II. Influence des Femmes au dix-huitième siècle. — Maternité.
§ III. Héroïsme de Pitié. — Une Femme a détruit la Bastille.
§ IV. L'amour, et l'amour de l'idée (89-91).
§ V. Les Femmes du 6 octobre (89).
§ VI. Les Femmes de la Fédération (90).
§ VII. Les Dames Jacobines (90).
§ VIII. Le Palais-Royal en 90. — Émancipation des Femmes. — La Cave des Jacobins.

II

§ IX. Les Salons. — Madame de Staël (91).
§ X. Les Salons. — Madame de Condorcet (91).
§ XI. Madame de Condorcet (94).
§ XII. Sociétés de Femmes (de 91 à 93). — Olympe de Gouges. — Rose Lacombe.
§ XIII. Théroigne de Méricourt (89-93).
§ XIV. Les Vendéennes en 90 et 91.

III

§§ XV-XVI. Madame Roland (91-94).
§ XVII. Mademoiselle Kéralio (madame Robert (17 juillet 91).
§§ XVIII-XIX. Charlotte Corday (93).
§ XX. Le Palais-Royal en 93. — Les Salons. — Comment s'énerva la Gironde.
§§ XXI-XXII. Première et seconde Femme de Danton. — L'amour en 93.

IV

§ XXIII. La déesse de la Raison (10 novembre 93).
§ XXIV. Culte des Femmes pour Robespierre.
§ XXV. Robespierre chez madame Duplay (91-94).
§ XXVI. Lucile Desmoulins (avril 94).
§ XXVII. Exécutions de Femmes. — Les Femmes peuvent-elles être exécutées?
§ XXVIII. Catherine Théot, mère de Dieu. — Robespierre, Messie (juin 94).
§ XXIX. Les dames Saint-Amaranthe (juin 94).
§ XXX. Indifférence à la vie. — Amours rapides des prisons (93-94).
§ XXXI. Chaque parti périt par les Femmes. — Les Vendéennes en 93-94.
§ XXXII. La Réaction par les Femmes dans le demi-siècle qui suit la Révolution.

Conclusions.

JACQUES ARAGO

Pujol, chef de miquelets. Paris, 1854. 1 vol. gr. in-18 jésus vélin, glacé, satiné; net. . . . . 1 fr. 25 c.

EUGÈNE SUE

Les Sept Péchés capitaux. — L'Orgueil. Paris, 1854. 1 vol. grand in-18 jésus vélin, glacé, satiné; net. . . . . 2 fr.

Cet ouvrage formait 6 volumes in-8 et se vendait 45 fr.

L'Envie. 1 vol. grand in-18 jésus vélin, glacé, satiné; net. . . 1 fr. 25 c.

Cet ouvrage se vendait 30 fr.

STENDHAL

La Chartreuse de Parme. 1 beau vol., papier vélin glacé, satiné. Nouvelle édition, précédée d'une lettre et d'une étude littéraire sur Beyle, par M. de Balzac, et d'une lettre inédite de l'auteur en réponse à ce travail; net. . . . . 2 fr.

EDGAR QUINET

Fondation de la République des Provinces-Unies. — Marnix de Sainte-Aldegonde. 1 vol. grand in-18 jésus vélin glacé, satiné. . . . . 2 fr.

Table des Chapitres.

I. Marnix de Sainte-Aldegonde et les Gueux des Pays-Bas. — II. Pourquoi la Révolution hollandaise a réussi. — III. Religion, Politique et Art des Gueux,

EXTRAIT DU CATALOGUE

DE LA

LIBRAIRIE A PRIX RÉDUITS

DE

ADOLPHE DELAHAYS

PREMIÈRE SÉRIE

Volumes grand in-18 jésus vélin, dit format anglais.

AGNEL (Émile). Code-Manuel des propriétaires et locataires de maisons, hôteliers, aubergistes et logeurs, ouvrage dans lequel sont exposés méthodiquement leurs obligations et leurs droits respectifs, d'après le texte des lois, la jurisprudence des cours et tribunaux, l'opinion des auteurs et des modèles de tous les actes sous-seing privé relatifs aux locations ; 3ᵉ édition. Paris, 1855. 1 vol. 3 fr. 50, net. . . . . 1 fr. 50 c.

ALBERT-AUBERT. Quelques chapitres de la Vie et des Voyages du célèbre Monsieur Boudin, suivis des Secondes noces du seigneur Pandolphe, et du Songe d'une nuit d'été dans le parc de Versailles. Paris, Hetzel, 1845. 1 vol., 3 fr. 50 c., net. . . . . 1 fr.

ALBY (Ernest). Histoire des prisonniers français en Afrique, depuis la conquête. Paris, 1847. 2 vol., 7 fr., net. . . . . 1 fr. 25 c.

ANCELOT (F.). Poésies ; nouvelle édition, revue, corrigée et augmentée d'un grand nombre de pièces inédites. Paris, Charpentier. 1853. 1 vol. 3 fr. 50 c., net. . . . . 1 fr. 50 c.

ANDRÉ (le Père). Œuvres philosophiques du Père André, de la Compagnie de Jésus, avec Notes et une Introduction sur sa vie et ses ouvrages, tirés de sa correspondance inédite, par Victor Cousin. Paris, 1843. 1 vol., 3 fr. 50 c., net. . . . . 1 fr. 75 c.

ANGELO DE SORR. Le Vampire, roman fantaisiste. Paris, 1852, 1 vol., 3 fr. 50 c., net. . . . . 1 fr. 25 c.

ANGLETERRE (l') comparée à la France sous les rapports constitutionnels, légaux, judiciaires, religieux, commerciaux, industriels, fiscaux, scientifiques, matériels, etc., par un ancien avocat à la Cour de cassation et au conseil d'Etat. Paris, Courcier, 1851. 1 vol , 5 fr., net. . 1 fr.

ARAGO (Jacques). Pujol, chef de miquelets. Paris, 1854, 1 vol., net. 1 fr. 25 c.

ARÉTIN (P.-A.). Œuvres choisies, traduites de l'italien, pour la première fois, avec des Notes, par P.-L. Jacob, précédées de la Vie abrégée de l'auteur, par Dujardin, d'après Mazzuchelli. Paris, Ch. Gosselin. 1 vol., 3 fr. 50 c., net. . . . . 1 fr. 50 c.

ARNAULD (Antoine). Œuvres philosophiques. Nouvelle édition, collationnée sur les meilleurs textes, et précédée d'une Introduction par Jules Simon. Paris, 1844. 1 vol., 3 fr. 50 c., net. . . . . 1 fr. 75 c.

ARNOULD et FOURNIER. Struensée, ou la Reine et le Favori, histoire danoise de 1769. Paris, Ch. Gosselin, 1843. 1 vol., 3 fr. 50, net. 1 fr. 25 c.

AUGER (Victor). L'Empereur; simples récits. Paris, J. Dagneau, 1853. 1 fort vol. de près de 700 pages. Prix : 3 fr. 50, net. . . 1 fr. 25 c. (Histoire complète de Napoléon Ier.)

AYCARD (Marie). Nouvelles d'hier. — La Faustolla. — L'acteur Mac Gregor. — La Dame blanche à Caen. — Un Souper de Diderot. — Un Article du Code. — La Couleur nacarat. — Madame Sidi Coggia. — Mademoiselle Christine de Langeron. — Le Flacon d'éther. — La mort d'une Carpe. — Les trois parties d'Echecs. — Le prince Kœnig. — Une Lettre de Madame de Sévigné. — Mondorge. — Un Tour de Page. Paris, J. Dagneau, 1854. 1 vol., 3 fr., net . . . . 1 fr. 25 c.

BALZAC (Honoré de), Œuvres. Paris, Charpentier :
SCÈNES DE LA VIE DE PROVINCE : Les Célibataires. — La Femme abandonnée. — Illusion perdue. — La Vieille Fille. — La Grenadière. — Message. — La Grande Bretèche. — L'Illustre Gaudissart. 2 vol. 7 fr., net. . . . 4 fr.
SCÈNES DE LA VIE PARISIENNE : La Femme vertueuse. — Profil de Marquise. — L'interdiction. — Les Marana. 1 vol. 3 fr. 50 c., net. . . . . . 2 fr.
BALTHAZAR CLAËS, ou la Recherche de l'Absolu. 1 vol. 3 fr. 50 c., net. 1 fr. 50 c.
HISTOIRE DES TREIZE : Ferragus, chef des Dévorants. — La duchesse de Langeais. 1 vol. 3 fr. 50 c., net. . . . . 1 fr. 50 c.
CÉSAR BIROTTEAU : César à son Apogée. — César aux prises avec le Malheur. — Triomphe de César. 1 vol. 3 fr. 50 c., net. . . . . . 1 fr. 50 c.
LOUIS LAMBERT, suivi de Séraphita. 1 vol. 3 fr. 50 c., net. . . 1 fr. 50 c.

BALZAC. Théâtre. — Vautrin. — Les Ressources de Quinola. — Paméla Giraud. — La Marâtre. Paris, Giraud et Dagneau, 1853. 1 vol., 3 fr. 50 c., net. . . . . 2 fr. 50 c.
— La dernière Incarnation de Vautrin. Nouvelle édition, collationnée sur le manuscrit de l'auteur; suivie de Une Rue de Paris et son habitant. Paris, Giraud et Dagneau, 1852. 1 vol., 2 fr., net. . . . . . . 1 fr.
— Le Faiseur, comédie en cinq actes et en prose, entièrement conforme au manuscrit de l'auteur. Paris, A. Cadot, 1853. 1 vol. Prix : 3 fr. 50 c., net. . . . . 1 fr.

BARTHET (Armand). Nouvelles : Pierre et Paquette. — Henriette. — Le Nid d'Hirondelles. — Les Saisons. Paris, D. Giraud, 1852. 1 vol., net. 1 fr.

BASCHET (Armand). Étude complète sur Honoré de Balzac; Essai sur l'homme et sur l'œuvre, avec Notes historiques par CHAMPFLEURY. Paris, Giraud et Dagneau, 1851. 1 vol., 2 fr., net. . . . . . . 65 c.
— Les Années de voyage de Sainte-Adresse à Bagnères-de-Luchon. Itinéraire humoristique. Paris, 1852. 1 vol., 2 fr., net. . . . . . . 65 c.

BAWR (Œuvres de Mme de). Nouvelles contenant : Louise. — Michel Perrin, une Réjouissance en 1770. — La mère Nacquart. — Rose et Thérèse. — Le Schelling. — Maria-Rosa. Paris, Passard, 1854. 1 vol. 3 fr., net. 1 fr. 25 c.
— Robertine, nouvelle édition, 1854. 1 vol. 3 fr. net. 1 fr. 25 c.
— Raoul, ou l'Enéide, nouvelle édition, 1854. 1 vol. 3 fr., net. 1 fr. 25 c.
— Mes Souvenirs, 2e édition; ouvrage entièrement inédit, 1854. 1 vol. 3 fr., net. . . . . 1 fr. 25 c.

BEAUDOUX (Mme Cl.). La Science maternelle, ou Éducation morale et intellectuelle des jeunes filles. Paris, Didier, 1844. 1 vol., 3 fr. 50 c. net. . . . . 1 fr. 25 c.

BEAUMONT (Gustave de) ET **TOCQUEVILLE** (A. de). Système pénitentiaire aux Etats-Unis et de son application en France; suivi d'un Appendice sur les colonies pénales et de Notes statistiques. 3ᵉ édition, augmentée d'une Introduction et suivie du rapport de M. de Tocqueville sur la réforme des prisons, et du texte de la loi adoptée par la Chambre des Députés. Paris, Ch. Gosselin, 1845. 1 vol., 3 fr. 50 c., net. . . . 1 fr.

BÉCHARD (Ferdinand). De l'Administration intérieure de la France, avec un Appendice sur les lois municipales des principaux Etats de l'Europe. Paris, Giraud et Dagneau, 1852. 2 vol., 6 fr., net. . . . . 2 f.
— Lois municipales des Républiques de la Suisse et des États-Unis. 1852. 1 vol., 2 fr., net. . . . . 65 c.
— La Commune, l'Eglise et l'Etat, dans leurs rapports avec les classes laborieuses. 2ᵉ édition. Paris, 1851. 1 vol., 3 fr. 50 c., net. . . 1 fr. 25 c.

BE CHER STOWE (Mᵐᵉ Henriette). La Case du père Tom, ou la Vie des nègres en Amérique, traduit par DE LA BÉDOLLIÈRE. Nouvelle édition, augmentée d'une Notice par George SAND. 1853. 1 vol., net. 1 fr. 25 c.

BENVENUTO CELLINI, orfévre et sculpteur florentin. Œuvres complètes. Mémoires, Traités de l'orfévrerie et de la sculpture, Discours sur le dessin et l'architecture, etc.; traduites par LÉOPOLD LECLANCHÉ, traducteur de Vasari. 2ᵉ édition. Paris, Paulin. 2 vol. 7 fr., net. . . 2 fr. 50 c.

BERNARDI. Le Glacier impérial, ou l'Art de donner des bals et des soirées. 1 vol. orné de 6 planches. Paris, 1853, net. . . . . . 1 fr. 25 c.

BERTRAND (Jules) ET **COLLOT** (Emile). Les Ombres blanches, poésies, précédées d'une Lettre-Préface par M. Méry. Paris, Giraud, 1853. 1 vol., net. . . . . 1 fr.

BESCHERELLE AÎNÉ. Plus de Grammaire, ou simples Règles d'orthographe, de syntaxe et de prononciation; Manuel usuel et populaire, 1851. 1 vol., 3 fr. 75 c., net . . . . 2 fr.

BIBLE (la Sainte). Traduction nouvelle. Paris, Perrodil, 1846. 2 vol. imprimés à deux colonnes; 10 fr., net. . . . . 4 fr.

BLAZE DE BURY (la baronne). Voyage en Autriche, en Hongrie et en Allemagne pendant les événements de 1848 et 1849. Paris, Charpentier, 1851. 1 vol. 3 fr. 50 c., net. . . . . 1 fr. 75 c.

BOCCACE. Le Décaméron ou les Dix Journées galantes, translatées de l'italien en français par SABATIER DE CASTRES; nouvelle édition, revue et précédée d'une étude critique par P.-CHRISTIAN. Paris, 1846. 1 fort vol. 3 fr. 50 c., net. . . . . 1 fr. 50 c.

BOITARD. Guide-Manuel de la bonne compagnie, du bon ton et de la politesse. 1851. 1 vol., net. . . . . 3 fr.
— Les Vingt-Six infortunes de Pierrot le Socialiste. 1853. 1 vol., 3 fr. net. . . . . 1 fr. 25 c.

BONNEMÈRE (L.). Histoire de l'Association agricole et Solution pratique. Ouvrage couronné par l'Académie de Nantes; par l'auteur des Paysans au dix-neuvième siècle. Paris, Dusacq, 1850. 1 vol., 1 fr. 50 c., net. . . . . 25 c.

BONVALOT (A.-F.). Théosophie ou les Fondateurs des cultes primitifs devant la postérité, — le Temple, — la Prairie. 1853. 1 vol, 3 fr. 50 c., net. . . . . 1 fr.
— Les Fous et les Anges. 1844. 1 vol., fig., 3 fr., net. . . . . . 50 c.

BOSSUET. Défense de l'Eglise gallicane. Paris, 1845. 1 vol., 3 fr. 50 c. net.......... 1 fr.

BOSSUET. Elévations à Dieu ; ouvrage suivi de l'Ordinaire de la sainte Messe, et précédé d'une Notice sur Bossuet, par V. de Perrodil. Paris. Royer, 1845. 1 vol. 3 fr. 50 c., net.......... 1 fr. 75 c.

BOUGY (A. de). La Luizina. Paris, 1852. 1 vol. 3 fr., net. 1 fr. 50 c.

BOURDON (Isidore). Illustres Médecins et Naturalistes des temps modernes. Ouvrage dans lequel on apprécie les travaux de Cuvier, Boërhaave, Lamarck, Haller, Bordeu, Camper, Barthez, Bichat, Corvisart, Béclard, Hahnemann, Dupuytren, etc., etc. Paris, Comptoir des imprimeurs-unis, 1844. 1 vol., 3 fr. 50 c., net.......... 1 fr. 25 c.
— Lettres à Camille sur la Physiologie. 2ᵉ édition, augmentée des deux tiers. Paris, Gosselin, 1845. 1 vol., 3 fr. 50 c., net....... 1 fr. 25 c.

BOUVET (Francisque). La Turquie et les cabinets de l'Europe depuis le quinzième siècle, ou la Question d'Orient. 2ᵉ édition, augmentée d'une préface. Paris, Giraud, 1854. 1 vol., 3 fr., net.......... 1 fr. 50 c.

BRIFFAULT (Fr.). Le Prisonnier de Ham. Ouvrage composé d'après les documents fournis par le prince Louis-Napoléon lui-même, contenant le portrait du prince et plusieurs fac-simile, dont un de son écriture. Paris, Plon, 1849. 1 vol., 2 fr., net.......... 50 c.

BRUNO DE FURCY. Physiologie du Billet doux. 1844. 1 vol. 3 fr. net. 35 c.

BUCHEZ. Histoire de l'Assemblée constituante. 2ᵉ édition, revue, corrigée et entièrement remaniée par l'auteur, en collaboration avec MM. Jules Bastide, de Bois-le-Comte et A. Ott. Paris, Hetzel, 1846. 5 vol., net.......... 6 fr. 25 c.
— Histoire de l'Assemblée législative. 2ᵉ édition, revue, corrigée et entièrement remaniée par l'auteur, en collaboration avec MM. Jules Bastide, de Bois-le-Comte et A. Ott. Paris, Hetzel. 1848. 2 vol. (les seuls parus). 7 fr., net.......... 2 fr.

BUFFIER (le Père), de la Compagnie de Jésus. Œuvres philosophiques, avec Notes et Introduction par Francisque Bouillier. Traité des premières vérités. — Eléments de métaphysique. — Examen des préjugés vulgaires. Paris, 1843. 1 vol., 3 fr. 50 c., net.......... 1 fr. 75 c.

BURETTE (Th.). Histoire de France. Paris, 1842. 2 forts vol. Prix : 7 fr., net.......... 1 fr. 25 c.
Du même, Histoire moderne. Paris, 1842. 2 forts vol. Prix : 7 fr., net, 1 fr. 25

BURNEY (miss). Évelina, trad. de M. Léon de Wailly. Paris, 1849. 1 vol. 3 fr. 50 c., net.......... 1 fr. 75 c.

BURNS (Robert). Poésies complètes, traduites pour la première fois de l'écossais, par M. Léon de Wailly, avec une introduction du même. Paris, 1853. 1 vol., 3 fr. 50 c., net.......... 1 fr. 75 c.

CAMPENON (V.). Œuvres poétiques, précédées d'une Notice sur sa vie et ses ouvrages, par E. Mennechet. Paris, Charpentier, 1844. 1 v. 3 fr. 50 c., net.......... 1 fr. 25 c.

CAPEFIGUE. Hugues Capet et la troisième race. Nouvelle édition revue et corrigée. Paris, Charpentier, 1845. 2 vol. 7 fr., net. . 3 fr. 50 c.
— Philippe d'Orléans, régent de France (1715-1723). Nouvelle édition, revue, corrigée et augmentée. Paris, Charpentier, 1845. 1 vol. 3 fr. 50 c., net.......... 1 fr. 75 c.

CARPENTIER. Tanger et Mogador, poëme. 1845. 1 vol. 2 fr,. net. 25 c.

CATALOGUE des Écrits, Gravures et Dessins condamnés depuis 1814 jusqu'au 1er janvier 1850; suivi de la Liste des individus condamnés pour délits de presse. Paris, Pillet, 1850. 1 vol., net. . . 1 fr. 25 c.

CÉLESTINE (la). Tragi-comédie de Calixte et Mélibée, contenant, en outre d'un style agréable et facile, une grande quantité de sentences philosophiques et de conseils fort nécessaires aux jeunes gens, ayant pour but de leur faire connaître tout ce qu'il y a de ruse et de fausseté chez les serviteurs et les entremetteuses. Ce livre est composé pour servir de leçon aux amoureux extravagants qui, vaincus par une passion désordonnée, donnent à leur maîtresse le nom de la divinité. — Traduit de l'espagnol, annoté et précédé d'un Essai historique par Germond de Lavigne. Paris, Ch. Gosselin, 1843. 1 vol. 3 fr. 50 c., net. 2 fr. 50 c.

(Quelques exemplaires seulement).

CERFBEER (A.-E.). La Guyane. — Civilisation et Barbarie. — Costumes et Paysages. Paris, D. Giraud, 1854. 1 vol. Prix : 3 fr. 50, net. 1 fr. 75 c.

CERVANTES (Michel), Histoire de Don Quichotte de la Manche, traduite sur le texte original et d'après les traductions comparées de Oudin et Rosset, Filleau de Saint-Martin, Florian, Bouchon-Dubournial, Delaunay et L. Viardot, par F. de BROTONNE. Paris, Didier, 1847. 2 vol. 7 fr., net. . . . . 3 fr. 50 c.

CHARRIÈRE (Mme de). Caliste, ou Lettres écrites de Lausanne. Nouvelle édition, avec une Notice par M. SAINTE-BEUVE. Paris, J. Labitte, 1845. 1 vol. 3 fr. 50 c., net. . . . . 1 fr. 25 c.

Correspondance inédite de Mme Charrière, relations avec Benjamin Constant, Mme de Staël, d'après les pièces originales et les documents de M. Gaullieur.

CHAUDES-AIGUES (J.). Les Écrivains modernes de la France. Paris, 1841. 1 vol. Prix : 3 fr. 50, net. . . . . 2 fr. 50 c.

(Épuisé. Quelques exemplaires.)

CHATEAUBRIAND. Paris, Lefèvre, 1853. 1 fr. le volume au lieu de 5 fr. Atala; René; le Dernier Abencérage; Moïse, tragédie; Poésies diverses. 1 vol. — Les Martyrs, 2 vol. — Les Natchez, 2 vol. — Voyage en Amérique, en Italie, etc. 2 vol. — Études ou Discours historiques, 4 vol. — Les Quatre Stuarts; Mémoires sur la vie du duc de Berry, 1 vol. — Mélanges politiques, 2 vol.

CHAUVELOT (Barnabé). Proudhon et son livre. Paris, Giraud et Dagneau, 1852. 1 vol. 2 fr., net. . . . . 65 c.

CHEVALET (Émile). Le Livre de Job; roman par l'auteur de la Quiquengrogne. Paris, 1854. 1 vol. Prix : 3 fr. 50, net. . . . . 1 fr.

CLARKE (Samuel). Œuvres philosophiques. Nouvelle édition, collationnée sur les meilleurs textes, et précédée d'une Introduction par Amédée JACQUES. Paris, 1843. 1 vol., 3 fr. 50 c., net. . . . . . . 1 fr. 75 c.

CLÉMENT D'ALEXANDRIE (Saint). Œuvres choisies, précédées des Discours de saint Bernard, traductions publiées par Genoude. Paris, 1846. 1 vol., 3 fr. 50 c., net. . . . . 1 fr. 25 c.

COLET (Mme Louise). Poésies complètes. Paris, Gosselin, 1844. 1 vol., 3 fr. 50 c., net. . . . . 1 fr.

CONSTANT (l'abbé). La Mère de Dieu, épopée religieuse et humanitaire. Paris, Ch. Gosselin, 1844. 1 vol., 3 fr. 50 c., net . . . . . . 50 c.

COOPER (Fenimore). Le Dernier des Mohicans, traduit par DE LA BÉDOL-
LIÈRE. Paris, 1853. 1 vol., net. . . . . 1 fr. 25 c.

CORNEILLE (P.). Œuvres, précédées d'une Notice sur sa vie et ses ouvrages, par JULIEN LEMER. Paris, 1855. 2 vol., 6 fr., net. . . . . 3 fr.
(Édition nouvelle, imprimée par Simon Raçon.)

COUSIN (V.). Fragments de philosophie cartésienne. Paris, 1845. 1 vol.,
3 fr. 50 c., net. 2 fr. 50 c.

CYRANO DE BERGERAC. Œuvres précédées d'une Notice par le Blanc.
Voyage dans les Etats et Empires de la Lune. — Voyage comique dans les
Etats et Empires du Soleil. Paris. V. Lecou, 1855. 1 vol. . . . 3 fr.

DAMAS HINARD. Romancero général, ou Recueil des Chants populaires
de l'Espagne, romances historiques, chevaleresques et moresques. Traduction nouvelle et seule complète, couronnée par l'Académie française,
avec une Introduction et des Notes. Paris, 1844. 2 v., 7 fr., net. 3 fr. 50 c.

DANIÉLO (M.-J.). Visites pastorales de monseigneur Sibour, archevêque de Paris; recueillies et publiées par DANIÉLO. Paris, 1854. 1 vol.
orné d'un joli portrait gravé sur acier. Net. . . . . 1 fr.

DEFFAUX (M.-Marc). Manuel des Propriétaires et des usufruitiers, usagers, locataires et fermiers, ou Dictionnaire encyclopédique des lois des
bâtiments et des lois rurales de la France, avec ce qui a rapport à la voirie, aux usines, aux bois et forêts, aux fleuves, rivières et étangs, aux
mines et carrières, à la chasse et à la pêche, à la police municipale, etc.
Ouvrage au moyen duquel tout propriétaire ou possesseur peut connaître,
exercer et défendre ses droits sans le secours d'un guide étranger, par
Marc Deffaux, juge de paix, auteur de l'Encyclopédie des huissiers, 1852.
1 fort vol. de 712 pages, net. . . . . 6 fr.

— Guide-Manuel général du garde champêtre et du messier, ou Traité raisonné de leurs fonctions, comprenant notamment un Commentaire du
Code rural et de tout ce qui concerne la police du roulage, la chasse et
la pêche. Ouvrage également utile à MM. les préfets, sous-préfets, membres des conseils généraux et d'arrondissement, juges, maires, adjoints,
juges de paix, avoués, huissiers, commissaires de police, etc., 1843. 1 v.,
net. . . . . 3 fr.

DE HAUSSONVILLE (M.-O.). Histoire de la politique extérieure du
gouvernement français, 1830-1848, avec notes, pièces justificatives et
documents diplomatiques entièrement inédits. Paris, Michel Lévy, 1850.
2 vol., 6 fr., net. 4 fr.

DE LA SOR ET TEXIER. Traité complet et pratique de photographie.
Paris, 1854. 1 vol. 5 fr., net. . . . . 1 fr.

DE LA VARENNE (Ch.). Les Rouges peints par eux-mêmes; Biographies
intimes. 1re partie, ex-Gouvernants ; 2e partie, les Représentants ; 3e partie, les Grotesques. 2e édition. Paris, Allouard, 1850. 1 vol., net. 1 fr.

— Du même: Vie ou Mort de la Bourgeoisie, 1851. 1 vol., net . . 35 c.

DELÉCLUSE (E.-J.). Dante Alighieri, ou la Poésie amoureuse. Vie de
Dante, — la Vie nouvelle, — Correspondances poétiques des fidèles d'a-
mour, — Poésie amoureuse avant Dante, — Chansons de Dante, — Observations sur les chansons, — Poésie amoureuse après Dante, — Dernière interprétation des ouvrages de Dante. Paris, 1854. 2 volumes,
7 fr., net. . . . . 2 fr. 50 c.

DELRIEU (André). Le Rhin. Son cours, ses bords. — Légendes, monuments, ruines, châteaux, traditions, hommes célèbres, fastes guerriers, caractères sociaux. — Arts, villes, paysages, chroniques, mœurs. — Histoire du fleuve depuis sa source jusqu'à son embouchure, avec 36 dessins représentant les costumes, les vues des villes, des bords du Rhin. Paris, 1846. 1 vol. de 500 pages, édition compacte, renfermant la matière de 2 forts vol. in-8, net. . . . . 2 fr.

DESNOIRESTERRES (G.). Les Talons rouges, esquisses de mœurs au dix-huitième siècle. — Le Toutou de la Maréchale. — La Courtisane amoureuse. — Le Magnifique. — La Perruque de M. de Sartine. Paris, J. Dagneau, 1854. 1 vol., 3 fr., net. . . . . 1 fr. 25 c.

DESNOYERS (Louis). Les Aventures de Robert-Robert et de son fidèle compagnon Toussaint Lavenette. 4ᵉ édition, entièrement refondue. Paris, 1853. 2 vol., net. . . . . 6 fr.
— Les Mésaventures de Jean-Paul Choppart. Nouvelle édition, entièrement refondue, 1854. 1 vol. orné de 8 jolies vignettes, net. . . . . . 3 fr.

DIDIER (Charles). Rome souterraine. Paris, Ch. Gosselin, 1843. 1 vol., 3 fr. 50 c., net. . . . . 1 fr. 75 c.

DIODORE DE SICILE. Bibliothèque historique. Traduction nouvelle, avec une Préface, des Notes importantes et des Index par M. Ferdinand Hœfer. Paris. 4 vol., 14 fr., net. . . . . 7 fr.

DOLLE (Frédéric). Souvenirs de voyage (Suisse, Savoie, France). 5ᵉ édit. Paris, 1843. 1 vol., t.g., 3 fr. 50 c., net. . . . . 1 fr.
— Histoire des six Restaurations. 3ᵉ édition, 1843. 1 vol., net. . 1 fr.

DREYSS (Ch.). Chronologie universelle, suivie de la Liste des grands États anciens et modernes, des dynasties puissantes et des princes souverains de premier ordre, avec les Tableaux généalogiques des familles royales de France et des principales maisons régnantes d'Europe. Paris, Hachette, 1853. 1 vol. de 900 pages, demi-rel. mar., net. . . . 8 fr.

DUFAU (P.-A.). La République et la Monarchie dans les temps modernes. Paris, Didier, 1852. 1 vol. 3 fr. 50 c., net. . . . . 1 fr. 25 c.

DUMAS (Alexandre). Gaule et France, avec une introduction aux Scènes historiques. 1 vol., 3 fr. 50 c., net. . . . . 1 fr. 25 c.
— Jacques Ortis, précédé d'un Essai sur la vie et les écrits d'Ugo Foscolo, par Eugène de Montlaur, et suivi d'une traduction inédite de ses œuvres choisies, par L. Delâtre. 1 vol., 3 fr. 50 c., net. . . . . . 1 fr. 25 c.

DUMESNIL (Alfred). L'Art italien. — Les initiateurs : Dante, Giotto. — Les précurseurs : le Mantegna, Brunelleschi, Masaccio. — Les maîtres : Léonard de Vinci, Raphaël, Michel-Ange, le Corrège, le Giorgion, le Titien. — La Décadence — L'Art théâtral. — Le Vertige. — Les Éclectiques. Paris, D. Giraud, 1854. 1 vol., 3 fr. 50, net. . 1 fr. 75 c.

EDAN (V.). L'Imitation de Jésus-Christ. Nouvelle traduction en vers, avec le texte latin en regard. (Ouvrage approuvé par Mgr. l'évêque de Beauvais). 1846. 1 vol. de plus de 700 pages, 5 fr., net. . . . 1 fr. 25 c.

EGGIS (Étienne). En causant avec la Lune, poésies. Paris, 1851. 1 vol., 2 fr. 50, net. 50 c.
— Voyages aux Pays du Cœur, poésies. Paris, Michel Lévy, 1853. 1 vol., 3 fr., net. . . . . 50 c.

FABRE (Abel). Les Violettes, élégies et poëmes. Paris, A. Fontaine, 1855. 1 vol., 2 fr. 50 c., net. . . . . 1 fr.

FABRE (Ferdinand). Feuilles de lierre, poésies. Paris, Charpentier, 1855, 1 vol., 3 fr. 50 c., net . . . . 1 fr. 25 c.

FADEVILLE. Histoire populaire de Napoléon 1er. 2e édition, revue et augmentée de documents nouveaux. Paris, Giraud, 1853. 1 vol., 3 fr., net. . . . . 1 fr. 25 c.

FÉVAL (Paul). La Fée des Grèves. — Les Rasoumofski. Paris. J. Dagneau. 1853. 1 vol., 3 fr. 50, net. . . . . 1 fr. 25 c.

FÉVAL (Paul). Les Parvenus. Paris, 1855. 1 vol. 3 fr. 50 c., net. 1 fr. 50 c.

FLEURY (Mémoires de), de la Comédie-Française, publiés par J. Lafitte, de 1757 à 1820. Paris, Ch. Gosselin, 1844. 2 vol., 7 fr., net. . . 2 fr.

FLORIAN. Fables illustrées par Bataille d'un grand nombre de vign. sur bois dans le texte et hors texte. Paris, Lecou, 1852. 1 vol., net. 1 fr.

FOA (Mme Eugénie). Nouveaux Contes historiques. Paris, 1852. 1 vol. gr. in-18 jésus, illustré, 3 fr. 50 c., net. . . . . 1 fr. 25 c.

FOÉ (Daniel de). Aventures de Robinson Crusoé, traduites par Mme Amable Tastu, précédées d'une Notice sur de Foé par Philarète Chasles, et suivies d'une Notice sur le matelot Selkirk et sur les Caraïbes par F. Denis, et d'une Dissertation religieuse par l'abbé Labouderie. Paris, Didier, 1846. 2 vol. ornés de vignettes, 7 fr., net. . . . . 2 fr. 50 c.

FORESTI DA CARPI (le R. P., de la Compagnie de Jésus). Le Chemin du Sanctuaire montré à ceux qui aspirent au sacerdoce, ou Manuel des ecclésiastiques, traduit de l'italien (approuvé par la congrégation de l'Index). Paris. Royer. 1843. 1 vol., 3 fr. 50 c., net. . . . . 2 fr.

FORSTER (Ch.). Physiologie de l'étranger. Paris, Garnier frères, 1844. 1 vol., 2 fr., net. . . . . 50 c.

FRANÇOIS DE SALES (saint). Œuvres choisies, contenant l'Introduction à la vie dévote, un choix de ses Lettres spirituelles et le Traité de l'amour de Dieu ; précédées d'une Notice sur sa vie et ses écrits, par de PERRODIL. Paris, Royer, 1843. 2 vol., 7 fr., net. . . . . 3 fr.

GANS (Édouard). Histoire du droit de succession en France, au moyen âge, traduite par L. de Loménie ; précédée d'une Notice sur la vie et les ouvrages de Gans, par SAINT-MARC-GIRARDIN. Paris, 1846. 1 v., 3 fr. 50 c., net. . . . . 50 c.

GARNERAY, peintre de marine. Voyages, 1re partie : Aventures et Combats ; 2e partie : les Pontons anglais. Paris, 1853. 2 vol., net. 2 fr. 50 c.

GAUTHIER (Auguste). Recherches historiques sur l'exercice de la médecine dans les temples, chez les peuples de l'antiquité ; suivies de Considérations sur les rapports qui peuvent exister entre les guérisons qu'on obtenait dans les anciens temples à l'aide des songes et le magnétisme animal, et sur l'origine des hôpitaux. Paris, 1844. 1 vol., 3 fr. 50 c., net. . . . . 50 c.

GENLIS (Mme de). Le Siége de la Rochelle, ou le Malheur et la Conscience. Paris, 1854. 1 vol., 3 fr. 50 c., net. . . . . 1 fr. 25 c.

GENOUDE (de). La Divinité de Jésus-Christ, annoncée par les Prophètes, démontrée par les Evangélistes, prouvée par l'accomplissement des prédictions de Jésus-Christ, et reconnue par les plus grands philosophes de l'univers. Ouvrage suivi de l'Histoire d'une âme, et de celle des conversions les plus célèbres. Paris, Royer, 1843. 2 vol., 7 fr., net. . . 3 fr.

— Défense du Christianisme par les Pères des premiers siècles de l'Église, contre les philosophes, les païens et les juifs; traduction publiée par DE GENOUDE. 2 vol., 7 fr., net. . . . . 3 fr.

— Sermons et Conférences; 4ᵉ édit. Paris, 1846. 1 vol., 3 fr. 50 c., net. 1 fr.

GENOUDE (de). Nouvelle exposition du Dogme catholique, suivie de la Doctrine de l'Eglise catholique, par Bossuet, la Règle générale de la Foi catholique, par Véron. — Maximes de l'Eglise sur le Salut des hommes, par l'évêque d'Hermopolis. Paris, Royer, 1843. 1 vol., 3 fr. 50 c., net. . . . . 1 fr. 75 c.

GENOUX (Claude). Mémoires d'un enfant de la Savoie, précédés d'une Lettre-Préface par BÉRANGER. Paris, Paulin, 1847. 1 vol., 3 fr. 50 c., net. . . . . 1 fr. 25 c.

GERMAIN-LE-DUC (Saint-). Le Nouvel Ami des Enfants. 3 vol. imprimés sur pap. vél., 4 fr. 50 c., net. . . . . 1 fr. 25 c.

GIRARDIN (Mᵐᵉ Émile de) (Delphine Gay). Poésies complètes; nouvelle édition. Paris, Charpentier, 1842. 1 vol., 3 fr. 50 c., net. . 1 fr. 75 c.

GIRAULT DE SAINT-FARGEAU. Histoire littéraire française et étrangère, ou Analyse raisonnée des œuvres choisies de tous les écrivains qui se sont fait un nom dans les sciences, dans les lettres, terminée par la Bibliographie de l'histoire littéraire et des journaux consacrés spécialement à la critique de tous les genres de littérature. Deuxième édition augmentée de plus de deux cents articles formant le complément de l'histoire littéraire jusqu'à nos jours. Paris, 1854. 1 fort volume imprimé à deux colonnes, net. . . . . 2 fr. 50 c.

GOGOL (Nicolas). Nouvelles russes; traduction française publiée par Louis VIARDOT. Paris, Paulin, 1845. 1 vol., 3 fr. 50 c., net. . . 1 fr. 25 c.

GRAMONT (le comte de). Chant du passé, 1830-1848. Paris, 1854. 1 vol., 3 fr., net. . . . . 1 fr.

GRATIEN DE SEMUR. Traité des erreurs et des préjugés. Paris, 1843. 1 vol., 3 fr. 50 c., net. . . . . 1 fr. 50 c.

GUICHARD (J.-Marie). L'Hystoire et plaisante Chronicque du petit Jehan de Saintré et de la jeune dame des Belles Cousines, sans autre nom nommer, publiée d'après les manuscrits de la Bibliothèque nationale. Paris, Ch. Gosselin, 1843. 1 vol., 3 fr. 50 c., net. . . . . . . 1 fr. 25 c.

GUIDE de l'Étudiant en droit, ou Exposition méthodique des matières concernant les études de droit. 1 vol., 3 fr. 50 c., net. . 1 fr. 25 c.

GUINOT (Eugène). Soirées d'Avril, nouvelles : La Clientèle du Médecin. — Une ville de garnison. — La cour du Grand-Duc. — La Rente viagère. — Le Tuteur de Julie. — Paul Hubert. — Suzanne. — Une Position équivoque. — L'Actrice en voyage. Paris, 1852, 1 vol., net. 1 fr.

HAWTHORNE (Nathaniel). La Lettre Rouge A, roman américain, traduit par OLD NICK. Paris, G. de Gonet. 1 vol., 2 fr., net. . . . 50 c.

HILDRETH. L'Esclave blanc (le compagnon du père Tom), traduit par DE LA BÉDOLLIÈRE. 1853. 1 vol., net. . . . . 1 fr. 25 c.

HISTOIRE ET AVENTURES DU BARON DE MUNCHHAUSEN. Nouvelle édition illustrée. Paris, Allouard, 1850. 1 vol., 2 fr. 50 c. Net. . . . . 50 c.

HOFFMANN. Contes nocturnes, traduits par DE LA BÉDOLLIÈRE. Nouvelle édition, augmentée d'une Notice sur Hoffmann. 1853. 1 vol., net. 1 fr. 25 c.

HOLLAND (Souvenirs diplomatiques de lord), publiés par son fils, lord Henry Édouard Holland, traduits de l'anglais, par de CHONSKI. Paris, 1851. 1 vol., 3 fr. 50 c., net. . . . . 50 c.

HONORÉ (Oscar). Histoires de la vie privée d'autrefois, avec un avant-propos de M. Guizot. (MM. de Voiture et de Balzac. 1642. Un procès criminel en 1690. Voltaire à Lausanne. 1755. Cinq cents vers inédits de Voltaire. Vue prise à Dijon. 1744. Le duc de Penthièvre. 1789. Où l'on retrouve de nos jours la vie d'autrefois). Paris, 1853. 1 vol., 2 fr., net 1 fr.

HOPE (M. Th.). Anastase, ou Mémoires d'un Grec, écrits à la fin du dix-huitième siècle, trad. par M. DEFAUCONPRET, précédés d'une Notice sur l'auteur et de Notes par J.-A. BUCHON. Paris, Gosselin, 1844. 1 vol., 3 fr. 50 c., net. . . . . 1 fr. 25 c.

HORACE. Œuvres complètes par ordre de production, suivies d'un choix d'épigrammes de Martial, traduction de M. Goupy. Paris, V. Lecou, 1848. 1 vol., 3 fr. 50 c., net. . . . . 1 fr. 50 c.

HOUSSAYE (Arsène). Galerie de portraits du dix-huitième siècle. Nouvelle édition, revue et corrigée; 2ᵉ série. Paris, Charpentier, 1848. 1 vol., 3 fr. 50 c., net. . . . . 1 fr. 75 c.

HOUSSAYE (Arsène). Romans, contes et voyages. — Le Ciel et la Terre. — Pourquoi elle allait dans cette chambre à coucher. — La Meunière du moulin à l'eau. — Histoire d'un Maître d'école. — Le Peintre d'enseignes. — Les Aventures sentimentales d'une Fleuriste et d'un Étudiant. — Voyage à Venise. — Paris, F. Sartorius, 1850. 2 vol. gr. in-18 jésus, net. . . . . 2 fr. 50 c.

HUGO (Victor). Œuvres. 16 vol., net. . . . . 40 fr.
— Notre-Dame de Paris. 2 vol. — Han d'Islande. 1 vol. — Dernier Jour d'un Condamné, Bug-Jargal, Claude Gueux. 1 vol. — Odes et Ballades. 1 vol. — Orientales. 1 vol. — Feuilles d'Automne, Chants du Crépuscule. 1 vol. — Voix intérieures, les Rayons et les Ombres. 1 vol. — Théâtre. 3 vol. — Cromwell, drame. 1 vol. — Littérature et Philosophie. 1 vol. — Le Rhin. 3 vol.
Il ne reste que quelques exemplaires.

ON VEND SÉPARÉMENT :

Les Orientales. 1 vol. . . . . 2 fr.
Notre-Dame de Paris. 2 vol. . . . . 3 fr.
Han d'Islande. 1 vol. . . . . 1 fr. 75 c.
Dernier Jour d'un Condamné, Bug-Jargal, Claude Gueux. 1 volume. 1 fr. 75 c.
Feuilles d'Automne, Chants du Crépuscule. 1 vol. . . 1 fr. 75 c.
Littérature et Philosophie. 1 vol. . . . . 1 fr. 75 c.
Théâtre. 3 vol. . . . . 5 fr. 25 c.
Le Rhin, 3 vol. . . . . 5 fr. 25 c.

HUGO (Victor). Notre-Dame de Paris. 2 vol., 7 fr., net. . . . . 3 fr.

IMITATION de Jésus-Christ, traduite en vers par Sapinaud. Paris, 1844. 1 vol. 3 fr., net. 50 c.

INCHBALD (Mistress). Simple Histoire, traduction nouvelle, par Léon de WAILLY. Paris. 1 vol., 3 fr. 50 c., net. . . . . 2 fr. 50 c.

JACOBY (Emile). La Clef de l'Arithmétique. Traité de calcul mental, d'après la méthode suivie pour former le pâtre calculateur de la Touraine, Henri Mondeux, et selon ses procédés. Paris, 1855. 1 vol. . . . . 3 fr. 50 c.

JANIN (Jules). Contes et Nouvelles littéraires, Histoire de la poésie et de la littérature chez tous les peuples. 3 vol 10 fr. 50 c., net. 4 fr. 50 c.

JUGE (Auguste). Fabuliste des Alpes. Paris, Clarey, 1853. 1 vol., net. . . . . 3 fr. 75 c.

KARR (Alphonse). Clovis Gosselin, suivi de Quelques pensées sur l'Education. Paris, 1855. 1 vol. 3 fr. 50 c., net . . . . 1 fr. 50 c.

KÉRATRY. Inductions morales et physiologiques. 3ᵉ édit., revue par l'auteur. Paris, Ch. Gosselin. 1841. 1 vol., 3 fr. 50 c., net. . . . . 1 fr.

KÉRATRY. Clarisse, nouvelle inédite. Paris, 1854. 1 v., 3 fr. 50 c., net. 50 c.

KOCK (Paul de). Œuvres. Paris, Barba, contenant tous les romans ci-dessous :
— Mon Voisin Raymond. 1 vol. — André le Savoyard. 1 vol. — Monsieur Dupont. 1 vol. — Madeleine. 1 vol. — La Pucelle de Belleville. 1 vol. — Un bon Enfant. 1 vol. — L'Homme de la Nature, 1 vol. — L'Enfant de ma femme. 1 vol. — Zizine. 1 vol. — Un Tourlourou. 1 vol. — Ni Jamais ni Toujours. 1 vol. — Moustache. 1 vol. — Un Homme à marier. 1 vol. — Un Jeune homme charmant. 1 vol. — Un Mari perdu. 1 vol. — Les Enfants de Marie. 1 vol. — La Jolie Fille du faubourg. 1 vol. — L'Homme aux Trois Culottes, ou la République, l'Empire et la Restauration. 1 vol.

Chaque vol. séparément, net. . . . . 1 fr. 50 c.
Vingt-six figures, et le portrait, gravés par Raffet, net. . . . . 2 fr.

KUHN (Jean). La vie de Jésus-Christ au point de vue de la science, traduite de l'allemand, par F. Nettement, pour faire suite à la Raison du Christianisme. 1 vol., 3 fr. 50 c., net. . . . . 1 fr. 50 c

KWITKA. Oksana, ou l'Orgueil villageois et ses ravages, ou l'Histoire grave et véridique de 35 kopecks, ancienne chronique de l'Ukraine, trad. du russe par madame Ch. Moreau de la Meltière. Paris, H. Bossange, 1854. 1 vol. 3 fr. 50 c., net. . . . . 1 fr.

LACOU (Jean). Fleurs des Landes. Bordeaux, 1853. 1 vol., avec figures, 3 fr., net. . . . . 1 fr.

LA FONTAINE. Fables de la Fontaine et de Florian réunies. Nouvelle édition, augmentée de Notices par E. de la Bédollière. 1 vol. Paris, 1853, net. . . . . 1 fr. 25 c.

LAGNY (Germain de). Le Knout et les Russes, mœurs et administration de la Russie. — Introduction. — L'armée. — La noblesse. — Le clergé. — La marine. — La magistrature, la justice et la police. — Les finances. — L'esclavage. — Le knout. — Aspect du climat. — Saint-Pétersbourg. L'Empereur Nicolas Iᵉʳ. — Pièces justificatives. Paris, D. Giraud, 1854. 1 vol., 3 fr., net. . . . . 1 fr. 50 c.

LAMBERT (Mᵐᵉ de). Œuvres morales, précédées de l'Éloge de l'auteur, par Fontenelle, et d'un Essai sur ses écrits, par Mᵐᵉ Louise Colet. Paris, Charles Gosselin. 1 vol., 3 fr. 50 c., net. . . . . 1 fr.

LAMENNAIS. Paris, Pagnerre, 1844. In-18 jésus vélin.
— Affaires de Rome. — Récit du voyage. — Des maux de l'Église et de la société, etc. 1 vol., net. . . . . 2 fr.
— Politique à l'usage du peuple. — Esclavage moderne. — Mélanges politiques et littéraires. — De la Servitude volontaire par la Boétie, etc. 1 vol., net. . . . . 2 fr.
— Paroles d'un Croyant. — Livre du peuple. — Une voix de prison. — Mélanges. 1 vol., net. . . . . 2 fr. 50 c.
Ce dernier volume réunit les trois ouvrages les plus populaires de M. de Lamennais.
Chaque volume se vend séparément.

LANDAIS (Napoléon). Lettres à Amélie sur le Mariage. 1 vol., 5 fr., net. . . . . 1 fr. 50 c.

LAPOINTE (A.) ET **F. DE REIFFENBERG** fils. Les Drames du foyer. Paris, Giraud, 1853, 1 vol., 2 fr. 50 c., net. . . . . . . 1 fr. 25 c.

LAPOINTE (Savinien). Il était une fois, contes. Paris, 1855. 1 vol. orné de 4 gravures, net. . . . . 2 fr. 50 c.

LAVERDANT (E.). La Déroute des Césars. — La Gaule très-chrétienne et le Czar orthodoxe. Paris, 1851. 1 vol., 3 fr. 50 c., net. . . . 50 c.

LECLERCQ (Théodore). Œuvres dramatiques et complètes, nouvelle édition, augmentée de proverbes inédits; précédées de notices, par MM. Sainte-Beuve et Mérimée. 8 vol. illustrés de 78 gravures sur acier, par MM. Alfred et Tony Johannot, net. . . . . 14 fr.

LEGOUVÉ (Ernest). Edith de Falsen. Cinquième édition, revue et augmentée de deux nouvelles. Paris, D. Giraud, 1852. 1 vol. jésus, net. . . . . 1 fr.

LERNE (Emmanuel de). Contes et Nouvelles, avec une Préface de M. Arsène Houssaye. Paris, V. Lecou, 1853. 1 vol., net . . . . 1 fr. 50 c.

LEROUX DE LINCY. Les Femmes célèbres de l'ancienne France. — Mémoires historiques sur la vie publique et privée des femmes françaises depuis le cinquième siècle jusqu'au seizième. Paris, le Roi, 1848. 1 fort vol. de 700 pages, net. . . . . 2 fr.

L'HÉRITIER ET ROUSSEL. Éléments populaires de Chimie agricole, ou Résumé élémentaire des connaissances chimiques, dans leur application à l'agriculture, particulièrement à l'étude des sols et des engrais. Ouvrage destiné à tous ceux qui se livrent aux exploitations agricoles. Paris, G. de Gonet, 1847. 1 vol., 3 fr. 50 c., net. . . . . 1 fr. 25 c.

L'HOTE (Ed.). Les premières Neiges, élégies et poëmes, 1848. 1 vol. 1 fr.

LOISEL (Ant.) ET **DUPIN** AÎNÉ. Pasquier, ou Dialogue des Advocats du parlement de Paris, par Ant. Loisel, avec une Introduction et des Notes, la suite chronologique des plus notables avocats depuis l'an 1600 jusqu'à nos jours, et des Notions biographiques sur Pasquier, Loisel et les frères Pithou, par M. Dupin. Paris, Videcoq, 1844. 1 vol., 4 fr., net. . . . . 50 c.

LUTHER (M.). Les Propos de table de Martin Luther, revus sur les éditions originales, et traduits pour la première fois en français par Gustave Brunet. Paris, C. Gosselin. 1 vol., 3 fr. 50 c., net. . . . . . . 2 fr.

MAGU. Poésies de Magu, tisserand à Lizy-sur-Ourcq, avec une Préface par George Sand Paris, Charpentier, 1845. 1 vol., 3 fr. 50 c., net. 1 fr. 75 c.

MANZONI (Alex.). Théâtre et Poésies, traduits par Antoine de Latour. Paris, 1841. 1 vol., 3 fr. 50 c., net.. . . . . 1 fr. 75 c.

MANUEL UNIVERSEL et raisonné du canotier. Ouvrage illustré de 50 grav. sur bois, renfermant des recherches historiques sur l'origine et le développement du canotage, par un loup d'eau douce. Paris, 1845. 1 vol., 3 fr., net.. . . . . 1 fr.

MARMIER (X.). Nouveaux Souvenirs de voyage et traditions populaires. Paris, 1845. 1 vol., 3 fr. 50 c., net.. . . . . 1 fr. 75 c.

MARTIN. Poésies. — Harmonie de la famille; — Ariel; — Louise. — les Cordes graves. Paris, J. Renouard, 1847. 1 vol., 3 fr. 50 c., net.. . . . . 1 fr. 25 c.

MASSAS (Charles de). Napoléon. — Derniers jours de l'Empire, poëme en quatre chants : — l'île d'Elbe; le Retour; Waterloo; Sainte-Hélène; suivi de Notes formant un résumé de l'histoire de Napoléon. Paris, 1852. 1 vol., net.. . . . . 50 c.

MASSON (Michel). Les Contes de l'Atelier. Paris, Gosselin, 1843. 2 vol., 7 fr., net. . . . . 3 fr.

MAUDUIT (Hippolyte de). Révolution militaire du 2 décembre 1852; précédée de la vérité quand même à tous les partis et de curieux entretiens de l'auteur avec le prince Louis-Napoléon, par le capitaine Hippolyte de Mauduit, fondateur et rédacteur en chef de la *Sentinelle de l'Armée*, 1 joli vol., 3 fr., net. . . . . 2 fr.

MAYER (P.). Histoire du 2 Décembre, avec Documents inédits et pièces justificatives; 2e édition, augmentée de la Constitution et des lois et décrets rendus depuis le 1er janvier. Paris, Ledoyen, 1852. 1 vol., 2 fr. 50 c., net.. . . . . 1 fr.

MENEVAL. Napoléon et Marie-Louise, Souvenirs historiques de M. le baron Meneval, ancien secrétaire du portefeuille de Napoléon, ancien secrétaire des commandements de l'impératrice régente; 2e édition, corrigée et augmentée. Paris, Amyot, 1845 3 vol., 10 fr. 50 c., net. 3 fr. 75 c.

— Souvenirs historiques sur Napoléon; 2e édition, augment. Paris. 1 vol., 3 fr. 50 c., net.. . . . . 1 fr. 25 c.

MÉRICLET (de). Physiologie de l'Esprit. Paris, Vrayet de Surcy, 1848. 1 vol., 3 fr. 50 c., net.. . . . . 50 c.

MÉRICLET (A.-G. de). Mémoires d'un Bourgeois de province. — Départ pour Paris. — Ma première Visite. — Le Camarade de collège. — Maison de Jeu clandestine. — Le Bal de l'Opéra. — Mes premières Amours. — La Vie de bohème. — Danger de faire la cour à une Femme mariée. — Une Soirée chez M. de Lamartine. — Une Provocation. — La Sœur grise. — La Dame de bon Voisinage. — Le Café de Paris. — Duel au Bois de Vincennes. — Affiliation à une Société secrète. — Correspondance galante. — Lettre de change. — Les Filous et les Industriels. — Une Offense qu'on ne pardonne pas, etc., etc. Paris, D. Giraud, 1854, 1 vol., 3 fr 50, net. . . . . 1 fr. 75 c.

MÉRY. Œuvres, nouvelle édition, format in-18, ornée de gravures, entièrement revue et corrigée par l'auteur. Chaque volume, contenant la matière de 2 volumes in-8, sera imprimé en très-beaux caractères, sur papier glacé et satiné. Prix. . . . . 2 fr. 50 c.

— Le Bonnet Vert. Paris, 1854. 1 vol. orné de 4 gravures, net. 2 fr. 50 c.

EN VENTE : — La Floride. Paris, 1854. 1 vol., 4 gravures. — Le Dernier Fantôme. 1854. 1 vol., 4 gravures. — La Guerre du Nizam. 1854. 1 vol., 4 gravures. — La Comtesse Hortensia. 1854. 1 vol., 4 gravures.

MÉRY. Œuvres. Paris, 1855 — Un Amour dans l'avenir. 1 vol., 4 fig., net.. . . . . 2 fr. 50 c.
— Un Mariage de Paris. 1 vol., fig., net. . . . . 2 fr. 50 c.

MICHELET (J.). Les Femmes de la Révolution. 1 vol., relié en percaline, non rogné et non coupé, net. . . . . 3 fr.
— Le Peuple. Paris, Hachette et Paulin, 1846. 1 vol., net. . 1 fr. 25 c.

MICHIELS (Alfred). Le Capitaine Firmin, ou la vie des nègres en Afrique. Paris, 1855. 1 vol.. 1 fr. 25 c.

MILLE ET UNE NUITS (les). Contes Arabes, traduits par GALLAND. Paris, 1846. 2 forts vol., 7 fr., net. . . . . 4 fr.

MILLE ET UN JOURS (les). Contes Persans, traduits par PÉTIS DE LA-CROIX. Paris, 1846. 1 vol., fig.; 3 fr. 50 c., net. . . . . 2 fr.

MOLIÈRE. Œuvres complètes, nouvelle édition, augmentée d'une Vie de Molière et de Notices sur chaque pièce par E. DE LA BÉDOLLIÈRE. Paris, 1853. 4 vol., net. . . . . 4 fr.

MONSELET (Charles). Histoire anecdotique du tribunal révolutionnaire (17 août — 27 novembre 1792). Paris, Giraud et Dagneau, 1853. 1 vol., 3 fr., net.. . . . . 1 fr. 50 c.
— Statues et Statuettes contemporaines. Paris, Giraud, 1852. 1 vol. net. 1 fr.

MONTOLIEU (Isabelle de). Le Robinson Suisse, ou Journal d'un père de famille naufragé avec ses enfants, traduit de l'allemand sur la dernière édition. Nouvelle et seule édition complète, ornée de 10 planches gravées et de la carte de l'île déserte. 2 vol., 7 fr., net. . . . . . 2 fr. 50 c.
— Caroline de Lichtfield, ou Mémoires d'une famille prussienne. 1 vol., 3 fr. 50 c., net. 1 fr. 25 c.

MONTOLIEU (Mme de). Le Robinson Suisse. Paris, Barba, 1855. 2 vol, net. . . . . 2 fr. 50 c.

MOREAU (L.). Du Matérialisme phrénologique, de l'Animisme et de l'Influence. Deuxième édition. Paris, Olivier-Fulgence, 1846. 1 vol., 3 fr. 50 c., net. . . . . 1 fr.

MORPURGO (Victor). Politique de la Russie en Orient. — Avenir de la Turquie. — Documents. Paris, D. Giraud, 1854. 1 vol., 3 fr. 50 c., net. . . . . 1 fr. 75 c.

MOYNIER (Hippolyte de). Le Siége de Paris en 885. Paris, 1851. 1 vol., 3 fr., net. . . . . 50 c.

MULLOIS (l'abbé Isidore). Cours d'éloquence sacrée populaire, ou Essai sur la manière de parler au peuple. Paris, 1853. 1 vol., net. 1 fr. 50 c.

NARREY (Charles). Deux heures de Mystère, histoire invraisemblable. 1 vol., net. . . . . 25 c.

NIBELLE (Paul). Légendes de la vallée. — Berthe. — Les journées de printemps. — La Famille de Kervoren. — Le Chercheur des rives. Paris, 1855. 1 vol., net . . . . 1 fr. 25 c.

NICOLAS (Michel). Jean-Bon-Saint-André, sa vie et ses écrits, mis en ordre et publiés par M. Nicolas. 1848. 1 vol., 3 fr. 50 c., net.. . . 1 fr.

NICOLLE (Henri). Les Eaux-Bonnes, souvenirs de la saison. Paris, 1851. 1 vol., net. . . . . 25 c.
— Contes invraisemblables. (Le Tueur de mouches. Le Chien des fiancés; Les Amours de Justin. Un peintre à quatre pattes. Une histoire en mer, Les projets de ma tante.) Paris, 1853. 1 vol., 2 fr., net. . . . . 1 fr

NICOLLE (Henri). Courses dans les Pyrénées, la Montagne et les Eaux.— *Les Eaux Chaudes :* Gabas — Les Ours. — Laruns.— *Les Eaux-Bonnes :* La Chasse aux vautours. — Le Pic du Gers. — Les Hôtes de la montagne. *Cauterets :* Le Col de Tortes. — Plaisirs et fêtes. — Le Lac de Gaube. — Géologie.—*Luz-Saint-Sauveur-les-Bains :* Héas.— Gavarnie — *Barèges :* Un Garnison d'Invalides.— Le Pic du Midi. *-Bagnères de Bigorre.—Bagnères de Luchon.* Une journée en passant. — La Reine de Pyrénées. Paris, D. Giraud, 1854. 1 vol. 3 fr. 50 c., net. . . . . . . 1 fr. 75 c.

ORLÉANS (les Poésies du duc Charles d'), publiées sur le Manuscrit de la Bibliothèque de Grenoble, conféré avec ceux de Paris et du Louvre, et accompagnées d'une Préface historique, de Notes et d'éclaircissement littéraires, par CHAMPOLLION-FIGEAC. Paris, 1842. 1 fort vol., 3 fr. 50 c. net. . . . . 2 fr

ORLÉANS (Poésies de Charles d'). Publiées avec l'autorisation de M. le ministre de l'instruction publique, d'après les manuscrits des bibliothèques du Roi et de l'Arsenal, par J.-Marie Guichard. Paris, Ch. Gosselin, 1842. 1 vol., 3 fr. 50 c., net. . . . . 1 fr. 25 c.

OSTROWSKI (Christien). Théâtre complet. — Griselde, ou la Fille du Peuple. — Conte de la reine Ginèvre. — Françoise de Rimini. — Edwige, ou les Jaghellons, etc. Paris, Giraud, 1852. 1 vol., 3 fr. 50 c., net. . . . . 1 fr. 75 c.

PALISSY (Bernard). Œuvres complètes; édition conforme aux textes originaux imprimés du vivant de l'auteur, avec des Notes et une Notice historique, par P.-A. CAP. Paris, Dubochet, 1844. 3 fr. 50 c., net. . . . . 2 fr. 50 c.
(Épuisé.)

PARIS RÉVOLUTIONNAIRE. La Force révolutionnaire (Introduction). — Peste contre peste, ou la France au seizième siècle. — 5 et 6 octobre 1789, épisodes révolutionnaires. — Une séance du comité de surveillance de la commune. — Les proscrits de la Restauration. — Une nuit d'étudiants sous la Restauration. — La Charbonnerie. — Les Étudiants sous la Restauration.— Juillet 1830. — Une scène de grenier. — Une scène de la Salpêtrière. — Un homme du peuple et un grand seigneur. — La presse révolutionnaire. — Le théâtre considéré comme moyen révolutionnaire. Paris, Guillaumin, 1848. 1 vol., 3 fr. 50 c., net. . . . 1 fr.

PECQUEUR (C.). Des améliorations matérielles dans leurs rapports avec la liberté. 2ᵉ édition. Paris, 1841. 1 vol., 3 fr. 50 c., net. . . . 1 fr.

PERRODIL. Dictionnaire des Hérésies, ou Mémoires pour servir à l'Histoire des égarements de l'esprit humain. Paris, Royer, 1845. 2 forts vol., 7 fr., net. . . . . 4 fr.

PFEFFEL (Théophile-Conrad). Fables et Poésies choisies, traduites en vers français et précédées d'une Notice biographique par M. Paul LEHR. 2ᵉ édition. Paris, Cherbuliez, 1850. 1 vol. gr. in-18 jésus, 3 fr. 50 c., net. 2 fr. 50 c.

PHILIPON DE LA MADELEINE (M. V.). La Mythologie illustrée, contenant les morceaux les plus célèbres en prose et en vers des écrivains anciens et modernes, sur les dieux de la Grèce, de Rome, de l'Inde, de la Scandinavie et de l'Amérique, etc. Paris, Mallet, 1842. 1 vol. orné de 100 vignettes et 25 planches tirées à part, d'après les dessins de M. Rason, et gravées par les premiers artistes; 6 fr., net. . . . . . . 3 fr. 50 c.

PHILIPON (Ch.) et **HUART** (L.). Parodie du Juif Errant, complainte constitutionnelle en dix parties. 300 vignettes par Cham. Paris, Aubert, 1845. 1 fort vol., 3 fr., net. . . . . 1 fr. 75 c.

PIGAULT-LEBRUN. Paris, Barba. 1845. L'Homme à projets. 1 vol., 3 fr. 50 c., net. . . . . 1 fr. 25 c.

PINEL-DOMRY. Genèse universelle, ou le Dernier déluge. Paris, 1851. 1 vol., 2 fr., net. . . . . 35 c.

PITRE-CHEVALIER. Les Révolutions d'autrefois. Chronique de la Fronde, 1648-1652. — Le Médaillon d'argent, 1648. — Le pain de Gonesse, 1649. — Le Bouquet de noces, 1651-1652. Le Drapeau rouge, 1652. Paris, 1855. 1 vol. 3 fr. 50 c., net. . . . . 1 fr. 50 c.

PLOUVIER (Edouard). La Bûche de Noël, Contes de famille. — Les Aventures d'une Poupée et d'un petit Tambour. — Le Bal de la Préfecture. — L'Auberge du Loup-Blanc. — Comme le Bien vient en dormant. — Trio de Savants. — La Famille du Contrebandier. — Job le Rêveur. — Le Fond d'un Tiroir. — Paris, J. Dagneau, 1854. 1 vol., 3 fr., net. . . . . 1 fr. 25 c.

PLUTARQUE. Traités de morale, traduction de Ricard, revue et corrigée par M. Alexis Pierron. 2 vol., 7 fr., net. . . . . 3 fr. 50 c.

PLUTARQUE. Œuvres morales, traduites du grec par Ricard; nouvelle édition revue et corrigée. Paris, Lefèvre, 1844. 5 forts vol. de plus de 600 pages chacun. 17 fr. 50 c. net. . . . . 8 fr. 75 c.
— Les tomes III, IV et V se vendent séparément, le volume, 1 fr. 75 c

POLYBE. Histoire générale. Traduction nouvelle, plus complète que les précédentes; précédée d'une Notice, accompagnée de Notes et suivie d'un Index par M. Félix Bouchot. Paris, 1843. 3 v., 10 fr. 50 c., net. 5 fr. 25 c.

PRÉMARAY (Jules de). Promenades sentimentales dans Londres et le Palais de Cristal. Paris, Giraud et Dagneau, 1851. 1 vol., 3 fr., net. 1 fr. 50 c.

PUYMAIGRE (le comte Th. de). Poëtes et romanciers de la Lorraine, 1848. 1 vol., 3 fr. 50 c., net. . . . . 1 fr. 25 c.

QUINET (Edgar). Fondation de la République des Provinces-Unies. Marnix de Sainte-Aldegonde. 1 vol., net. . . . . 2 fr.

RATIER (Paul-Ernest de). Le Ballet des Chérubines. (Récit bref.) Paris, Dagneau, 1853. 1 vol., net. . . . . 1 fr.

REMUSAT (Charles De). Passé et Présent, Mélanges. Paris, Ladrange. 1847. 2 vol., 7 fr., net. . . . . 4 fr.

RENOUVIER. Manuel d'histoire de philosophie ancienne. Paris, Paulin, 1844. 2 vol., 7 fr., net. . . . . 2 fr. 50 c.

ROBERTSON. Histoire de Charles-Quint, traduction de Suard, de l'Académie française; précédée du tableau des progrès de la société en Europe, depuis la destruction de l'empire romain jusqu'au commencement

du seizième siècle. Paris, 1847. 2 vol., 7 fr., net . . . . 3 fr. 50 c.
— Histoire de l'Amérique, traduction de J.-B. Suard et Morellet. 5ᵉ édit., avec des Notes de MM. de Humboldt, Bulloch, Warden, Clavigero, Jefferson, etc., recueillies par M. de la Roquette. Paris, Didier, 1848. 2 vol., 7 fr. . . . . 3 fr. 50 c.

ROBERTSON (W). Histoire de Charles-Quint, précédée d'un Tableau des progrès de la Société en Europe, depuis la destruction de l'Empire romain jusqu'au commencement du seizième siècle; traduction de J.-B. Suard. Paris, Didier, 1844. 2 vol. 7 fr., net. . . . . . . 3 fr. 50 c.

    L'éditeur a suivi, pour cette réimpression, l'excellente édition sortie des presses de M. Pierre Didot, en 1817, et publiée par MM. Janet et Cotelle, en 4 volumes in-8.

ROMIEU (A.). Fragments scientifiques. Paris, Paulin. 1 vol., 3 fr. 50 c., net. . . . . 50 c.

ROUSSEAU (J.-J.). Fragments inédits, suivis des Résidences de Jean-Jacques; par A. de Bougy. Paris, J. Dagneau, 1853. 1 vol., net. . . 1 fr.

SAINT-MAXENT. Le Pédagogue, Étude de l'égoïsme, suivi de Hévella. Paris, D. Giraud, 1854. 1 vol. Prix : 3 fr., net. . . . . 1 fr.

SAND (George). Consuelo. Nouvelle édition, revue et corrigée. Paris, Charpentier, 1845. 4 vol., 14 fr., net. . . . . 7 fr.
— La comtesse de Rudolstadt. Nouvelle édition, revue et corrigée. Paris, Charpentier, 1845. 2 vol., 7 fr., net. . . . . 3 fr. 50 c.

SAUCEROTTE (le Dʳ). Avant d'entrer dans le monde. Paris, J. Renouard. 2ᵉ édition. 1847. 1 vol., 2 fr., net. . . . . 1 fr.
— La reliure en percaline, net. . . . . 50 c.

SCHILLER. Le Visionnaire, le Criminel, le Jeu du sort; traduit par Alphonse Gautrin, 1853. 1 vol., 5 fr., net. . . . . 50 c.

SEGRETAIN (G.-A.). Des éléments de l'État, ou Cinq questions concernant la religion, la philosophie, la morale, l'art et la politique. Paris, Paulin, 1842. 2 vol., 7 fr., net. . . . . 2 fr. 50 c.

SÉGUR. Mémoires, Souvenirs et Anecdotes. 5ᵉ édit. Paris, Didier. 2 vol., 7 fr., net. . . . . 3 fr.
— Galerie morale, précédée d'une Notice par Sainte-Beuve. 1 v., 3 fr. 50 c., net. . . . . 1 fr. 50 c.

SENNEVILLE (L. de). Prométhée délivré. Paris, 1844. 1 vol., net. 25 c.

SOULIÉ (Frédéric). Le Conseiller d'État. 1 v., 3 fr. 50 c., net. 1 fr. 25 c.

SOUVESTRE (E.). Riche et Pauvre. 2ᵉ édition, ornée de 16 gravures tirées à part. Paris, 1848. 1 vol., 4 fr., net. . . . . 1 fr. 25 c.
— Le Mât de Cocagne; édition soigneusement revue. Paris, D. Giraud, 1853, 1 vol., 3 fr., net. . . . . 1 fr. 50 c.
— L'homme et l'Argent; roman de mœurs. Paris, D. Giraud, 1853. 1 vol., 3 fr., net. . . . . 1 fr. 50 c.
— Le Mendiant de Saint-Roch. Le grand Portail de Saint-Roch. — La Chapelle des Trépassés — Le petit Porche. — L'Impasse verte. — Le Carrosse de M. de Fronsac. — Un Expédient de M. Moreau. — Le vieux Serviteur. — Tel Maître, tels Valets. — Le Cabinet de M. Moreau. — Une Révélation — Un Cabanon de Bicêtre. — Un Expédient de Prisonnier. — Chez madame Armand. — Une dernière Entrevue. 1 vol. Paris, D. Giraud, 1853, net. . . . . 1 fr.

SOUVESTRE (Émile). Romans des familles :
 Sous la Tonnelle. Paris, D. Giraud, 1853. 1 vol., net. . . . . . . 1 fr. 75 c.
 Au Bord du Lac. 1854. 1 vol., net. . . . . 1 fr. 75 c.
 Pendant la Moisson. 1855. 1 vol., net. . . . . 1 fr. 75 c.
 Récits et Souvenirs. 1833. 1 vol., net. . . . . 1 fr. 75 c.

STENDHAL (de) (Henry Beyle). La Chartreuse de Parme. Nouvelle édition, précédée d'une Lettre et d'une Etude littéraire sur Beyle, par M. DE BALZAC, et d'une lettre inédite de l'auteur en réponse à ce travail. 1 beau vol. vélin, glacé, satiné, de plus de 500 pages, net. . . . . 2 fr.
— Armance, ou quelques Scènes d'un Salon de Paris, avec une Préface par M. MONSELET. Paris, 1853, net. . . . . 1 fr.

SUE (Eugène). Histoire de la Marine française, 2ᵉ édition, revue par l'auteur. Paris, 1845. 4 vol., 14 fr., net. . . . . 5 fr.
— LES SEPT PÉCHÉS CAPITAUX. — L'Orgueil, Paris, 1854. 1 vol., net. . 2 fr.
 Cet ouvrage formait 6 vol. in-8 et se vendait 45 fr.
— L'Envie. 1 vol., net. . . . . 1 fr. 25 c.
 Cet ouvrage se vendait 30 fr.

SURVILLE (Mᵐᵉ de), née de Balzac. La Fée des nuages, ou la Reine Mab, contes des familles. Paris, D. Giraud, 1854. 1 vol., net. . . . . 1 fr.

TABAC (le) vengé. Physiologie du tabac, de la pipe, du cigare, de la cigarette et de la tabatière ; seul ouvrage complet, 1845. 1 vol. illustré par Porret, 1 fr., net. . . . . 35 c.

TASCHEREAU (M. J.). Histoire de la vie et des ouvrages de Molière. 5ᵉ édition, revue et augmentée. Paris, Hetzel, 1844. 1 vol. orné de jolies grav., 3 fr. 50 c., net. . . . . 1 fr. 50 c.

TERENCE (les Comédies de), avec la traduction en français par M. Alfred MAGIN, publiée sous la direction de M. Nisard. Paris, Paulin, 1845. 1 vol. 3 fr. 50 c., net. . . . . 2 fr.

THÉATRE POUR RIRE. Répertoire des parodies les plus ingénieuses, des comédies les plus bouffonnes et des tragédies les plus burlesques qui ont été représentées ou publiées depuis Dominique jusqu'à nos jours.
 La veuve de Cancale. — Muscadin et Margotine. — La Mort de Bucéphale. — Le Désespoir de Jocrisse. — Les Fureurs de l'amour. — Agathe. — La Mort de Cadet Roussel. — Les Rêveries renouvelées des Grecs. — Le Pot de Chambre cassé. Paris, 1854. 1 vol. . . . . . . 1 fr. 25 c.

TOUCHARD-LAFOSSE. Histoire parlementaire et vie intime de Vergniaud, chef des Girondins, 1848. 1 vol., 3 fr., net. . . . . . 50 c.

TOURNOIS (M.). Histoire de Louis-Philippe-Joseph d'Orléans et du parti d'Orléans dans ses rapports avec la Révolution française. 3ᵉ édit. réduite aux faits personnels au prince. Paris, 1846. 1 vol., 3 fr. 50 c., net. 1 fr.

VANDERVELDE. Episodes des guerres de religion en Allemagne. Les Anabaptistes, les Hussites, traduction de M. LOÈVE-VEIMARS Paris, Comptoir des imprimeurs-unis, 1843. 1 vol., 3 fr. 50 c., net. . . . 1 fr.

VANINI. Œuvres philosophiques, trad. pour la première fois, par M. X. ROUSSELOT. Paris, Ch. Gosselin. 1 vol., 3 fr. 50 c., net. . . . . 1 fr.

VIARDOT (Louis). Les Musées d'Allemagne et de Russie. Paris, Paulin, 1844. 1 fort vol., 3 fr. 50 c., net. . . . . 1 fr. 50 c.
— Souvenirs de chasse. 2ᵉ édition, augmentée de cinq nouveaux chapitres. Paris, Paulin et Lechevalier, 1849. 1 vol., 3 fr. 50 c., net. 1 fr. 25 c.

VIENNET. Épîtres et Satires, suivies d'un Précis historique sur la Satire chez tous les peuples. Paris, Gosselin, 1845. 1 vol., 3 fr. 50 c., net. 1 fr.

VINÇARD. Le Banquet des Sept Gourmands, roman gastronomique. Paris, 1854. 1 vol. 3 fr., net. . . . . 1 fr.

VITET (L.). Histoire de Dieppe. 1844. 1 vol. orné de 2 cartes, 3 fr. 50 c., net. . . . . 2 fr.

VIVÈS (Hippolyte de). Le Livre sans queue ni tête. Paris, Allouard, 1853. 2 vol., 7 fr., net. . . . . 1 fr. 25 c.

VORAGINE (Jacques de). La Légende dorée (Légende des Saints), traduite du latin, et précédée d'une Notice historique et bibliographique, par M. G.-B. Paris, Ch. Gosselin, 1843. 2 vol., 7 fr., net. . . . . . 4 fr.

WALTER SCOTT. Œuvres, trad. nouvelle, par Léon de Wailly. Guy Mannering. Paris, 1853. 1 vol., 3 fr. 50 c., net. . . . . . 1 fr. 75 c.
— Fiancée de Lammermoor. — Légende de Montrose. 1 v., net. 1 fr. 75 c.
— Le Monastère. 1 vol., net. . . . . 1 fr. 75 c.
— L'Abbé, suite du Monastère. 1 vol . . . . 1 fr. 75 c.
— Kenilworth. 1 vol., net. . . . . 1 fr. 75 c.
— Quentin Durward, traduit par DE LA BÉDOLLIÈRE. Paris, 1853. 1 vol. net. . . . . 1 fr. 25 c.
— Rob-Roy, même traduction. Paris, 1853. 1 vol., net. . . . 1 fr. 25 c.

WEY (Francis). Manuel des droits et des devoirs; Dictionnaire démocratique. Paris, Paulin et Lechevalier, 1848. 1 v., 3 fr. 50 c., net. 1 fr. 25 c.
— Le Bouquet de Cerises, roman rustique. — Don Juan de Watteville. Paris, 1853. 1 vol., net. . . . . 1 fr.

VOLTAIRE. La Henriade, nouvelle édition, avec des Notes historiques et scientifiques, et une Introduction par M. Daunou. Paris, 1854. 1 vol., portrait; 5 fr., net. . . . . 1 fr. 25 c.

ZACCONE (Pierre). Le Vieux Paris. 1855. 1 vol. 3 fr. 50 c., net. 1 fr. 50 c.

NOUVELLES PUBLICATIONS

OEUVRES DE CHATEAUBRIAND.

30 vol. grand in-18, jésus vélin, illustrés de gravures sur acier. Paris, 1854.

VOLUMES PARUS :

LE GÉNIE DU CHRISTIANISME. 3 vol., 9 gravures, net. . . 4 fr. 50 c.
LES MARTYRS. 2 vol., 4 gravures, net. . . . . 3 fr. »
ATALA ET LE DERNIER ABENCÉRAGE. 1 vol., 2 gravures, net. . . . . 1 fr. 50 c.
ITINÉRAIRE DE PARIS A JÉRUSALEM. 2 vol., 4 grav., net. . 3 fr.

ŒUVRES DE P. CORNEILLE

PRÉCÉDÉES D'UNE

Notice sur sa Vie et ses Ouvrages, par Julien LEMER

Paris, 1855. 2 vol. grand in-18 jésus vélin, 6 fr., net. . . . . . . 3 fr.

Édition nouvelle, imprimée par Simon Raçon.

DEUXIÈME SÉRIE

Volumes grand in-32 jésus vélin, dit format diamant.

ASSELINE (Alfred). Le Cœur et l'Estomac. Paris, Lévy, 1853. 1 joli vol., 1 fr. 50 c., net. . . . . 50 c.

BARTHET (Armand). La Fleur du panier. — Œuvre inédite. Paris, Dagneau, 1854. 1 vol., 1 fr., net. . . . . 50 c.

CALONNE (Alphonse de). Bérangère, 1852. 1 vol., 1 fr., net. . . . 25 c.

DESCHAMPS (Émile). Contes physiologiques. — René-Paul et Paul-René. — Meâ culpâ. 1 vol. . . . . 40 c.

— Réalités fantastiques. — Biographie d'un lampion, par lui-même. — Le Bal de Noces. — Pantoufles !... Pantoufles !... — Mon fantastique. 1 vol., 1 fr., net. . . . . 40 c.

DESLYS (Charles). Les Bottes vernies de Cendrillon. Paris, Dagneau, 1854. 1 vol., net. . . . . 25 c.

FAVRE (Adolphe). L'Amour d'un ange. Paris, Dagneau, 1854. 1 vol., 1 fr., net. . . . . 50 c.

GIULIO. Conte sentimental improvisé par l'empereur Napoléon. Paris, 1852. 1 vol., fig., 1 fr., net. . . . . 25 c.

JACOB (P.-L., bibliophile). Simples récits. — Un Valet d'autrefois. — Le Secret de la Confession. 1 vol., 1 fr., net. . . . . 40 c.

— La plus romanesque aventure de ma vie. 1 vol., 1 fr., net. . . . 40 c.

JALLAIS (Amédée de). Sur la scène et dans la salle, miroir des théâtres de Paris. Paris, Dagneau, 1854. 1 vol., net. . . . . 25 c.

JUILLERAT (Paul). Nouvelles. — Mademoiselle Reine. — Le Mariage mystique. — Jupiter. 1 vol., 1 fr., net. . . . . 40 c.

LOUIS (Gustave). Épines et Roses, poésies. Paris, Dentu, 1853. 1 vol., net.
. . . . 25 c.

MARTIN (Edouard). Paris Original (Parisiens et Parisiennes). — Collégiens, Étudiants et Mercadets pour rire. Paris, Giraud, 1853. 1 joli vol., 1 fr., net. . . . . 50 c.

MONSELET (Charles). Figurines parisiennes. Paris, J. Dagneau, 1854. 1 vol., net. . . . . 25 c.

(Complètement inédit.)

MONSELET (Charles). Les Aveux d'un pamphlétaire. Paris, V. Lecou. 1854. 1 vol. 1 fr., net.. . . . . 50 c.
— Les Vignes du Seigneur. 1 vol., 1 fr. 25 c., net. . . . . 50 c.

NARREY (Charles) ET **JULES DE SAINT-FÉLIX**. A l'hôtel Chantereine, scènes de la vie politico-épicurienne. Paris, J. Dagneau. 1854. 1 vol., net.. . . . . 25 c.

NIBELLE (Paul). La fin d'un Songe. — Récits antiques. — Le Souper de Nicias.—La dernière Veille. Paris, D. Giraud. 1 vol., 1 fr., net. 50 c.

RAYMOND (Al.). Les Galants du temps jadis, essais littéraires sur le moyen âge. La Chanson de Roland. Le roman de la Rose. Poésies du roi de Navarre. Charles d'Orléans. François Villon. Paris, 1855. 1 vol. 1 fr., net. 50 c.

ROUQUETTE (J.). Songes et réalités. — Poésies. Paris, Garnier frères, 1855. 1 vol., 1 fr., net. . . . . 50 c.

SCHOLL (Aurélien). Lettres à mon Domestique, 2ᵉ édit. Paris, Dentu, 1854. 1 vol., 1 fr. 50 c , net. . . . . 50 c.

SOIRÉE HISTORIQUE de la Comédie-Française (22 octobre 1852), représentation solennelle en présence de S. A. I. Louis-Napoléon. Tableau des artistes de la Comédie-Française dans les costumes de leur emploi. Liste des personnages, gens du monde et artistes qui assistaient à cette représentation. Paris. 1852. 1 vol., 1 fr., net. . . . . 50 c.

VARENNES (le marquis de). Contes d'automne. — Les Gages touchés, In memory of. — Une idée de jeune fille. 1 vol., 1 fr., net. . . . . 40 c.

TROISIÈME SÉRIE

Collection Elzévirienne, composée d'ouvrages d'élite, format in-16, papier vergé spécial, caractères et ornements typographiques fondus exprès.

Tous ces volumes sont reliés en percaline, non rognés et non coupés.

ALCRIPE (Philippe d'), sieur de Néri en Verbos. — La nouvelle Fabrique des excellents traits de vérité. Nouvelle édition, augmentée des Nouvelles de la terre de Prestre Jehan. Paris, Jannet, 1853. 1 vol., net. . . . 4 fr.

BASANIER. L'Histoire notable de la Floride, située ès Indes occidentales, contenant les trois Voyages faits en Icelle par certains capitaines et pilotes français, descrits par le capitaine Laudonnière, qui y a commandé l'espace d'un an troys mois : à laquelle a esté adjousté un quatriesme voyage fait par le capitaine Gourgues, mis en lumière par M. Basanier, gentilhomme français, mathématicien. Paris, Jannet, 1853. 1 vol. . . . . . . 5 fr.

CHAPELLE ET BACHAUMONT. Œuvres, nouvelle édition revue et corrigée sur les meilleurs textes, notamment sur l'édition de 1732, précédée d'une Notice par M. Tenant de la Tour. Paris, Jannet, 1854. 1 fort vol. in-16, pap. vergé. . . . . 4 fr.

FURETIÈRE (Antoine). Le Roman bourgeois, ouvrage comique. Nouvelle édition, avec des notes historiques et littéraires, par M. Édouard Fournier, précédée d'une notice par M. Ch. Asselineau. Paris, Jannet, 1854. 1 fort vol., net. . . . . 5 fr.

JEHAN D'ARRAS. Mélusine, nouvelle édition, conforme à celle de 1478, revue et corrigée, avec une préface par M. Ch. Brunet. Paris, Jannet, 1854. 1 fort vol., net. . . . . 5 fr.

JEHANNOT DE LESCUREL, poëte du quatorzième siècle. Chansons, Ballades et Rondeaux, publiés pour la première fois d'après un manuscrit de la Bibliothèque impériale, par Anatole DE MONTAIGLON. Paris, Jannet, 1855. 1 vol., net. . . . . 2 fr.

HITOPADÉSA, ou L'INSTRUCTION UTILE, Recueil d'Apologues et de contes, traduits du sanscrit, avec des notes historiques et littéraires et un appendice contenant l'indication des sources et des imitations, par M. Edouard LANCEREAU. Paris, Jannet, 1855. 1 vol., net 5 fr.

LA BRUYÈRE. Les Caractères de Théophraste, traduits du grec; avec les caractères ou les mœurs de ce siècle. Nouvelle édition collationnée sur les éditions données par l'auteur, avec toutes les variantes, une Lettre inédite de la Bruyère et des Notes littéraires et historiques par Adrien DESTAILLEUR. Paris, Jannet, 1854. 2 forts vol.; net . . . . . . 10 fr.

LA ROCHEFOUCAULD Réflexions, Sentences et Maximes morales. Nouvelle édition, conforme à celle de 1678, et à laquelle on a joint les Annotations d'un contemporain sur chaque maxime, les variations des premières éditions, et des Notes nouvelles par G. DUPLESSIS; Préface par SAINTE-BEUVE, de l'Académie française. Paris, Jannet, 1853. 1 vol. 5 fr.

LES ÉVANGILES DES QUENOUILLES. Nouvelle édition revue sur les éditions anciennes et les manuscrits, avec préface, glossaire et table analytique. Paris, Jannet, 1854. 1 vol., net . . . . 3 fr.

MAROLLES (Michel de), abbé de Villeloin. Le Livre des Peintres et des Graveurs; nouvelle édition, revue par Georges DUPLESSIS. Paris, Jannet, 1855. 1 vol. . . . . 3 fr.

MONTAIGLON (M. Anatole). Le Livre du chevalier de Latour-Landry, fait pour l'enseignement de ses filles. Nouvelle édition, publiée d'après les manuscrits de Paris et de Londres. Paris, Jannet, 1854. 1 vol. in-16, net. . . . . 5 fr.

MICHEL (Francisque). Extrait abrégé des vieux Mémoriaux de l'Abbaye de Saint-Aubin-des-Bois, en Bretagne, en vers. Paris, Jannet, 1853. 1 vol net. . . . . 2 fr.

MONTAIGLON (Anatole de). Mémoires pour servir à l'Histoire de l'Académie royale de peinture et de sculpture, depuis 1648 jusqu'en 1664, publiés pour la première fois par M. Anatole de MONTAIGLON. Paris, Jannet, 1853. 2 vol., net. . . . . 8 fr.

NAVARIN (Charles). Les Aventures de Don Juan de Vargas, racontées par lui-même, trad. de l'Espagnol sur le manuscrit inédit. Paris, Jannet, 1855. 1 vol., net. . . . . 3 fr.

QUINZE (les) JOYES DE MARIAGE. Nouvelle édition, conforme au manuscrit de la Bibliothèque publique de Rouen, avec les variantes des anciennes éditions, et des Notes. Paris, Jannet, 1853. 1 vol., net. 3 fr.

RÉGNIER (œuvres de Mathurin), avec les commentaires revus et corrigés, précédées de l'Histoire de la Satire en France, pour servir de Discours préliminaire, par M. VIOLLET-LE-DUC. Paris, Jannet, 1853. 1 vol., net. 5 fr.

VILLON (François). Œuvres complètes. Nouvelle édition revue, corrigée et mise en ordre avec des Notes historiques et littéraires, par P.-L. Jacob, (bibliophile). Paris, Jannet, 1854. 1 fort vol., net. . . . . . . 5 fr.

VIOLLET-LE-DUC (M.). Ancien Théâtre français, ou Collection des ouvrages dramatiques les plus remarquables, depuis les mystères jusqu'à Corneille, publié avec des notes et éclaircissements. Tome IV. Paris, Jannet, 1855. 1 vol. in-16, net. . . . . 5 fr.

> Ce volume contient les œuvres dramatiques d'Etienne Jodelle; les Esbahis, de Jacques Grevin; la Reconnue, de Rémy Belleau.

VIOLLET-LE-DUC. Ancien Théâtre français, ou Collection des ouvrages dramatiques les plus remarquables, depuis les mystères jusqu'à Corneille, publié avec des notices et éclaircissements. Paris, Jannet. 1854. 3 vol. in-16, pap. vergé. . . . . 15 fr.

> Ces trois volumes contiennent soixante-quatre farces, sotties, moralités, sermons joyeux, publiés d'après les exemplaires uniques faisant partie d'un recueil conservé au Musée britannique de Londres.

— Six mois de la vie d'un jeune homme (1797). Paris, Jannet, 1853. 1 vol. in-16. . . . . 2 fr.

— Le même, tiré sur pap. vergé pour la collection elzévirienne, net. 4 fr.

QUATRIÈME SÉRIE

Bibliothèque choisie, format in-16.

AVENTURES (les) merveilleuses de Fortunatus. 1853. 1 vol., net. 25 c.

BALZAC (œuvres de), 1855. Tome Ier. — Avant-propos. — Le Bal de Sceaux. — La Bourse. — Etude de Femme. 1 vol. . . . . . 25 c.

— Tome II. — La Maison du Chat qui pelote. — La Fausse Maîtresse. — Madame Firmiani. 1 vol., net. . . . . 25 c.

— Tome III. — Physiologie du Mariage. 1 vol. double, net. . . . . 50 c.

— Tome IV. — Albert Savarus. — Une Fille d'Eve. — La Grenadière. 1 vol. double, net. . . . . 50 c.

— Tome V. — Mémoires de deux jeunes Mariées. — Gobseck. 1 vol. double. . . . . 50 c.

> Les Œuvres de Balzac formeront environ 70 volumes à 50 centimes.

CAZOTTE. Le Diable amoureux. — Le Démon marié, par Machiavel. 1853. 1 vol., net. . . . . 25 c.

CHAMISSO (Adelbert de). Merveilleuse histoire de Pierre Schémihl, enrichie d'une savante Préface, où les curieux pourront apprendre ce que c'est que l'ombre. 1850. 1 vol., net. . . . . 25 c.

COLNET. L'Art de dîner en ville, à l'usage des gens de lettres, poëme en quatre chants, suivi de la Biographie des auteurs morts de faim. — Le Parasite Mormon. — Salmis de vers et de prose. 1853. 1 vol., net. . . . . 25 c.

GRESSET. Vert-Vert. — Le Lutrin vivant. — Le Carême impromptu. La Chartreuse. — Le Méchant, 1853. 1 vol., net. . . . . . 25 c.

HATIN (Eugène). Histoire du Journal en France (1631-1853); deuxième édition entièrement refondue et augmentée de plus du double. 1853. 1 vol. double, net. . . . . 50 c.

HUSTON (J.). Légendes canadiennes. Paris, 1853. 1 vol. double, net, 50 c.

JANIN (Jules). L'Ane mort et la Femme guillotinée. 1853. 1 vol. net. 25 c.

LA BRUYÈRE. Les caractères, suivis des Caractères de Théophraste, traduits du grec par le même. Didot, 1819. 4 vol. in-16, pap. fin, brochés en deux, net. . . . . 2 fr. 50 c.
— Le même, pap. vélin, net. . . . . 3 fr. 50 c.

LA FAYETTE (madame de). La Princesse de Clèves. 1 vol., net. . 25 c.

LETTRES PORTUGAISES; nouvelle édition conforme à la première (Paris, Cl. Barbin, 1669), avec une Notice bibliographique sur ces Lettres, par le baron de Souza. 1853. 1 vol., net. . . . . . . 25 c.

PRÉVOST (l'abbé). Histoire de Manon Lescaut et du chevalier des Grieux, précédée d'une Notice sur l'auteur, par Jules Janin, 1853. 1 vol., net. . . . . 25 c.

PRIVAT D'ANGLEMONT. Paris anecdote. — Les Industries inconnues. — La Childebert. — Les Oiseaux de nuit. — La Villa des Chiffonniers. 1854. 1 vol. double, net . . . . 50 c.

VOLTAIRE. Romans et Contes. 1853. 2 vol. doubles, net. . . . 50 c.

NOUVELLE COLLECTION DES MORALISTES ANCIENS, publiée sous la direction de M. Lefèvre. 16 vol. in-18, imprimés avec grand luxe sur papier vélin glacé. Paris, V. Lecou, 1850-1851.

MORALE DE LA BIBLE. Moïse, David, Salomon, Job, Isaïe, etc., etc. 1 vol., net. . . . . 1 fr.

LES LOIS RELIGIEUSES, MORALES ET CIVILES de Manou, traduites du sanscrit par Loiseleur-Deslongchamps. 1 vol., net. . . 1 fr.

MORALE DE ZOROASTRE, extraite du Zend-Avesta, traduction d'Anquetil Du Perron. 1 vol., net. . . . . 1 fr.

MORALE DE JÉSUS-CHRIST et des Apôtres, ou la Vie et les Instructions de Jésus-Christ, tirées du Nouveau-Testament. 2 vol., net 2 fr.

LES LOIS MORALES, RELIGIEUSES ET CIVILES de Mahomet, extraites du Koran, traduction de Savary. 2 vol., net. . . . . . 2 fr.

PENSÉES de l'empereur Marc-Aurèle-Antonin, traduites du grec par de Joly. 2 vol., net. 2 fr.

CICÉRON. Traité des Devoirs, traduction de Gallon-la-Bastide, revue et corrigée. 1 vol., net. . . . . 1 fr. 25 c.

PENSÉES MORALES de Confucius, de Mencius et de divers auteurs chinois. 1 vol., net. 1 fr.

LA MORALE DE CHOU-KING, ou le Livre sacré de la Chine 1 vol., net. . . . . 1 fr.

LES ENTRETIENS MÉMORABLES DE SOCRATE, traduits du grec de Xénophon; suivis de Criton et de l'Apologie de Socrate, traduits du grec de Platon. 2 vol., net. . . . . 3 fr. 50 c.

PENSÉES DE PLATON sur la religion, la morale, la politique, recueillies et traduites par M. Victor Leclerc. 1 vol., net. . . . . 1 fr. 75 c.

LE PHÉDON, ou de l'Immortalité de l'âme, traduit du grec de Platon, par Dacier. 1 vol., net. . . . . 1 fr. 75 c.

VOLTAIRE. La Henriade, poëme, suivie des Notes et des Variantes. Paris, Didot, 1819. 2 vol. in-16, pap. fin, broché en un, net. . . . 1 fr.
— Le même, pap. vél., net. . . . . 1 fr. 25 c.

NOUVELLES PUBLICATIONS

OEUVRES COMPLÈTES DE REGNARD

AVEC UNE NOTICE
ET DE NOMBREUSES NOTES CRITIQUES, HISTORIQUES ET LITTÉRAIRES
Par feu M. BEUCHOT

Des Recherches sur les Époques de la Naissance et de la Mort de Regnard

PAR BEFFARA

PRÉCÉDÉES D'UN

ESSAI SUR LE TALENT DE REGNARD
ET SUR LE TALENT COMIQUE EN GÉNÉRAL

AVEC UN TABLEAU DES FORMES COMIQUES ET DRAMATIQUES, ET UNE BIBLIOGRAPHIE COMPLÈTE DES OUVRAGES CONCERNANT LE RIRE ET LE COMIQUE

PAR M. ALFRED MICHIELS

2 forts vol. grand in-8 raisin, orné de 13 jolies vignettes gravées par MM. A. Lefèvre-Burdet, Leroux, Blanchard, Fauchery, Beni et Muller, d'après les dessins de DESENNE. Prix. . . . . 10 fr.
   Cette suite de vignettes se vendait séparément 20 fr.
LE MÊME OUVRAGE, avec lettres grises, figures sur papier de Chine. Prix. . . . . 15 fr.
   Cette suite de vignettes se vendait séparément 36 fr.
LE MÊME OUVRAGE, épreuves avant la lettre, et eaux-fortes, sur papier de Chine. Prix. . . . . 20 fr.
   Cette suite de vignettes se vendait séparément 84 fr.

EN VENTE :

RUBENS ET L'ÉCOLE D'ANVERS
PAR ALFRED MICHIELS

1 beau vol. in-8 de près de 600 pages. Prix. . . . . 5 fr.

   Origine de l'École d'Anvers. — Les maîtres de Rubens. — Pierre-Paul Rubens. — Van Dyck, Jordaens, Fr. Sneyders, les trois Téniers. Diepenbeck, Van Thulden. Quellyn-le-Vieux, Jean Van Hoeck. — Autres élèves de Rubens. — Ses antagonistes; les conservateurs; les révolutionnaires. — Ses imitateurs. — L'école de Rubens à la seconde génération. — Artistes de divers genres formés par le grand homme.
Cet ouvrage est accompagné d'un Catalogue des Tableaux de Rubens, avec l'indication des endroits où ils se trouvent. Ces tableaux sont au nombre d'environ 1,500. Les deux volumes ensemble. . . . . 6 fr.
Le supplément, séparément. . . . . 1 fr.
Des exemplaires ont été tirés, pour les amateurs, sur papier vélin. Le prix du volume est de. . . . . 7 fr. 50 c.
Le prix du supplément. . . . . 1 fr. 50 c.

LIVRES A PRIX RÉDUITS

5 fr. au lieu de 20 fr.

ARMORIAL HISTORIQUE de la Noblesse de France, recueilli et rédigé par un comité, publié par Henri J.-G. de Milleville, référendaire au sceau de France, etc. 1 superbe volume grand in-8 jésus vélin (format du Panthéon), enrichi de nombreuses gravures imprimées dans le texte, représentant le blason des familles, des vues de châteaux, de monuments, des écussons armoriés. La table des matières contient plus de 2,000 noms. Paris, Vaton, 1846.

20 fr. au lieu de 40 fr.

ALBUM des bords de la Loire, composé de 50 magnifiques gravures sur acier, villes, bourgs et châteaux les plus remarquables, de la source de ce fleuve à son embouchure; par MM. Rouargue frères. Premières épreuves, tirées sur papier de Chine. Gr. in-4 oblong, rel. en percaline, tr. dorée.

13 fr. au lieu de 30 fr.

Le même ouvrage, en feuilles.

7 fr. 50 au lieu de 20 fr.

ARIOSTE (L'). — Roland furieux, traduction du comte de Tressan. Nouvelle édition, ornée de 90 magnifiques grav. tirées à part sur papier de Chine. 2 vol. gr. in-8 jésus vélin.

14 fr. au lieu de 28 fr.

Le même, rel. en percaline, tr. dorée, fers spéciaux.

4 fr. au lieu de 10 fr.

BIBLIOTHEQUE POUR RIRE. — Les Physiologies parisiennes, illustrées par MM. Gavarni, Cham, Daumier, Bertall, Valentin, Alophe, etc. Paris, Aubert. 1 vol. in-4, orné de 1,265 vign. sur bois.

10 fr. au lieu de 75 fr.

CAPEFIGUE (M.). — L'Europe depuis l'avénement du roi Louis-Philippe, pour faire suite à l'histoire de la Restauration, du même auteur. Paris, comptoir des Imprimeurs-unis. 1845 à 1846. 10 vol. in-8.

175 fr. au lieu de 1,350 fr.

DE LA BORDE (le comte Alexandre). — Les monuments de la France, classés chronologiquement et considérés sous le rapport des arts. Ouvrage complet publié en 45 livraisons ou 2 forts vol. gr. in-folio, contenant 259 planches gravées au burin par les meilleurs artistes, d'après les dessins de MM. Bourgeois, Chapuy, Bence, Vaucellies et autres, et un texte concernant l'histoire des arts en France, impr. par M. Jules Didot (1836).

250 fr. au lieu de 2,250 fr.

Le même ouvrage, papier vélin, avant la lettre (remarques blanches).

175 fr. au lieu de 1,008 fr.

— Voyage pittoresque et historique de l'Espagne. Ouvrage complet, publié en 48 livraisons ou 4 vol. gr. in-folio, contenant 275 planches gravées par les plus habiles artistes, et représentant les monuments les plus remarquables et les sites les plus intéressants de l'Espagne, avec un texte impr. par M. Pierre Didot l'aîné.

12 fr. au lieu de 30 fr.

— Versailles ancien et moderne. Paris, Gavard, 1842. Un vol. grand in-8 jésus vélin.

Ce volume de 516 pages de texte est orné de plus de 500 grav. sur acier et sur bois.

7 fr. 50 au lieu de 12 fr.

LES FRANÇAIS PEINTS PAR EUX-MÊMES. — Encyclopédie morale du dix-neuvième siècle. Paris, Furne, 1854. 2 tomes en 1 magnifique vol. très-grand in-8 jésus vélin de plus de 800 pages imprimées à deux colonnes, et illustré d'environ 2,000 gravures sur bois.

L'Ouvrage se vend le même prix en 2 vol. ou en 10 séries.

Chaque série se compose de 5 livraisons.

10 fr. 50 au lieu de 21 fr.

LEMAOUT (Emm.). — Histoire naturelle des oiseaux, suivant la classification de M. J. Geoffroy-St-Hilaire, avec l'indication de leurs mœurs, et de leurs rapports avec les arts, le commerce et l'agriculture. Paris, L. Curmer, 1853. Un magnifique vol. très-grand in-8 jésus vélin, contenant la description de toutes les espèces intéressantes, avec plus de 500 bois gravés dans le texte, donnant la figure et les détails organiques particuliers à chaque tribu, et illustré.

10 fr. 50 au lieu de 21 fr.

LEMAOUT (Emm.). — Les trois règnes de la nature. — Botanique. — Organographie et Taxonomie. — Histoire naturelle des familles végétales et des principales espèces, suivant la classification de Jussieu; avec l'indication de leur emploi dans les arts, les sciences et le commerce. Paris, Curmer, 1853. Un magnifique vol. très-grand in-8 jésus vélin, avec plus de 200 familles élucidées par 500 bois gravés, donnant la figure et les détails organiques particuliers à chaque famille, et illustré :

1° D'un nombre considérable de figures coloriées à l'aquarelle;

2° De 20 magnifiques planches gravées sur bois, imprimées à deux teintes.

10 fr. 50 au lieu de 21 fr.

CAP (Paul-Antoine). — Le Muséum d'histoire naturelle; histoire de la fondation et des développements successifs de l'établissement; biographie des hommes célèbres qui y ont contribué par leur enseignement ou par leurs découvertes; histoire des recherches, des voyages, des applications utiles auxquels le Muséum a donné lieu pour les arts, le commerce et l'agriculture; description des galeries, du jardin, des serres et de la ménagerie. Paris, Curmer. Un magnifique volume très-grand in-8 jésus imprimé par M. Paul Dupont et Cⁱᵉ, sur papier superfin des Vosges, contenant :

1° Les portraits des hommes qui ont le plus honoré la science, avec les attributs qui caractérisent leur spécialité;

2° Les plans de l'établissement;

3° Les vues du jardin;

4° Quinze magnifiques planches coloriées à l'aquarelle;

5° Vingt grandes planches gravées sur acier;

6° Une grande quantité de bois gravés; illustrations par Ad. Féart, Freemann, Pauquet, Gavarni et autres sommités artistiques.

10 fr. 50 au lieu de **21** fr.

GERVAIS (Paul). — Histoire naturelle des Mammifères, classés méthodiquement, avec l'indication de leurs mœurs et de leurs rapports avec les arts, le commerce et l'agriculture (primates, cheiroptères, insectivores et rongeurs). Paris, Curmer, 1854. Un magnifique vol. très-grand in-8 jésus, illustrations par MM. Werner, Freemann, Oudart, Delahaye, Gusman, Brunier, Hildebrand, Gauchard, Sargent, et l'élite des graveurs français et étrangers; 500 gravures dans le texte, 32 tirées à part, dont 18 coloriées.

5 fr. au lieu de **37 fr. 50 c.**

ALBERT MONTÉMONT — Voyages nouveaux par mer et par terre, effectués ou publiés de 1837 à 1847 dans les diverses parties du monde, contenant la description de ces contrées, les mœurs, coutumes, gouvernements, cultes, productions, industrie, commerce, etc. Paris, Réné, 1847. 5 vol. in-8.

10 fr. au lieu de **20 fr.**

ALBUM DE L'EXPÉDITION ROMAINE; texte et dessins par Ch. Vertray, capitaine d'état-major, 1853. 1 vol. gr. in-folio.
Ouvrage publié avec l'autorisation du ministre de la guerre.

6 fr. au lieu de **15 fr.**

ALHOY (Maurice) et **LURINE** (Louis). — Les Prisons de Paris, histoire, types, mœurs, mystères. 1 beau vol. gr. in-8, illustré de 200 dessins, dont 34 tirés à part. Paris, G. Havard, 1846.

3 fr. au lieu de **12 fr.**

ANCELOT. — Œuvres complètes; précédées d'une Notice sur sa vie et ses ouvrages par X. B. Saintine.
Théâtre. — Poésies. — Romans. — Voyage en Russie. — L'Homme du monde. Paris, A. Desrez, 1838 1 vol. gr. in-8 jésus, imprimé à 2 colonnes.

2 fr. au lieu de **12 fr.**

ARCHIVES des missions scientifiques et littéraires; choix de rapports et instructions, publié sous les auspices du ministère de l'instruction publique. 1851, 1 vol. gr. in-8 raisin, de plus de 700 pages, orné de 8 planches.

2 fr. 50 au lieu de **12 fr.**

BARBERET et **MAGIN** (Alf.), professeurs d'histoire et de géographie aux colléges Saint-Louis et Rollin. — Précis de Géographie historique universelle, contenant toutes les définitions générales nécessaires à l'intelligence de la géographie; une histoire raisonnée de la géographie, d'après Malte-Brun et Gosselin; la géographie physique des cinq parties du monde; un résumé historique des principales révolutions dont le monde a été le théâtre, depuis les temps les plus reculés jusqu'à nos jours; la description détaillée de tous les Etats de quelque importance dans les temps anciens, au moyen âge et dans les temps modernes. Ouvrage adopté par le Conseil royal de l'instruction publique pour l'usage des colléges de l'Université Paris, Dezobry, Madeleine et Cie. 2 forts vol. in-8.

4 fr. au lieu de **12 fr.**

BARTHÉLEMY et **MÉRY**. — Napoléon en Egypte. Waterloo et le fils de l'Homme, précédés d'une Notice littéraire par M. Tissot. Paris, Bourdin, 1 magnifique vol. gr. in-8 jésus vélin, illustré par MM. H. Vernet et Hipp.

Bellangé d'un grand nombre de dessins tirés dans le texte, et de belles gravures tirées à part sur pap. de Chine.

6 fr. au lieu de 12 fr.

BAST (Amédée de). — Merveilles du génie de l'homme. — Découvertes. — Inventions. — Récits historiques, amusants et instructifs sur l'origine et l'état actuel des découvertes et inventions les plus célèbres; ouvrage illustré de magnifiques dessins par A. Beaucé, J. David, C. Nanteuil, etc., etc. Paris, 1852. 1 vol. gr. in-8 jésus.

8 fr. au lieu de 20 fr.

BEAUTÉS DE L'OPÉRA, ou chefs-d'œuvre lyriques, illustrés par les premiers artistes de Paris et Londres, sous la direction de Giraldon, avec un texte explicatif rédigé par Th. Gautier, J. Janin, et Philarète Chasles. Paris, 1845. Un magnifique vol. très-grand in-8 jésus vélin, avec encadrements en couleur, vignettes sur bois dans le texte, et 10 vignettes sur acier.

4 fr. 50 au lieu de 7 fr.

BÉRAT (Frédéric). — Chansons, paroles et musique; illustrations par T. Johannot, Raffet, Rida, Gendron, Lancelot, Mouilleron, E. Leroux, Pauquet, A. Marsaud, Grenier, C. Nanteuil, Gérard Séguin, H. Potin, gravées sur bois par Jardin; portrait de l'auteur dessiné par V. Pollet et gravé par A. Blanchard. Paris, A. Curmer, 1854. 1 beau vol. in-8; 52 chansons, paroles et musique; 32 gravures.

6 fr. au lieu de 10 fr.

BERNARDIN DE SAINT-PIERRE. — Paul et Virginie, suivie de la Chaumière indienne; nouvelle édition richement illustrée de 120 bois dans le texte et de 14 gravures sur Chine, tirées à part. Paris, 1852. 1 vol. gr. in-8 jésus vélin.

6 fr. au lieu de 15 fr.

BERRYER. — Leçons et modèles d'éloquence judiciaire. Paris, 1838. 1 vol. gr. in-8 jésus vélin, imprimé à 2 colonnes, illustré de lettres ornées, culs-de-lampe, etc.

5 fr. au lieu de 12 fr.

BIBLIA SACRA, vulgatæ editionis Sixti V pontificis Maximi jussu recognita, et Clementis VIII auctoritate edita 1839. 1 fort vol. grand in-8, format du Panthéon littéraire, impr. à 2 col.

14 fr. au lieu de 30 fr.

BIBLE (la Sainte). — L'ancien et le nouveau Testament complets. Traduction nouvelle, par de Genoude, publiée sous les auspices du clergé de France, et dirigée par les soins de M. l'abbé Juste avec l'autorisation de Mgr l'archevêque de Paris. Paris, Pourrat, 1850. 3 vol. gr. in-8 jésus, à 2 colonnes, ornés de 350 grav. sur bois.

10 fr. au lieu de 37 fr.

BIBLE (la Sainte). — Traduction de Sacy, revue et corrigée sur les textes originaux, par l'abbé Jager. Paris, 1846. 3 forts vol. gr. in-8 jésus imprimés à 2 col., ornés de magnifiques grav. sur acier.

7 fr. 50 au lieu de 45 fr.

BLANCHARD et **A. DAUZATS**. — San Juan de Ulùa, ou Relation de l'expédition française au Mexique, sous les ordres de M. l'amiral Baudin, suivi de notes et documents, et d'un aperçu sur l'état actuel du Texas, par M. S. Maissin. Paris, Gide, 1839. Un très-beau vol. gr. in-8 sur colombier vélin, orné de 18 grandes vignettes sur bois, tirées à part sur papier de Chine, et de 34 autres vignettes tirées dans le texte, représentant les mouvements militaires de l'escadre française, les principaux faits d'armes de l'expédition et les vues pittoresques de l'intérieur du Mexique.

(Quelques exemplaires seulement.)

7 fr. 50 au lieu de 35 fr.

BOTTA (Ch.). — Histoire d'Italie, de 1789 à 1814. Paris, Dufart, 1824. 5 vol. in-8.

L'Histoire d'Italie de Botta constate un des plus beaux succès auxquels un ouvrage puisse prétendre, et l'empressement à le lire a été si général, qu'il en a été fait, dans un court espace de temps, quatorze éditions, sans compter la traduction française.

7 fr. 50 au lieu de 20 fr.

BOUCHER (Adolphe). — Histoire dramatique et pittoresque des Jésuites, depuis la fondation de l'ordre jusqu'à nos jours. Paris, 1846. 2 vol. gr. in-8, illustrés de 29 magnifiques dessins par Th. Fragonard.

4 fr. au lieu de 15 fr.

BOULLÉE (M.-A.). — Histoire complète des États-Généraux et autres assemblées représentatives de France, de 1302 jusqu'en 1626. Paris, Langlois et Leclercq, 1845. 2 vol. in-8, papier vélin.

(Ouvrage mentionné honorablement par l'Institut.)

10 fr. au lieu de 20 fr.

BOUSQUET (J.). — Histoire du Clergé de France depuis l'introduction du christianisme dans les Gaules jusqu'à nos jours. Paris, Pillet, 1853. 4 vol. in-8.

8 fr. au lieu de 25 fr.

BOUSQUET (J.). — Nouveau Dictionnaire de droit. Résumé général de la législation, de la doctrine et de la jurisprudence en matière civile, commerciale, criminelle, administrative, canonique, politique et fiscale. 2ᵉ édition. Paris, Hingray, 1847. 2 tomes en 1 vol. gr. in-8, impr. à 2 col., de près de 1,700 pages.

5 fr. au lieu de 15 fr.

BRIFFAULT (Eugène). — Le Secret de Rome au dix-neuvième siècle : 1° le Peuple; 2° la Cour; 3° l'Eglise; Mystères de l'Eglise, congrégations religieuses, types, mœurs et abus du clergé catholique. Illustré de 200 dessins par les artistes les plus distingués. Paris, Boizard, 1846. 1 vol. gr. in-8.

18 fr. au lieu de 30 fr.

BRUYÈRES (Hippolyte). — La phrénologie, le geste et la physionomie démontrés par 120 portraits, sujets et compositions, gravés sur acier. — Dispositions innées. — Etudes sur l'expression. — Application du système phrénologique à l'observation des caractères, aux relations sociales, à l'éducation, à la législation, à la domesticité. Texte et dessins, par Hippolyte Bruyères peintre, beau-fils du docteur Spurzheim. Paris, Aubert, 1847. 1 magnifique vol. gr. in-8 jésus imprimé par Plon frères.

50 fr. au lieu de 120 fr.

BUFFON. — Œuvres complètes, avec les suites, par M. A. Comte, accompagnées de 161 planches coloriées représentant plus de 800 animaux, et d'un beau portrait de Buffon; 5° édit. Paris, 1851. 6 beaux vol. gr. in-8 jésus vélin.

2 fr 50 au lieu de 9 fr.

BULLETIN des comités historiques, des monuments écrits de l'histoire de France, pour l'année 1850. — Histoire, sciences, lettres, archéologie, beaux-arts. 1850, 2 vol. gr. in-8 raisin, renfermant plusieurs mémoires fort intéressants et accompagnés de 12 planches.

Le tome 1er contient l'histoire; le tome 2 l'archéologie.

25 fr. au lieu de 63 fr.

BURDACH. — Traité de physiologie considérée comme science d'observation, par G.-F. Burdach, professeur à l'Université de Kœnigsberg, avec des additions par MM. les professeurs Baer, Moser, Meyer, J. Muller, Rathke, Siebold, Valentin, Wagner. Traduit de l'allemand sur la deuxième édition, par A.-J.-L. Jourdan. Ouvrage complet. Paris, 1837-1841. 9 forts vol. in-8, fig.

4 fr. au lieu de 15 fr.

BUZONNIÈRE (M. de). — Histoire architecturale de la ville d'Orléans Paris, librairie archéologique de V. Didron, 1849. 2 vol. in-8.

25 fr. au lieu de 210 fr.

CASSAS. — Voyage pittoresque de l'Istrie et de la Dalmatie, rédigé par Joseph Lavallée. Ouvrage orné d'estampes, cartes et plans dessinés et levés sur les lieux par Cassas, peintre et architecte, et gravés par les meilleurs artistes. 1 vol. gr. in-folio, avec 68 planches. Paris.

40 fr. au lieu de 400 fr.

— Le même ouvrage, fig. avant la lettre.

6 fr. au lieu de 16 fr.

CATHOLIQUE (le). — Magasin religieux; nouvelles inédites, histoires édifiantes, récits et morceaux choisis tirés des plus illustres écrivains anciens et modernes, sur l'histoire, les enseignements et les beautés de la religion; orné de 70 grav. sur acier, d'après les tableaux des grands maîtres. 1 vol. gr. in-8 jésus.

Cet ouvrage est adopté par la plus grande partie des maisons religieuses et d'éducation.

5 fr. au lieu de 20 fr.

CENAC-MONCAUT. — Aquitaine et Languedoc, ou Histoire pittoresque de la Gaule méridionale; illustrée de gravures, lettres ornées, culs-de-lampe, et d'un grand nombre de vignettes dessinées par nos meilleurs artistes. Paris, 1848, 2 vol. grand in-8, jésus.

1 fr. 25 au lieu de 7 fr. 50.

CLAVÉ (Félix). — Vie et portrait de Pie IX, avec 5 beaux portraits sur bois par Bertall, et la musique du Vissilo (Hymne du pape). Suivi des oraisons funèbres de O'Connell et du chanoine Graziosi, par le R. P. Ventura, et de documents officiels. Paris, Capelle, 1848, 1 vol. gr. in-8 raisin.

2.

15 fr. au lieu de 100 fr.

COLLECTION DE 100 PORTRAITS des personnages les plus célèbres, gravés en taille-douce par les plus habiles artistes, d'après les dessins et sous la direction de A. Desenne, papier jésus vélin, tirés sur grand in-8.

25 fr. au lieu de 150 fr.

— La même Collection, premières épreuves tirées sur papier de Chine.

24 fr. au lieu de 65 fr.

CUVIER (le baron Georges). — Leçons d'anatomie comparée. 2e édition, corrigée et augmentée par MM. Georges et Frédéric Cuvier, Laurillard et Duvernoy. Paris, 1836 à 1846. 9 forts vol. in-8.

8 fr. au lieu de 30 fr.

DANIELO (J.-F.). — Histoire et tableau de l'univers. Paris, Gaume frères, 1841. 4 forts vol. in-8.

5 fr. au lieu de 15 fr.

DELAVIGNE (Casimir). — Messéniennes et Chants populaires. Paris, Furne, 1840. 1 beau vol. gr. in-8 jésus vélin, illustré d'un grand nombre de vignettes tirées dans le texte et d'un beau portrait.

7 fr. 50 au lieu de 20 fr.

DELESSERT (Eugène). — Voyages dans les deux Océans atlantique et pacifique, 1844 à 1847. Brésil, Etats-Unis, cap de Bonne-Espérance, Nouvelle-Hollande, Nouvelle-Zélande, Taïti, Philippines, Chine, Java, Indes orientales, Egypte. Paris, Franck, 1849. 1 vol. très-grand in-8 jésus vélin, illust. de 500 gravures.

40 fr. au lieu de 120 fr.

DICTIONNAIRE classique d'Histoire naturelle ; par MM. Audoin, Isidore Bourdon, Ad. Brongniart, de Candolle, de Férussac, Deshayes, Deslonchamps, Desmoulins, Drapiez, W. Edwards, Milne Edwards, Fée, Flourens, Geoffroy-Saint-Hilaire, Guérin, de Jussieu, Kunth, de Lafosse, Lamouroux, Latreille, Lesson, Luers, Prévost, A. Richard. Thiebaud de Bernaud et Bory de Saint-Vincent. Ouvrage dirigé par ce dernier collaborateur, et dans lequel on a ajouté, pour le porter au niveau de la science, un grand nombre de mots qui n'avaient pu faire partie de la plupart des Dictionnaires antérieurs. Paris, Rey et Gravier, 1824-1830. 17 vol. in-8, accompagnés d'un Atlas de 160 pl., fig. noires.

65 fr. au lieu de 180 fr.

— Le même, fig. coloriées.

20 fr. au lieu de 80 fr.

DICTIONNAIRE de l'industrie manufacturière, commerciale et agricole. — Ouvrage accompagné de 1,200 fig. intercalées dans le texte; par MM. Baudrimont, Blanqui aîné, V. Bois, Boquillon, A. Chevallier, Colladon, Coriolis, d'Arcet, P. Désormeaux, Despretz, Ferry, H. Gaultier de Claubry, Gourlier, Guibal, Th. Olivier, Parent-Duchâtelet, Perdonnet, Sainte-Preuve, Soulange-Bodin, A. Trébuchet, J.-B. Viollet, etc. Paris, 1843. 10 forts vol. in-8, de 700 pages chacun.

50 fr. au lieu de 105 fr.

DICTIONNAIRE DE MÉDECINE et de Chirurgie pratiques, par MM. Andral, professeur à la Faculté de médecine, médecin de l'hôpital de la Charité; Bégin, chirurgien en chef de l'hôpital militaire du Val-de-Grâce; Blandin, chirurgien de l'Hôtel-Dieu; Bouillaud, professeur de clinique médicale de la Faculté de médecine; Bouvier, membre de l'Académie royale de médecine; Cruveilher, professeur d'anatomie pathologique à la Faculté de médecine; Cullerier, chirurgien de l'hospice des Vénériens; A. Devergie, agrégé à la Faculté de médecine; Deslandes, docteur en médecine; Dugès, professeur à la Faculté de médecine de Montpellier; Dupuytren, chirurgien de l'Hôtel-Dieu de Paris; Foville, médecin de l'hospice des aliénés de Charenton; Guibourt, professeur à l'Ecole de pharmacie; Jolly, membre de l'Académie royale de médecine; Lallemand, professeur à la Faculté de médecine de Montpellier; Londe, membre de l'Académie royale de médecine; Magendie, membre de l'Institut, médecin de l'Hôtel-Dieu; Martin-Solon, médecin de l'hôpital Beaujon; Ratier, docteur en médecine; Rayer, membre de l'Institut, médecin de l'hôpital de la Charité; Roche, membre de l'Académie royale de médecine; Sanson, professeur de clinique chirurgicale à la Faculté de médecine de Paris. Ouvrage complet. Paris, 1830-1836. 15 vol. in-8 de 600 à 700 pages chacun.

2 fr. 50 au lieu de 10 fr.

DORGAN (P.-H). Histoire politique, religieuse et littéraire des Landes, depuis les temps les plus anciens jusqu'à nos jours. Auch, 1846. 1 vol. gr. in-8 jésus, illustré de 22 gravures et cartes.

7 fr. 50 c. au lieu de 10 fr.

DUCKETT (W. A.). La Turquie pittoresque, — histoire, — mœurs, — description, avec préface par Théophile Gautier, illustré de 20 magnifiques gravures sur acier, représentant les vues et monuments les plus remarquables de Constantinople et du Bosphore. Paris, V. Lecou, 1855. 1 vol. gr. in-8 jésus vélin, glacé satiné.

Reliure toile mosaïque, riche plaque spéciale, tranche dorée.   6 fr.
Demi-chagrin, plats en toile, tranche dorée.   5 fr.

7 fr. 50 au lieu de 25 fr.

DUCRAY-DUMINIL. — Les Soirées de la Chaumière, ou les Leçons du vieux père. Nouvelle édition, illustrée par Fragonard de 16 jolies lithographies. Paris, 1845. 2 vol gr. in-8, pap. jésus.

30 fr. au lieu de 96 fr.

DULAURE (J.-A). — Histoire physique, civile et morale de Paris, depuis les premiers temps historiques; contenant, par ordre chronologique, la description des accroissements successifs de cette ville et de ses monuments anciens et modernes; la notice de toutes ses institutions, tant civiles que religieuses, et, à chaque période, le tableau des mœurs, des usages et des progrès de la civilisation; ornée de 150 magnifiques gravures représentant les monuments de Paris et ses édifices principaux. Annotée et continuée jusqu'à nos jours par C. Leynadier. Nouvelle édition. Paris, 1854. 8 vol. gr. in-8 jésus vélin.

12 fr. au lieu de 30 fr.

DULAURE (J.-A.). — Histoire physique, civile et morale des environs de Paris, depuis les temps historiques jusqu'à nos jours, contenant l'histoire et la description du pays et de tous les lieux remarquables compris dans un rayon de 25 à 30 lieues autour de la capitale ; 2ᵉ édition revue et annotée par J.-L. Belin. Paris, Furne, 1858, 6 vol. in-8 ornés de 25 gr. sur acier et d'une belle carte des environs de Paris.

20 fr. au lieu de 24 fr.

DUMAS (Alex.). — Le comte de Monte-Cristo. Paris, Dufour et Mulat, 1850. 2 vol. gr. in-8, illustrés de 70 gravures sur acier, dessinées par T. Johannot et Gavarni, gravées par les sommités artistiques.

20 fr. au lieu de 21 fr.

— Le vicomte de Bragelonne. Paris, Dufour et Mulat, 1851. 2 beaux vol. grand in-8, illustrés de 56 gravures dessinées et gravées par les premiers artistes.

6 fr. au lieu de 10 fr.

— Les Trois Mousquetaires. Paris, 1851. 1 vol. gr. in-8, orné d'un grand nombre de gravures.

7 fr. au lieu de 11 fr.

— Vingt ans après, suite des Trois Mousquetaires. Paris, 1851. 1 vol. gr. in-8, orné d'un grand nombre de gravures.

8 fr. au lieu de 20 fr.

DUMAS (Alexandre). — Histoire de la vie politique et privée de Louis-Philippe, depuis son avénement jusqu'à la Révolution de 1848. Paris, Dufour et Mulat, 1852. 2 vol. gr. in-8 jésus vélin, illustrés de 20 magnifiques gravures sur acier.

8 fr. au lieu de 20 fr.

DUMAS (Alexandre). — Histoire de dix-huit ans, depuis l'avénement de Louis-Philippe jusqu'à la Révolution de 1848. Paris, 1853. 2 vol. gr. in-8, illustrés de magnifiques gravures sur acier.

10 fr. au lieu de 60 fr.

DUMONT-D'URVILLE. — Voyage au pôle sud et dans l'Océanie, sur les corvettes l'*Astrolabe* et la *Zélée*, exécuté par ordre du roi pendant les années 1837, 1838, 1839, 1840, sous le commandement de M.-J. Dumont-d'Urville, publié sous la direction supérieure de M. Jacquinot, capitaine de vaisseau, commandant de la *Zélée*. Paris, Gide et compagnie, 1847. 10 vol. in-8 avec 9 cartes.

22 fr. au lieu de 80 fr.

DUPUIS. — Origine de tous les cultes, ou Religion universelle. Edition nouvelle, soigneusement revue et corrigée d'après l'édition publiée sous les yeux de l'auteur, augmentée de ses Observations sur le zodiaque de Denderah, ornée de son portrait, et enrichie d'un Atlas astronomique composé de 24 pl. gravées d'après des monuments historiques, par Couché fils, et de la gravure du zodiaque de Denderah; avec une Notice biographique sur la vie et les ouvrages de Dupuis, et une Table alphabétique des matières. Paris, 1835. 10 vol. in-8 et Atlas in-4.

20 fr. au lieu de 60 fr.

FERRAND (J.) et **LAMARQUE** (J. de). — Histoire de la Révolution française, du Consulat, de l'Empire, de la Restauration et de la Révolution de Juillet. Paris, 1853, 6 vol. gr. in-8, illustrés de gravures sur acier.

5 fr. au lieu de 15 fr.

FRAYSSINOUS (évêque d'Hermopolis). Défense du Christianisme, ou Conférences sur la religion. Paris, 1853. 2 beaux vol. in-8.

25 fr. au lieu de 400 fr.

FIGURES pour les œuvres de Voltaire, gravées par les plus habiles artistes, d'après les dessins de Desenne, premières épreuves tirées sur papier de Chine, format gr. in-8 jésus.

Cette collection se compose de 70 vignettes et de 10 portraits, il y a 19 vignettes pour le théâtre, 10 pour la Henriade 21 pour la Pucelle, 5 pour les contes en vers et 15 pour les romans.

30 fr. au lieu de 480 fr.

— La même collection, fig. sur pap. de Chine avant la lettre.

20 fr. au lieu de 160 fr.

— La même, eaux-fortes, épreuves d'artistes.

20 fr. au lieu de 320 fr.

— La même, papier vélin, tirée in-4.

12 fr. au lieu de 40 fr.

GALLOIS (Léonard). — Histoire de la Convention nationale, d'après elle-même ; précédée d'un Tableau de la France monarchique avant la Révolution, et d'un Précis de notre Histoire nationale pendant la session de l'Assemblée constituante et celle de l'Assemblée législative. Paris, 1837 à 1840. 8 vol. in-8.

6 fr. au lieu de 27 fr.

— Histoire des Journaux et des Journalistes de la Révolution française (1789-1796) ; précédée d'une Introduction générale. Paris, 1846. 2 vol. grand in-8 jésus, ornés de portraits.

12 fr. 50 au lieu de 30 fr.

GATIEN-ARNOULT. — Monuments de la littérature romane depuis le quatorzième siècle. — Las Flors del gay saber, estier dichas las leys d'amors. — Les Fleurs du gai savoir, autrement dites les lois d'amour : traité de grammaire, de rhétorique et de poésie, composé par les mainteneurs de la gaie science de Toulouse, de 1324 à 1348. Traduction de MM. d'Aguilar et d'Escouloubre, revue et complétée par M. Gatien-Arnoult. Paris, Sylvestre. 3 vol.

Cet ouvrage forme un traité complet du langage roman.

— Las Joyas del gay saber. — Les Joies du gai savoir : recueil de poésies en langue romane, couronnées par le consistoire de la gaie science de Toulouse, depuis l'an 1324 jusqu'en l'an 1498, avec la traduction littérale et des notes, par le docteur Noulet. 1 vol.

Ensemble 4 vol. grand in-8 jésus.

4 fr. au lieu de 15 fr.

GENOUDE (de). — Leçons et modèles de littérature sacrée. 1 vol. gr. in-8 jésus vélin, imprimé à deux colonnes, illustré de nombreuses têtes de pages, lettres ornées, etc.

2 fr. 50 au lieu de 15 fr.

GENTIL (El), ancien élève de l'Ecole polytechnique, ingénieur au corps des mines. — Traité d'Algèbre. Paris, Firmin Didot, 1846. 2 vol. in-4.

L'ouvrage est divisé en sept livres, suivis chacun d'appendices où l'auteur, par d'heureuses applications, a rendu plus facile l'étude de l'algèbre.

Deux grandes divisions partagent cet ouvrage : la première, ou la première partie, est spécialement destinée aux candidats aux Écoles navale, forestière et militaire de Saint-Cyr ; la seconde s'adresse aux candidats des Écoles polytechnique et normale.

La première partie se vend séparément : 1 fr. 25.

10 fr. au lieu de 20 fr.

GIOBERTI (l'abbé Vincent). — Introduction à l'étude de la philosophie. Ouvrage traduit de l'italien par M. Alary. 1845-1847. 4 vol. in-8 compactes.

6 fr. au lieu de 10 fr.

GOETHE. — Werther, traduit par P. Leroux, accompagné d'un travail littéraire par G. Sand. Paris, 1852. 1 beau vol. grand in-8 jésus vélin, illustré de dix magnifiques eaux-fortes de Tony Johannot, épreuves avant la lettre.

6 fr. au lieu de 10 fr.

GOLDSMITH. — Le Vicaire de Wakefield, traduit par Ch. Nodier. Nouvelle édition, illustrée de 10 vignettes sur acier, par Tony Johannot, tirées sur Chine. Paris, 1852, 1 vol. gr. in-8 jésus vélin.

5 fr. au lieu de 20 fr.

GOLLUT (Loys). — Mémoires historiques de la République séquanoise et des princes de la Franche-Comté de Bourgogne, par Loys Gollut, avocat au parlement et professeur de littérature latine à l'Université de Dôle. Nouvelle édition, corrigée sur les documents contemporains et enrichie de Notes et éclaircissements historiques, par M. Ch. Duvernoy, membre de la Société des antiquaires de France, accompagnée de tables méthodiques destinées à faciliter les recherches, d'un Glossaire, et précédée d'une Notice biographique sur l'auteur, par Emm. Bousson de Mairet, Arbois, 1846. 1 vol. gr. in-8 jésus de près de 1,100 pages, imprimés à deux colonnes.

6 fr. au lieu de 20 fr.

GRANDE VILLE (la). — Nouveau tableau de Paris comique, critique et philosophique, par MM. Paul de Kock, Balzac, Dumas, Soulié, Gozlan, Briffault, Ourliac, E. Guinot, H. Monnier, etc ; illustrations de Gavarni, Victor Adam, Daumier, d'Aubigny, H. Emy, Traviès, Boulanger, Henri Monnier et Thénot. Paris, 1844. 2 vol. grand in-8 jésus vélin.

7 fr. au lieu de 35 fr.

GROSIER (l'abbé). — De la Chine, ou description générale de cet empire, rédigée d'après les mémoires de la Mission de Pékin, ouvrage qui contient la description topographique des quinze provinces de la Chine, celle de la Tartarie, des îles et des divers Etats tributaires qui en dépendent, le nombre de ces villes, le tableau de sa population, les trois règnes de son histoire naturelle, rassemblés et donnés pour la première fois avec quelque étendue, et l'exposé de toutes les connaissances acquises et parvenues jusqu'ici en Europe sur le gouvernement, la religion, les lois, les mœurs, les usages, les sciences et les arts des Chinois ; 3e édition. Paris, Pillet, 1818. 7 forts vol. in-8 ornés d'une carte.

7 fr. 50 au lieu de 25 fr.

GUÉRIN (Léon). Histoire maritime de France, de l'an 600 avant J.-C. jusqu'à la Révolution française. Paris, 1855. 2 vol. gr. in-8 jésus vélin, glacé satiné, illustrés de gravure sur acier, plans, etc.

7 fr. 50 au lieu de 15 fr.

— Histoire de la marine contemporaine, de 1784 à 1848. Paris, 1855. 1 fort vol. gr. in-8 jésus vélin, de près de 750 pages, illustré de gravures sur acier, etc.

25 fr. au lieu de 75 fr.

HAUTERIVE (M. le comte d') et M. le chevalier **DE CUSSY**. — Recueil des Traités de commerce et de navigation de la France avec les puissances étrangères, depuis la paix de Westphalie en 1648, suivi du Recueil des principaux Traités de même nature conclus par les puissances étrangères entre elles, depuis la même époque. Paris, Rey, 1844. 10 forts vol. in-8.

8 fr. au lieu de 32 fr.

HENRION (M. le baron). — Histoire de France, depuis l'établissement des Franks dans la Gaule jusqu'à nos jours. Paris, Bibliothèque ecclésiastique, 1840. 4 forts vol. in-8.

12 fr. 50 c. au lieu de 50 fr.

HOFFMAN (F.-B.). — Œuvres complètes (Théâtres, Mélanges, Critique). Paris, Lefebvre, 1843. 10 forts vol. in-8.

5 fr. au lieu de 10 fr.

HOFFMANN. — Contes fantastiques, précédés d'une Notice sur la vie et les ouvrages d'Hoffmann, par Ancelot. Paris, 1855. 4 vol. gr. in-8 jésus, illustré.

7 fr. 50 c. au lieu de 15 fr.

HONGRIE (la) ancienne et moderne. Histoire, arts, littérature, monuments, par une société de littérateurs sous la direction de M. J. Boldenyi. 1 magnifique vol. grand in-8, illustré d'un grand nombre de gravures, scènes historiques, vues, monuments, portraits, costumes, dans le texte et hors texte, exécutées par les premiers artistes. Paris, H. Lebrun, 1851.

10 fr. au lieu de 18 fr.

— Le même, fig. coloriées.

7 fr. 50 c. au lieu de 10 fr.

HOUSSAYE (Arsène). — Histoire de la Peinture flamande et hollandaise. 2e édition. Paris, V. Lecou, 1848. 2 vol. in-8.

Quelques exemplaires seulement.

7 fr. 50 c. au lieu de 15 fr.

HOUSSAYE (Arsène). — Voyage à ma fenêtre. — Paris et l'univers. — Le monde invisible. — Paradoxes du cœur et de l'esprit. — Le monde comme il est et le monde comme il passe. 1 beau vol. gr. in-8 jésus vélin, illustré de 12 magnifiques gravures sur acier, d'après Diaz, Tony Johannot, Roqueplan, et vignettes dans le texte.

60 fr. au lieu de 96 fr.

HUGO (Victor). — Œuvres complètes. Nouvelle édition, ornée de 34 vignettes et du portrait de l'auteur, gravés sur acier d'après les compositions de MM. Raffet, Tony Johannot, Louis Boulanger. Paris, Furne, 1840 à 1846. 16 vol. gr. in-8, raisin vélin.

— Le même, fig. sur Chine; net. . . . . 70 fr.

LES 16 VOLUMES SE COMPOSENT DE :

Tomes I et II. — Odes et Ballades, les Orientales.
Tomes III. — Feuilles d'Automne, Chants du Crépuscule.
Tome IV. — Voix intérieures, les Rayons et les Ombres.
Tomes V et VI. — Notre-Dame de Paris.
Tome VII. — Cromwell.
Tome VIII. — Hernani, Marion de Lorme, le Roi s'amuse.
Tome IX. — Lucrèce, Marie Tudor, Angelo, tyran de Padoue, Procès d'Angelo et d'Hernani.
Tome X. — Han d'Islande.
Tome XI. — Bug-Jargal, le Dernier Jour d'un condamné.
Tome XII. — Littérature et Philosophie mêlées.
Tome XIII. — Esmeralda, Ruy-Blas, Burgraves.
Tomes XIV, XV, XVI. — Le Rhin, Lettres à un ami.

Tous les ouvrages se vendent séparément 4 fr. le vol., excepté les deux premiers volumes, Odes et Ballades.

40 fr. au lieu de 56 fr.

HUGO (Victor). — Œuvres complètes. 16 vol. gr. in-18, format Charpentier. — Notre-Dame de Paris, 2 vol. — Han d'Islande, 1 vol. — Dernier Jour d'un Condamné, Bug-Jargal, Claude-Gueux, 1 vol. — Odes et Ballades, 1 vol. — Orientales, 1 vol. Feuilles d'Automne, Chants du Crépuscule, 1 vol. — Voix intérieures, les Rayons et les Ombres. 1 vol. — Théâtre, 3 vol. — Cromwell, drame, 1 vol. — Littérature et Philosophie, 1 vol. — Le Rhin, 3 vol.

Il ne reste que quelques exemplaires.

ON VEND SÉPARÉMENT :

Les Orientales, 1 vol. . . . . 2 fr.
Notre-Dame de Paris, 2 vol. . . . . 3 fr.
Han d'Islande, 1 vol. . . . . 1 fr. 75 c.
Dernier Jour d'un Condamné. — Bug-Jargal. — Claude-Gueux, 1 volume. . . . . 1 fr. 75 c.
Feuilles d'Automne. — Chants du Crépuscule, 1 vol. . . 1 fr. 75 c.
Littérature et Philosophie. . . . . 1 fr. 75 c.
Théâtres, 3 vol. . . . . 5 fr. 25 c.
Le Rhin, 3 vol. . . . . 5 fr. 25 c.

— Œuvres. Edition Renduel, in-8.

ON VEND SÉPARÉMENT :

Odes et Ballades, 2 vol. . . . . 2 fr. 50 c.
Les Orientales, 1 vol. . . . . 1 f. 25 c.
Les Feuilles d'Automne, 1 vol. . . . . 1 fr. 25 c.
Les Rayons et les Ombres, 1 vol. . . . . 1 fr. 25 c.
Notre-Dame de Paris, 3 vol. . . . . 3 fr. 75 c.
Cromwell, 2 vol. . . . . 2 fr. 50 c.
Hernani, 1 vol. . . . . 1 fr.
Marion de Lorme, 1 vol. . . . . 1 fr.
Lucrèce Borgia, 1 vol. . . . . 1 fr.

Marie Tudor, 1 vol. 1 fr.
Angelo, tyran de Padoue, 1 vol. . . . . 50 c.
Les Burgraves, 1 vol. . . . . 50 c.
Littérature et Philosophie, 2 vol. . . . . 2 fr 50 c.
Le Rhin, 4 vol. . . . . 5 fr.

11 fr. au lieu de 18 fr.

HUGO (Victor). — Notre-Dame de Paris. Paris, Furne, 1844, 2 vol. grand in-8, illustré de 12 vignettes sur acier et du portrait de l'auteur; relié en 1 vol., toile, tr. dorée.

12 fr. au lieu de 20 fr.

— Le même, relié en mosaïque.

2 fr. au lieu de 7 fr. 50 c.

IMBERDIS (André). Histoire des guerres religieuses en Auvergne, pendant les seizième et dix-septième siècles. Paris, 1855. 1 fort vol. in-8 de 600 pages.

3 fr au lieu de 12 fr.

JACQUIN (J.) et **DUESBERG**. — Rueil, le château de Richelieu et la Malmaison, avec pièces justificatives. Paris, 1846. Comptoir des imprimeurs. 1 vol. gr. in-8, illustré de 17 jolies gravures tirées à part.

3 fr. au lieu de 14 fr.

JACQUOT (le docteur Félix). — Expédition du général Cavaignac dans le Sahara algérien, en avril et mai 1847. Relation du voyage, exploration scientifique, souvenirs, impressions, etc. Paris, Gide et Baudry, 1849. 1 vol. gr. in-8 jésus, orné d'une carte du Sahara et de planches tirées à deux teintes.

1 fr. 50 au lieu de 8 fr.

— Le même ouvrage, sans planches.

10 fr. au lieu de 24 fr.

JACOB (le bibliophile). — Galerie des Femmes de George Sand. 25 gravures en taille-douce, sur acier, par H. Robinson, d'après les tableaux des premiers artistes. Paris, Aubert, 1843. 1 vol. gr. in-8.

3 fr. au lieu de 10 fr.

JANIN (J.). — L'Ane mort. 1 vol. gr. in-8 jésus vélin, illustré de nombreux dessins et de gravures à part, à deux teintes, par Tony Johannot, couverture glacée imprimée en or. Paris, Bourdin, 1842.

4 fr. au lieu de 30 fr.

JUCHEREAU DE SAINT-DENIS. — Histoire de l'Empire ottoman, depuis 1792 jusqu'en 1844, par le baron Juchereau de Saint-Denis, maréchal de camp, ministre de France en Grèce en l'année 1828, ancien directeur du génie militaire de l'Empire ottoman. Paris, 1844. 4 vol. in 8

2 fr. 50 au lieu de 15 fr.

LA FONTAINE. — Fables. Paris, Daguin, 1846. 2 vol. in-8.

15 fr. au lieu de 35 fr.

LANZI. — Histoire de la Peinture en Italie, depuis la renaissance des beaux-arts, jusque vers la fin du dix-huitième siècle; traduite de l'italien sur la 3ᵉ édition, sous les yeux de plusieurs savants professeurs, par Mᵐᵉ A. Dieudé. Paris, Dufart, 1824. 5 vol. in-8.

6 fr. au lieu de 24 fr.

LAPEYROUSE-BONFILS (M. le comte). — Histoire de la Marine française. Paris, 1845. 5 vol. gr. in-8 raisin, ornés de cartes et planches.

18 fr. au lieu de 30 fr.

LAVALLÉE (Théophile). — Histoire des Français depuis les temps des Gaulois jusqu'en 1830. Paris, 1847 2 vol. gr. in-8 jésus vélin, ornés de 20 magnifiques nouvelles gravures sur acier, d'après MM. Gras, Paul Delaroche, Eugène Delacroix, Horace Vernet, Steuben, Scheffer, Winterhalter.

14 fr. au lieu. de 60 fr.

LECLERCQ (Théod.). — Œuvres complètes. Proverbes dramatiques, nouvelle édition, augmentée des Proverbes inédits; précédée de notices par MM. Sainte-Beuve et Mérimée. Paris, 1854, 8 vol. gr. in-18 jésus vélin, ornés de 78 magnifiques gravures sur acier dessinées par Alfred et Tony Johannot.

2 fr. 50 au lieu de 10 fr.

LEDRU-ROLLIN. — De la Décadence de l'Angleterre. Paris, 1850. 2 beaux vol. in-8 cavalier vélin.

10 fr. au lieu de 15 fr.

LEMAOUT (M. Emm). — Leçons élémentaires de botanique, fondées sur l'analyse de 50 plantes vulgaires, et formant un Traité complet d'organographie et de physiologie végétales, à l'usage des étudiants et des gens du monde; par Emm. Lemaout, docteur en médecine, ex-démonstrateur de la Faculté de médecine de Paris. 2 beaux vol. in-8, illustrés d'un Atlas de 50 pl., et de 500 fig. intercalées dans le texte; avec Atlas noir.

15 fr. au lieu de 25 fr.

— Le même, avec Atlas colorié au pinceau.

2 fr. 50 au lieu de 8 fr.

LÉOUZON-LEDUC (L.). — Histoire littéraire du Nord. — Tegner, poëte suédois, ses œuvres. Paris, Gide et Baudry, 1850. 1 beau vol. gr. in-8 raisin vélin.

4 fr. au lieu de 10 fr.

LE SAGE. — Le Diable boiteux, illustré par Tony Johannot, précédé d'une Notice sur Le Sage, par Jules Janin. Paris, Bourdin, 1845. 1 vol. gr. in-8 jésus, couverture glacée, or et couleur.

2 fr. au lieu de 15 fr.

LETRONNE (M.). — Fragments des poëmes géographiques de Scymnus de Chio, et du faux Dicéarque, restitués principalement d'après un manuscrit de la Bibliothèque impériale; précédés d'observations littéraires et critiques sur ces fragments, sur Scylax, Marcien d'Héraclée, Isidore de Charax, le Stadiasme de la Méditerranée, pour servir de suite et de supplément à toutes les éditions des petits géographes grecs. Paris, Gide, 1840. 1 vol. in-8.

5 fr. au lieu de 7 fr. 50.

LEYNADIER et CLAUSEL. — Histoire de l'Algérie française, depuis les temps les plus reculés jusqu'après la défaite d'Abd-el-Kader; précédée de Considérations générales sur les dominations carthaginoise, romaine, arabe et turque. Paris, 1853. 1 vol. grand in-8 jésus, illustré de grav. sur acier.

10 fr. au lieu de 30 fr.

— Histoire de l'Algérie française; précédée d'une Introduction sur les dominations carthaginoise, romaine, arabe et turque; suivie d'un Précis historique sur l'empire de Maroc. Paris, 1848. 5 vol. gr. in-8, illustrés de 24 grav. et cartes.

20 fr. au lieu de 60 fr.

LEYNADIER (Camille). — Histoire des Peuples et des Révolutions de l'Europe, depuis 1789 jusqu'à nos jours. Ouvrage illustré de 40 grav. sur acier. 8 vol. gr. in-8.

4 fr. au lieu de 20 fr.

MALCOLM (sir John). — Histoire de la Perse, depuis les temps les plus anciens jusqu'à l'époque actuelle; suivie d'observations sur la religion, le gouvernement, les usages et les mœurs des habitants de cette contrée, traduit de l'anglais. Paris, Pillet, 1821. 4 forts vol. in-8 ornés d'une carte de la Perse et de 7 planches.

M. Langlès a enrichi de Notes et d'un Vocabulaire cette Histoire générale de la Perse.

4 fr. au lieu de 10 fr.

MARCO DE SAINT-HILAIRE (E.). — Histoire populaire de la Garde impériale, illustrée de 41 gravures à part dessinées par B. de Moraine, avec types coloriés à l'aquarelle. Paris, 1854. 1 beau vol. in-8.

10 fr. au lieu de 24 fr.

— Histoire des conspirations et des exécutions politiques en Angleterre, en Russie et en Espagne, depuis les temps les plus reculés jusqu'à nos jours. Cette histoire est précédée d'une Introduction générale, et terminée par un Précis de la Révolution de Février et des événements de juin 1848. Cet ouvrage, palpitant d'intérêt et d'actualité, forme 4 vol. gr. in-8, illustrés de 40 grav. sur acier, et de types coloriés avec le plus grand soin, représentant les bourreaux français, russe, anglais et espagnol.

30 fr. au lieu de 80 fr.

MASSÉNA (Mémoires du maréchal), rédigés d'après les documents qu'il a laissés et sur ceux du dépôt de la guerre et du dépôt des fortifications, par le général Koch. Paris, Paulin et Lechevalier, 1849-1850. 7 beaux vol. in-8, avec un Atlas grand in-folio, contenant 16 cartes ou plans de batailles, et portraits de Masséna.

Cet ouvrage, tiré à un petit nombre, sera augmenté.

25 fr. au lieu de 50 fr.

MAURIN (Albert). — Galerie historique de la Révolution française. Panthéon des hommes célèbres de la Révolution et de l'Empire français. Paris, 1849-53. 5 vol. gr. in-8 jésus, illustrés de 62 magnifiques portraits en pied gravés par nos meilleurs artistes.

36 fr. au lieu de **72 fr.**

MAURIN (Albert). — Histoire de la chute des Bourbons, 1815-1830-1848, ornée de 60 beaux portraits sur acier, gravés par les meilleurs artistes. Paris, 1852. 6 vol. gr. in-8 jésus.

32 fr. au lieu de **45 fr.**

MICHELET (J.), membre de l'Institut. — Histoire de France, jusqu'au seizième siècle. Nouv. édit. Paris, Hachette, 1852. 6 beaux vol. in-8.

4 fr. au lieu de **15 fr.**

— Mémoires de Luther, écrits par lui-même, traduits et mis en ordre par M. Michelet. Paris, Hachette, 1837. 2 vol. in-8.

3 fr. 75 au lieu de **7 fr. 50.**

— Les Origines du Droit français, cherchées dans les symboles et formules du droit universel par M. Michelet. Paris, Hachette, 1837. 1 vol. in-8.

1 fr. 25 au lieu de **4 fr. 50.**

— Introduction à l'Histoire universelle, suivie du Discours d'ouverture prononcé à la Faculté des lettres le 9 janvier 1834, et d'un Fragment sur l'éducation des femmes au moyen âge. 3e édit. Paris, Hachette. 1 vol. in 8.

3 fr.

— Les Femmes de la Révolution. 1 vol. gr. in-18 jésus, pap. vélin glacé, satiné.

6 fr. au lieu de **12 fr.**

— Histoire romaine (République). 3e édition. Paris, Hachette, 1843. 2 vol. in-8.

1 fr. 25 au lieu de **3 fr. 50.**

— Le Peuple. Paris, Hachette et Paulin, 1846. 1 vol. gr. in-18.

16 fr. au lieu de **30 fr.**

MILLE ET UNE NUITS (les). — Contes arabes, traduits par Galland; édition illustrée par les meilleurs artistes français et étrangers, revue et corrigée sur l'édition *princeps* de 1704; augmentée d'une Dissertation sur les Mille et une Nuits, par M. le baron Silvestre de Sacy. Paris, Bourdin, 3 beaux vol. gr. in-8 jésus vélin, illustrés de 1,200 dessins. Ces exempl. sont intacts, sans aucunes piqûres.

4 fr. 50 au lieu de **15 fr.**

MILLE ET UN JOURS (les). — Contes persans, turcs et chinois, traduits par Pétis-de-la-Croix, Cardonne, Caylus, etc., augmentés de nouveaux Contes traduits de l'arabe par M. Sainte-Croix Ajpot. Paris, Pourrat. 1 magnifique vol. grand in-8 jésus vélin, édit. illustrée de 400 dessins par nos premiers artistes.

15 fr. au lieu de **100 fr.**

MILLIN et **MILLINGEN**. — Histoire métallique de Napoléon, ou Recueil des médailles et des monnaies qui ont été frappées depuis la première campagne de l'armée d'Italie jusqu'à la fin de son règne. 1 vol. in-4, composé de 74 planches représentant plus de 500 sujets, avec la table des médailles contenues dans l'Histoire métallique et le Supplément, par ordre chronologique.

3 fr. 50 au lieu de 12 fr.

MONDE (le) **A VOL D'OISEAU.** — Tablettes universelles, par l'abbé de Savigny, ouvrage curieux et instructif. Paris, 1843. 1 vol. gr. in-8 jésus vélin, imprimé à 2 col., illustré d'environ 400 dessins.

5 fr. au lieu de 12 fr.

MONDE (le) **DES ENFANTS.** — Revue encyclopédique illustrée de la Jeunesse, approuvée par le Conseil royal de l'Instruction publique, sous la direction de M. A. de Saillet. Paris, 1845. 1 vol. gr. in-8 jésus vélin, illustré d'un grand nombre de jolis dessins dans le texte, de rébus, de belles gravures tirées à part, planches de musique, etc.

3 fr. le volume au lieu de 12 fr.

MONDE (le) — Histoire pittoresque de tous les Peuples depuis les temps les plus reculés jusqu'à nos jours. Chaque ouvrage forme 1 fort vol. in-8 imprimé à deux colonnes et orné de gravures, qui se vendent séparément.

— Histoire d'Angleterre, depuis les temps les plus reculés jusqu'à nos jours, par A. de Saint-Prosper, ouvrage orné d'environ 46 planches gravées sur acier, représentant les costumes civils, militaires et religieux des Anglais, ainsi que leurs vaisseaux, meubles et instruments, depuis la conquête par les Romains jusqu'à nos jours. 1 vol.

— Histoires de Grèce et d'Italie, depuis les temps les plus reculés jusqu'à nos jours, par A. Duponchel, ornées d'environ 33 fig. représentant les principaux sites, les monuments anciens et modernes, ainsi que les costumes civils, militaires et religieux des différents peuples décrits dans ce volume. 1 vol.

— Histoires d'Espagne, de Portugal, de Hollande et de Belgique, depuis les temps les plus reculés jusqu'à nos jours, par A. de Saint-Prosper, orné de 32 fig. 1 vol.

— Histoires d'Allemagne, de Prusse, d'Autriche et de Suisse, depuis les temps les plus reculés jusqu'à nos jours, par le baron de Korff, ornées de 30 fig. 1 vol.

— Histoires de Russie, de Pologne, de Suède et de Danemark, depuis les temps les plus reculés jusqu'à nos jours, par A. de Saint-Prosper, ornées de 31 figures. 1 vol.

— Histoires de la Chine, du Japon, de la Perse, de l'Inde, de l'Arabie, de la Turquie, de l'Egypte, de l'Algérie, etc., depuis les temps les plus reculés jusqu'à nos jours, par M. Sauvigny, ornées de 33 figures.

— Histoires d'Amérique et d'Océanie, depuis les temps les plus reculés jusqu'à nos jours, par M. Belloc, ornées de 31 figures. 1 vol.

7 fr. 50 au lieu de 30 fr.

MOLIÈRE. Œuvres complètes, précédées d'une Notice par L.-B. Picard, avec des Notes et Eclaircissements historiques. Paris, Pourrat, 1844. 6 vol. in-8, portr.

18 fr. au lieu de 104 fr.

MONTGAILLARD (l'abbé de). — Histoire de France, depuis l'Assemblée des Notables (1787), jusqu'en 1825; précédée d'un Discours préliminaire et d'une Introduction historique sur la monarchie française et les causes qui ont amené la Révolution; 7e édit. 9 vol. — Continuation depuis 1825 jusqu'à l'avénement de Louis-Philippe, par le comte de Montgaillard. 4 vol.; ensemble, 13 vol. in-8 ornés d'un grand nombre de gravures sur acier, d'après les dessins de Raffet. Paris, Moutardier, 1839.

4 fr. au lieu de 15 fr.

MONTHOLON (le général). — Récits de la captivité de l'empereur Napoléon à Sainte-Hélène, par le général Montholon, compagnon de sa captivité et son premier exécuteur testamentaire. Paris, Paulin, 1847. 2 forts vol. in-8, avec le plan de Longwood.

9 fr. au lieu de 30 fr.

MOSAIQUE (la). — Nouveau magasin pittoresque universel, livre de tout le monde et de tous les pays. 5 beaux vol. gr. in-8 jésus, imprimés à 2 colonnes et illustrés de 1,500 dessins.

7 fr. 50 au lieu de 15 fr.

NERVAL (Gérard de). — Scènes de la vie orientale. — Les Femmes du Caire. Paris, V. Lecou, 1855. 2 vol. in-8.
Quelques exemplaires.

6 fr. au lieu de 10 fr.

NODIER (Charles). — Contes; nouvelle édition, illustrée de 8 magnifiques eaux-fortes de Tony Johannot, sur chine avant la lettre. Paris, 1852. 1 vol. gr. in-8 jésus vélin.

3 fr. au lieu de 10 fr.

NOUVEAU MAGASIN PITTORESQUE UNIVERSEL. — Paris, 1845. 1 vol. gr. in-8 jésus, imprimé à 2 col. et illustré de 200 figures.

5 fr. au lieu de 35 fr.

NOUVEAU TESTAMENT (le). — Traduction nouvelle, par l'abbé Jager. Paris, 1846. 1 vol. in-fol. illustré de magnifiques gravures sur acier d'après les plus grands maîtres.

3 fr. 75 au lieu de 20 fr.

— Le même. 1 vol gr. in-8 jésus vélin.

3 fr. 50 au lieu de 7 fr. 50.

NUS (Eugène) et **MÉRAY** (Antony). — Les Nouveaux Jeux floraux, principes d'analogie des fleurs, science nouvelle, ou véritable art d'agrément à l'aide duquel on peut découvrir soi-même les emblèmes naturels de chaque végétal. Paris, G. de Gonet. 1 vol. in-8 illustré par Geoffroy; relié en toile mosaïque, tr. dor.

1 fr. 75 au lieu de 5 fr.

— Le même ouvrage, broché.

60 fr. au lieu de 120 fr.

PAILLOT DE MONTABERT. — Traité complet de la Peinture. Paris, 1849-51. 9 forts vol. et Atlas in-4 de 112 planches en taille-douce.

90 fr. au lieu de 300 fr.

PANTHÉON HISTORIQUE. — Collection d'histoires complètes des États européens, publiée sous les auspices de MM. de Barante, Villemain, Augustin Thierry, Mignet, Fauriel, Salvandy, Saint-Marc Girardin, Michelet, Ch. Nodier, Lacroix, de Roujoux, Taylor, et avec la collaboration du docteur J. Lingard, de MM. Botta, Luden, Aschbach et la plupart des plus célèbres historiens étrangers qui ont revu eux-mêmes la traduction de leurs ouvrages, sous la direction d'un Comité historique. Paris, Parent-Desbarres, 1846. 20 forts et beaux vol. grand in-8 jésus imprimés à 2 colonnes, ornés de cartes. Cet ouvrage a été adopté par le Conseil de l'Instruction publique pour tous les collèges de France et les bibliothèques publiques. Il ne reste que quelques exemplaires complets.

La collection se compose de :

— Histoire d'Angleterre, depuis la première invasion des Romains jusqu'à nos jours par le docteur John Lingard, traduite de l'anglais sur la 5ᵉ édition, par le baron Roujoux; revue et corrigée par Camille Baxton, d'après les indications mêmes de l'auteur; 4ᵉ édition, revue, corrigée avec le plus grand soin, et publiée sous la direction du docteur Lingard. 5 vol.

— Histoire d'Allemagne, par Luden, traduite et continuée jusqu'à nos jours, d'après Schmidt, Pfefel, Menzel, Schiller, Posselt, Heinrich, Pfister, etc., par Aug. Savagner, 5 vol.

— Histoire d'Italie, depuis les premiers temps jusqu'à nos jours, par le docteur H. Leo et Botta, traduite de l'allemand et considérablement augmentée de notes depuis le milieu du seizième siècle, par M. Dochez, 3 vol.

— Histoire d'Espagne, depuis les temps les plus reculés jusqu'à nos jours, d'après Aschbach, Lembké, Dunham, Bossi, Ferreras, Schœfer, etc., par MM. Ch. Paquis et Dochez. 2 vol.

— Histoire de Portugal, depuis sa séparation de la Castille jusqu'à nos jours, par M. Henri Schœfer, traduit de l'allemand par M. H. Soulange-Bodin, avec une note sur la Chronique inédite de la Conquête de Guinée, donnée par par M. le vicomte de Santarem. 1 vol.

— Histoire de l'empire ottoman, depuis son origine jusqu'à nos jours, composé d'après les documents authentiques et des manuscrits restés jusqu'alors inconnus; par M. de Hammer, traduit de l'allemand sur la 2ᵉ édition, par M. Dochez. 3 vol.

— Histoire de Suède, depuis les temps les plus reculés jusqu'à nos jours, par Erik-Gustave Geyer, traduite par J.-F. de Lundblad. 1 vol.

Ouvrages de la collection qui se vendent séparément.

18 fr. au lieu de 75 fr.

— Histoire d'Allemagne. 5 vol.

10 fr. au lieu de 45 fr.

— Histoire d'Italie. 3 vol.

7 fr. au lieu de 30 fr.

— Histoire d'Espagne. 2 vol.

3 fr. 25 au lieu de 15 fr.

— Histoire de Portugal, 1 vol.

5 fr. au lieu de 10 fr.

PARIS en Chansons, sous la direction de Conte, musique de MM. Ancessy aîné, A. Artus, Beck, etc., etc., illustré de 14 gravures sur acier, dues au burin et dessins de nos meilleurs artistes. Paris, 1855. 1 vol. grand in-8 jésus.

40 fr. au lieu de 80 fr.

PASCAL (Adrien). — Histoire de l'armée et de tous les Régiments, depuis les premiers temps de la monarchie française jusqu'à nos jours, avec des Tableaux synoptiques représentant l'organisation des armées aux diverses époques, et le résumé des campagnes de chaque corps; par M. Brahaut, colonel d'état-major, et des Tableaux chronologiques des combats, siéges et batailles, par M. le capitaine Sicard. Illustré de 126 gravures, dont 104 coloriées, exécutées par MM. Philippoteaux, E. Charpentier, H. Bellangé, de Moraine, etc., etc. Paris, A. Barbier, 1848 à 1850. 4 forts vol. grand in-8 jésus vélin.

4 fr. au lieu de 18 fr.

PEYSSONNEL et **DESFONTAINES**. — Voyages dans les régences de Tunis et d'Alger, publiés par Dureau de la Malle. Paris, Gide, 1838. 2 forts vol. in-8, avec 6 planches et une grande carte sur laquelle l'itinéraire des deux voyageurs est tracé.

Le tome Ier contient : Relation d'un voyage sur les côtes de Barbarie, fait, par ordre du roi, en 1724 et 1725, par Peyssonnel.

Le tome II : — Des Fragments d'un voyage dans les régences de Tunis et d'Alger, fait, de 1783 à 1785, par Desfontaines.

6 fr. au lieu de 12 fr.

PHILARÈTE CHASLES. — Charles Ier, sa Cour, son Peuple et son Parlement, 1630 à 1660. Un magnifique vol. gr. in-8 jésus vélin, illustré de gravures sur acier et sur bois, d'après les dessins de Van Dyck, Rubens et Cattermole.

7 fr. 50 au lieu de 30 fr.

PINDARE. Œuvres complètes, avec le texte en regard et des Notes par Al. Perrault-Maynand, augmentées d'une traduction latine suivant toujours mot à mot le texte de Pindare. Paris, 1838 à 1853. 3 vol. grand in-8. — Ces œuvres se composent de :

— Les Olympiques, précédées d'une Notice sur Pindare, et d'une Dissertation sur les Jeux Olympiques. 1 vol. orné du plan de l'ancienne Pise, où se célébraient les Jeux.

— Les Pythiques et Isthmiques. 1 vol. orné du plan de Delphes et de ses environs.

— Odes de Pindare. — Les Néméennes, suivies d'Études sur la poésie lyrique des Anciens, des Hébreux, des Grecs et des Latins. 1 vol.

On vend séparément 2 fr. 50 c. le volume les Pythiques et les Néméennes.

80 fr. au lieu de 130 fr.

PLATON. — Œuvres complètes, traduites du grec en français, accompagnées d'arguments philosophiques, de notes historiques et philosophiques, par V. Cousin. Paris, Rey, 1846. 13 vol. in-8.

5 fr. au lieu de 15 fr.

PONSIN (J.-N.). — Nouvelle Magie blanche dévoilée, physique occulte, et Cours complet de prestidigitation, contenant tous les tours nouveaux qui ont été exécutés jusqu'à ce jour sur les théâtres ou ailleurs, et qui n'ont pas encore été publiés, et un grand nombre de tours d'un effet surprenant, d'une exécution facile, et tout à fait inconnus du public et des professeurs. Ouvrage entièrement nouveau et le plus complet qui ait paru sur cette matière. 1854. 2 vol. in-8.

7 fr. 50 c. au lieu de 18 fr.

PRÉVOST (l'abbé). — Histoire de Manon Lescaut et du chevalier des Grieux. Édition illustrée par Tony Johannot, précédée d'une Notice historique sur l'auteur, par Jules Janin. Paris, Éd. Bourdin. 1 vol. gr. in-8, orné de 18 gravures tirées à part sur papier de Chine, et d'un grand nombre de vignettes dans le texte.

Quelques exemplaires seulement.

6 fr. au lieu de 10 fr.

RAVERGIE (A.-L.). — Histoire de la Russie et de ses envahissements, depuis le règne de Pierre le Grand jusqu'à nos jours, comprenant la Vie et le curieux Testament de Pierre Ier. — Les Mystères du servage. — La vie privée des seigneurs. — L'exil et les travaux des mines en Sibérie. — Lois. — Mœurs. — Religions des peuples divers de ces pays si peu connus. — Révolutions. — Drames sanglants. — Exécutions épouvantables, etc., etc.; précédée d'un Tableau exact de la Russie telle qu'elle est aujourd'hui (1854), terminée par l'Histoire de la guerre actuelle, ses causes, les négociations qui l'ont précédée, affaires de Kalafat, d'Oltenitza, de Sinope, bombardement d'Odessa, siège de Silistrie, etc. Ouvrage illustré de magnifiques gravures sur acier et d'une Carte réunissant sur la même feuille le théâtre de la guerre tant dans le Nord qu'en Orient, avec un Plan et une Notice géographique et historique des principales villes, par la méthode Prompt-Trouveur. Paris, 1854, 1 vol. gr. in-8 jésus.

50 fr. au lieu de 150 fr.

REDOUTÉ (P.-J.). — Les Roses, peintes par P.-J. Redouté, décrites et classées d'après leur ordre naturel, par C.-A. Thory. 3e édition, publiée sous la direction de M. Pirolle. 3 vol. gr. in-8, papier jésus vélin, accompagnés de 184 planches imprimées en couleur et soigneusement terminées au pinceau.

— Reliure très-élégante en percaline.

10 fr. au lieu de 40 fr.

ROBERT (du Var). — Histoire de la classe ouvrière, depuis l'origine de l'esclave jusqu'au prolétaire de nos jours, précédée d'une Dédicace aux travailleurs. Paris, 1853. 4 vol. grand in-8 jésus, illustrés de gravures sur acier.

2 fr. 50 c. au lieu de 15 fr.

ROISSELET DE SAUCLIÈRES. — Histoire de la Révolution française, précédée d'un Aperçu historique sur les règnes de Louis XV et Louis XVI, et suivie du procès de Louis XVI, tiré des séances de la Convention nationale. 2e édition, Paris, 1851. 2 vol. in-8.

8 fr. au lieu de 32 fr.

ROQUES (J.). — Nouveau Traité des plantes usuelles, spécialement appliqué à la médecine domestique et au régime alimentaire de l'homme sain ou malade. Paris, Dufart, 1838. 4 forts vol. in-8.

8 fr. au lieu de 20 fr.

ROUGEBIEF (Eugène). Histoire de la Franche-Comté ancienne et moderne, embrassant l'histoire des grands événements en France, Espagne, Allemagne, Suisse et Pays-Bas, précédée d'une Description de cette province. Paris, 1851. 1 fort vol. gr. in-8 jésus, de près de 700 pages, orné de 10 portraits sur acier et 2 planches d'armoiries coloriées.

15 fr. au lieu de 30 fr.

ROUSSEAU (J.-J.). — Œuvres complètes, accompagnées de Notes historiques par M. Petetain. 8 forts vol. in-8, avec 5 planches de musique, et contenant près de 750 pages chacun.

7 fr. 50 c. au lieu de 25 fr.

— Julie, ou la Nouvelle Héloïse. Edition illustrée par Tony Johannot. Paris, Barbier, 1845. 2 vol. gr. in 8 jésus, ornés de 38 magnifiques gravures sur papier de Chine, tirées à part.

6 fr. 50 c. au lieu de 20 fr.

— Les Confessions ; vignettes par Tony Johannot, etc. Paris, Barbier, 1846. 1 vol. gr. in-8 jésus vélin, fig. sur pap. de Chine.

Epuisé, quelques exemplaires auxquels il manque trois planches.

3 fr. au lieu de 12 fr.

SAVIGNY (M.-A. de). Historiettes et Images, illustré par plus de 700 dessins gravés d'après MM. Grandville, Daumier, Johannot, E. Forest, Watier, etc. Paris, Aubert, 1850. 1 vol. très-grand in-8 jésus vélin.

3 fr. au lieu de 15 fr.

SCARRON. — Virgile travesti en vers burlesques, précédé d'une Notice sur l'auteur, annoté et suivi d'un Vocabulaire donnant le sens des expressions vieillies. Nouvelle édition par Ch. Fétilly, 1845, 2 vol. in-8.

15 fr. au lieu de 80 fr.

SCHMERLING (le Dr P.-C.). — Recherches sur les Ossements fossiles découverts dans les cavernes de la province de Liége. Liége, 1834. 2 vol. in-4, accompagnés d'un Atlas in-folio de 74 planches représentant plus de 1,000 sujets.

4 fr. au lieu de 15 fr.

SCHMIT (J.-P.). — Les deux Miroirs, Contes pour tous. 1 magnifique gr. vol. in-8 jésus vélin, illustré d'un grand nombre de dessins tirés à part et dans le texte, par Gavarni, etc. Paris, Royer, 1844.

— Le même ouvrage, sous le titre de Livre des vacances, Contes pour la jeunesse : même prix.

64 fr. au lieu de 160 fr.

SCRIBE (Eugène), membre de l'Académie française. — Œuvres complètes. 17 vol. gr. in-8 pap. vélin jésus. Nouvelle édition comprenant tous les ouvrages composés par M Scribe, seul ou en société, illustrée de 181 jolies grav. en taille-douce d'après les dessins de MM. Alfred et Tony Johannot, Gavarni, Marckl, etc., etc. Paris, 1854.

50 fr. au lieu de 170 fr.

SCRIBE (Eugène). — Théâtre complet; édition entièrement revue par l'auteur, et contenant tous les ouvrages composés par M. Scribe, seul ou en collaboration. Paris, 24 vol. in-8 illustrés de 170 jolies gravures sur acier, par MM. Alfred et Tony Johannot.

Il ne reste que quelques exemplaires.

4 fr. au lieu de 16 fr.

SÉGUIER DE SAINT-BRISSON, membre de l'Institut. — La Préparation évangélique, traduite du grec d'Eusèbe Pamphile, évêque de Césarée en Palestine, dans le quatrième siècle de l'ère chrétienne, avec des Notes critiques, historiques et philologiques. Paris, Gaume frères, 1846. 2 forts vol. in-8.

12 fr. au lieu de 27 fr.

SERINGE. — Flore des Jardins et des grandes cultures, ou Description des plantes de jardins, d'orangerie et de grandes cultures; leur multiplication, l'époque de leur floraison et de leur fructification, et leur emploi Paris, 1849. 3 vol. in-8, avec 31 pl. gravées, dont une coloriée, tirées à part, et d'une quantité de grav. sur bois tirées avec le texte.

Ouvrage honoré de la souscription du gouvernement.

7 fr. 50 au lieu de 15 fr.

SILVIO PELLICO. — Mes Prisons, suivies du Discours sur les devoirs des hommes, des additions de Maroncelli et des Notices littéraires et biographiques sur plusieurs prisonniers du Spielberg; traduction de M. Antoine de Latour, avec des chapitres inédits. Édition illustrée par Tony Johannot de 100 beaux dessins gravés sur bois par les meilleurs artistes. Nouvelle édition. Paris, 1854. 1 vol. gr. in-8 jésus vélin, glacé, satiné.

150 fr. au lieu de 248 fr.

SIMONDE DE SISMONDI (J.-C.-L.). — Histoire des Français. 31 vol. in-8. Paris, Treuttel et Würtz, 1821 à 1844.

60 fr. au lieu de 224 fr.

— Histoire des Français, depuis l'avénement de la race capétienne, en 987. 28 vol. in-8, dont un de table. Paris, Treuttel et Würtz, 1823 à 1844.

Cet ouvrage comprend, depuis la troisième partie : la France considérée sous le régime féodal, jusqu'à la convocation des Etats généraux de 1789.

Ce sont les tomes 4 à 31 de son grand ouvrage. Il manque par conséquent les trois premiers volumes, qui se composent de l'Histoire des Mérovingiens et des Carlovingiens.

Il manque à beaucoup d'exemplaires les tomes 23 à 31. Ces volumes sont en vente au prix net, le volume, de. . . . . 4 fr.

La Table seule se vend séparément. . . . . 5 fr.

10 fr. au lieu de 20 fr.

SIRET (Adolphe). — Dictionnaire historique des peintres de toutes les écoles, depuis l'origine de la peinture jusqu'à nos jours, 1845. Un magnifique vol. in-4 de xij-528 pages, orné de 9 planches renfermant 600 monogrammes environ.

8 fr. au lieu de 60 fr.

SOUQUET (J.-B.). — Dictionnaire des temps légaux de droit et de procédure, ou Répertoire de législation, de doctrine et de jurisprudence, relatives spécialement aux prescriptions, péremptions, déchéances, délais, dates, durées, âges requis, et généralement au droit civil, commercial, criminel, administratif, militaire, maritime, canonique et à la procédure, dans lequel sont signalées, avec les éléments de leur solution, toutes les questions importantes sur ces diverses matières; disposé en tableaux synoptiques et par ordre alphabétique de matières, précédé d'une Introduction où sont développés les principes généraux Nouvelle édition. Paris; Ch. Hingray, 1846. 2 vol. gr. in-4.

8 fr. au lieu de 15 fr.

STAEL (Mme la baronne de). — Corinne, nouvelle édition richement illustrée de 250 bois dans le texte et de 8 grandes gravures sur bois, par Karl Girardet, Barrias, Staal, tirées à part. Paris, Lecou, 1853. 1 magnifique volume gr. in-8 jésus vélin, glacé, satiné, imprimé par Plon frères.

    Reliure toile mosaïque, plaque spéciale, tranche dorée.   5 fr. 50 c.
    — toile, plaque spéciale, tranche dorée.   5 fr. »
    — demi-chagrin, plats en toile, tranche dorée.   5 fr. »

7 fr. 50 au lieu de 30 fr.

SUE (Eugène). — Histoire de la Marine française; 2e édition, entièrement revue par l'auteur. Paris, 1845. 4 vol. in-8 pap. vélin, ornés de jolies gravures sur acier.

1 fr. 50 au lieu de 8 fr.

THIRLWALL CONNOP (D.-D.), évêque de Saint-David's. — Histoire des origines de la Grèce ancienne, traduite de l'anglais par Adolphe Joanne. (Ouvrage adopté par le conseil de l'Instruction publique.) Paris, Paulin et Lechevalier, 1852. 1 fort vol. in-8.

25 fr. au lieu de 80 fr.

TOUCHARD-LAFOSSE. — La Loire historique, pittoresque et biographique, de la source de ce fleuve à son embouchure dans l'Océan. Illustrée de 62 magnifiques gravures sur acier, représentant les villes, bourgs et châteaux les plus remarquables, les portraits des principales illustrations nées dans les départements décrits, par Rouargue frères, de 320 gravures sur bois par les meilleures artistes, et de 3 cartes du fleuve, avec tracé des chemins de fer, 1851. 5 forts vol. gr. in-8 jésus vélin glacé, de 800 pages chacun.

Cet ouvrage, qui a coûté plus de 500,000 fr. à établir, sera augmenté.

42 fr. au lieu de 134 fr.

TOULLIER (C.-B.-M.). — Le Droit civil français, suivant l'ordre du Code. Ouvrage dans lequel on a tâché de réunir la théorie à la pratique; accompagné de Notes, par M. J.-B. Duvergier, bâtonnier de l'ordre des avocats; 6e et dernière édition. Paris, Cotillon et Jules Renouard. 7 tomes en 14 vol. in-8.

40 fr. au lieu de 60 fr.

VASARI (Giorgio). Vies des Peintres, Sculpteurs et Architectes, traduites et annotées par L. Léclanché, et commentées par Jeanron et L. Léclanché. Paris, Just. Teissier, 1841-1842. 10 vol. in-8, ornés de 124 portraits dessinés par Jeanron et gravés sur acier par Wacquez et Bouquet.

2 fr. 50 au lieu de 7 fr. 50.

VATOUT (J.). Le Palais de Fontainebleau (Souvenirs historiques), son histoire et sa description, par J. Vatout, membre de l'Académie française. Paris, 1852. 1 beau vol. in-8 de plus de 600 pages, fig.

2 fr. 50 au lieu de **7 fr. 50.**

— Le Château de Compiègne (Souvenirs historiques), son histoire, sa description, 1852. 1 beau vol. in-8 de plus de 600 pages, fig.

2 fr. 50 au lieu de **7 fr. 50.**

— Le Palais de Saint-Cloud, etc., 1852. 1 vol. in-8, fig.

2 fr. 50 au lieu de **7 fr. 50.**

— Le Château d'Amboise, etc., 1852. 1 beau vol. in-8, fig.

2 fr. 50 au lieu de **7 fr. 50.**

— Le Château d'Eu, etc., 1852. 1 beau vol. in-8.

3 fr. 50 au lieu de **7 fr. 50.**

— Le Palais-Royal (Souvenirs historiques jusqu'en 1847), son histoire et sa description, 1852. 1 vol. in-8, fig.

Quelques exemplaires.

15 fr. au lieu de **75 fr.**

VIRGILE. — Œuvres complètes, en six langues ; traduites en vers français par Tissot (Bucoliques), et Delille (Géorgiques et Enéide); en vers espagnols, par Guzman, Vélasco et Luis de Léon ; en vers italiens, par Arici et Annibal Caro ; en vers anglais, par Warton et Dryden ; en vers allemands, par Voss (texte latin, d'après Heyne); et précédées de l'Histoire de la vie et des ouvrages de Virgile, d'une Notice bibliographique, etc., par J.-B. Montfalcon. Paris et Lyon, Cormon et Blanc, 1838. 1 vol.

3 fr. au lieu de **12 fr.**

VOCABULAIRE DES ENFANTS, ou Dictionnaire pittoresque illustré de la langue française, d'après l'Académie ; par Ch. Nodier, Boiste, Nap. Landais, etc. Paris, Aubert, 1839. 1 vol. gr. in-8 jésus, illustré d'un grand nombre de petits dessins.

12 fr. 50 au lieu de **36 fr.**

WALCKENAER. — Géographie ancienne, historique et comparée des Gaules cisalpine et transalpine, suivie de l'Analyse géographique des itinéraires anciens, et d'un Index géographique. Paris, Dufart, 1839. 3 vol. in-8, imprimés par Crapelet, et Atlas in-4, col.

6 fr. au lieu de **22 fr. 50.**

WARREN (le comte Edouard de). — L'Inde anglaise en 1843-1844. 2e édition, considérablement augmentée. Paris, Comptoir des imprimeurs unis, 1845. 3 vol. in-8.

40 fr. au lieu de **60 fr.**

WEISS. — Biographie universelle, ou Dictionnaire historique, contenant la nécrologie des hommes célèbres de tous les pays, des articles consacrés à l'histoire générale des peuples, aux batailles mémorables, aux grands événements politiques, aux diverses sectes religieuses, etc., etc., depuis le commencement du monde jusqu'à nos jours, par une Société de gens de lettres, sous la direction de M. Weiss. Nouvelle édition. Paris, Furne et comp., 1841. 6 vol. grand in-8 à 2 colonnes, illustrés de 60 portraits gravés sur acier.

50 fr. au lieu de 200 fr.

ENCYCLOPÉDIE DES SCIENCES MÉDICALES

SOUS LA DIRECTION DE M. BALLE.

33 vol. in-8. Paris, Paul Mellier, 1837 à 1845.

AVIS ESSENTIEL. — Pour juger de l'extrême bon marché de tous ces livres, il suffit de comparer leurs prix avec ceux des mêmes ouvrages dans les autres librairies.

Les Œuvres d'Hippocrate, édition de Foës, traduction de Gardeil et de Coray, coûtent 4 fr., tandis que ces ouvrages sont ainsi marqués dans les catalogues de librairie : Foës, 50 fr. ; Gardeil, 20 fr. ; Coray, 30 fr. ; total : 100 fr.

Morgani, traduit par Destouet, coûte 3 fr. 75 c. la même traduction) est indiquée 60 fr. sur les catalogues de librairie.

Cette modicité de prix existant pour tous les ouvrages, on aurait pour 50 fr. la collection entière, contenant la matière de 144 volumes, qui coûterait plus de 1,000 fr. d'après les prix ordinaires des livres de médecine.

TRAITÉ D'ANATOMIE DESCRIPTIVE de Bichat, augmenté et annoté par M. Gerdy, professeur à la Faculté de médecine ; Huguier et Lenoir, prosecteurs à la même Faculté ; Malle, professeur agrégé de la Faculté de Strasbourg ; Serres, membre de l'Institut. 2 vol. in-8 à 2 colonnes de 888 pages, formant la matière de 5 vol. ordinaires de médecine. 10 fr. 50, net. . . . . 4 fr.

TRAITÉ D'ANATOMIE GÉNÉRALE de Bichat, revu et augmenté par les mêmes, 1 vol. in-8 à 2 colonnes de 634 pages, formant la matière de 4 vol. ; 6 fr., net. 2 fr.

RECHERCHES SUR LA VIE ET LA MORT, de Bichat ; suivies des ouvrages de Buisson sur la division la plus naturelle des phénomènes physiologiques, et des expériences de Legallois sur le Principe de la Vie. 1 vol. in-8 à 2 colonnes de 416 pages, formant la matière de 3 vol. ; 4 fr. 50, net. . . . . 2 fr.

TRAITÉ DE PHYSIOLOGIE, par MM. Brachet et Fouilhoux, médecins de l'Hôtel-Dieu de Lyon. 1 vol. in-8 à deux colonnes de 512 pages, formant la matière de 4 vol. ; 5 fr., net. . . . . 2 fr. 50

TRAITÉ D'HYGIÈNE, par MM. Hallé et Tourtelle, professeurs d'hygiène des Facultés de Paris et de Strasbourg, avec des Additions et des Notes par M. Bricheteau, médecin de l'hôpital Necker. 1 vol. in-8 à 2 colonnes de 400 pages, formant la matière de 3 vol. ; 4 fr. 50, net. 1 fr. 50

TRAITÉ DE MÉDECINE LÉGALE, par M. Eusèbe de Salles, D. M., suivi de la Jurisprudence médicale ; recueil complet des lois, ordonnances et règlements relatifs à l'enseignement et à l'exercice des diverses branches de l'art de guérir. 1 vol. in-8 à 2 colonnes de 400 pages, formant la matière de 3 vol. ; 4 fr. 50, net. . . . . 2 fr.

TRAITÉ PRATIQUE DES MALADIES DES YEUX, ou Expériences et Observations sur les maladies qui affectent ces organes, par Scarpa, traduit par Léveillé ; augmenté d'un grand nombre d'articles et de chapitres par Rognetta. 1 vol. in-8 à 2 colonnes de 536 pages, formant la matière de 4 vol. ; 6 fr., net. . . . . 1 fr. 50

TRAITÉ DES ACCOUCHEMENTS, des maladies des femmes et des enfants, par M. Burns, professeur de chirurgie à l'Université de Glascow ; traduit pour la première fois de l'anglais par le docteur Gaillot, sur la

9ᵉ édit. 1 vol. in-8 à 2 colonnes de 544 pages, formant la matière de 4 vol.; 6 fr., net. . . . . 1 fr. 50

TRAITÉ DE CHIMIE MÉDICALE, par M. Beugnot, D. M. P., ancien chef des travaux chimiques de l'École vétérinaire d'Alfort. 1 vol. in-8 à 2 colonnes, orné de planches, de 568 pages, formant la matière de 4 vol.: 6 fr., net. . . . . 2 fr.

ŒUVRES D'HIPPOCRATE, texte latin de Foës, et traduction française de Gardeil et de Coray. 2 vol. in-8 à 2 colonnes de 1,360 pages, formant la matière de 8 volumes; 13 fr. 50, net. . . . . 4 fr.

TRAITÉ DE MÉDECINE DE Celse, texte latin, d'après l'édition de Léonard Targa, avec les titres de l'édition de Haller; traduction française de Ninnin, revue et corrigée. 1 vol. in-8 à 2 col. de 442 pages formant la matière de 3 vol.; 4 fr. 50, net. . . . . 1 fr. 50

MÉDECINE PRATIQUE de Thomas Sydenham, traduite par A. F. Jault, D. M., professeur au Collège royal de France, revue par Baumes, professeur à la Faculté de médecine de Montpellier; suivies de l'Essai sur les fièvres et les Dissertations sur les maux de gorge gangréneux et la colique de Devonshire, par Jean Huxam. 1 vol. in-8 à 2 colonnes de 480 pages, formant la matière de 3 vol.; 4 fr. 50, net. . . . . 2 fr.

PRINGLE. Observations sur les maladies des armées dans les camps et les garnisons, suivies de Mémoires sur les substances septiques et anti-septiques, et de la Réponse à de Haen et à Gaber. — Lind. Traité du Scorbut, trad. de l'anglais, suivi de la Traduction du Traité du Scorbut de Boerhaave, commenté par Van Swieten. 1 vol. in-8 à 2 colonnes de 424 pages, formant la matière de 3 vol.; 4 fr. 50, net. . . . . 1 fr. 25

MÉDECINE PRATIQUE de Max. Stoll, avec les Aphorismes de Stoll et de Boerhaave, traduite par Mahon, professeur à la Faculté de médecine de Paris, avec des Notes de Pinel, Baudelocque, etc. 1 vol. in-8 à 2 colonnes de 440 pages, formant la matière de 3 vol.; 4 fr. 50, net. 1 fr. 25

MORGANI. Traité du Siége et des Causes des maladies, traduction française de Destouet. 3 vol. in-8 à 2 colonnes de 1,742 pages, formant la matière de 10 vol.; 18 fr., net. . . . . 3 fr. 75

MÉMOIRES DE L'ACADÉMIE DE CHIRURGIE, précédés d'une Analyse par M. le professeur Marjolin, et suivis de trois Mémoires inédits par Lassus-Pera. 3 vol. in-8 à 2 colonnes de 1,564 pages, formant la matière de 10 vol.; 18 fr., net. . . . . 3 fr. 75

TISSOT. Œuvres; édition du professeur Hallé. 1 vol. in-8 à 2 colonnes de 696 pages, formant la matière de 4 vol.; 7 fr. 50, net. . . . . 1 fr. 25

Ce volume contient: Traité des Nerfs et de leurs maladies; *Historia febris epidemicæ biliosæ*; l'Onanisme, etc., etc.

ZIMMERMANN. Traité de l'Expérience, Traité de la Dyssenterie; et **BARTHEZ.** Maladies goutteuses. 1 vol. in-8 à 2 colonnes de 624 pages, formant la matière de 4 vol.; 6 fr. 75, net. . . . . 1 fr. 25

CORVISART. Maladies du cœur, Percussion de la Poitrine; et **BAYLE,** Phthisie pulmonaire, Pustule maligne, Anatomie pathologique. 1 vol. in-8 à 2 colonnes de 680 pages, formant la matière de 4 vol.; 7 fr. 50, net. . . . . 1 fr. 25

Ce volume contient l'Essai sur les maladies et les lésions organiques du Cœur et des gros Vaisseaux, par Corvisart; la Nouvelle Méthode pour reconnaître les maladies internes de la Poitrine par la percussion de cette cavité, par Avenbrugger; ouvrage traduit du latin, et commenté par Corvisart; les Recherches sur la Phthisie pulmonaire par Bayle; un Recueil de travaux et de mémoires publiés par ce dernier auteur.

RAMAZZINI, RŒDERER, WAGLER et JURINE. Traité des maladies des artisans, etc., etc. 1 vol. in-8 à 2 colonnes de 484 pages, formant la matière de 3 vol.; 5 fr. 25, net. . . . . 1 fr. 25

Ce volume contient : le Traité des maladies des artisans, par Ramazzini; le Traité de la maladie muqueuse, de Rœderer et Wagler; le Mémoire sur l'angine de poitrine, de Jurine.

MATIÈRE MÉDICALE ET THÉRAPEUTIQUE, Formulaire général par M. Thillaye, de la Faculté de médecine de Paris. 1 vol. in-8 à 2 colonnes de 572 pages, formant la matière de 4 vol.; 6 fr., net. . . 1 fr.

PHYSIQUE MÉDICALE d'Haüy, continuée par M. Fleury, ancien élève de l'École normale, professeur de physique de l'Université. 1 vol. in-8 à 2 colonnes, orné de nombreuses planches, de 470 pages, formant la matière de 5 vol.; 9 fr., net. . . . . 1 fr.

TRAITÉ DE PATHOLOGIE CHIRURGICALE, par Samuel Cooper; traduit de l'anglais sur la dernière édition et augmenté de Notes par E. Delamarre. 1 vol. in 8 à 2 colonnes de 856 pages, formant la matière de 3 vol.; 6 fr., net. . . . . 1 fr. 50

PATHOLOGIE CHIRURGICALE, Traité des maladies des voies urinaires, par Choppart et M. Ségalas. 1 vol. in-8 à 2 colonnes de 504 pages, formant la matière de 3 vol ; 5 fr. 25, net. . . . . 1 fr. 20

TRAITÉ D'ANATOMIE CHIRURGICALE ET DE MÉDECINE OPÉRATOIRE, par M. Malle. 1 vol. à 2 colonnes de 1,052 pages, formant la matière de 6 vol.; 10 fr. 50, net. . . . . 1 fr. 25

BIOGRAPHIE MÉDICALE, par ordre chronologique, d'après Daniel Leclerc, Éloy, etc., mise dans un nouvel ordre, revue et complétée par MM. Bayle et Thillaye. 2 vol. à 2 colonnes de 1,524 pages, formant la matière de 10 vol.; 16 fr. 50, net. . . . . 2 fr. 50

LE PANTHÉON POPULAIRE
Bibliothèque portative in-12, à 1 fr. 25 c. le volume.

LA CASE DU PÈRE TOM, ou la Vie des Nègres en Amérique par Henriette Beecher Stowe; traduit par de la Bédollière. Nouvelle édition, augmentée d'une Notice par George Sand, 1853. 1 vol.

L'ESCLAVE BLANC (le compagnon du Père Tom), par Hildreth, traduit par de la Bédollière, 1853. 1 vol.

CONTES NOCTURNES d'Hoffmann, traduits par de la Bédollière. Nouvelle édition, augmentée d'une Notice sur Hoffmann, 1853. 1 vol.

FABLES DE LA FONTAINE ET DE FLORIAN réunies. Nouvelle édition, augmentée de Notices par E. de la Bédollière. 1 vol.

VOYAGES DE GARNERAY, peintre de marine. 1re partie : Aventures et combats ; 2e partie : les Pontons anglais. 2 vol.

LE ROBINSON SUISSE, par Mme de Montolieu. 2 vol.

LE DERNIER DES MOHICANS, par Fenim. Cooper, tr. par de la Bédollière. 1 vol.

WALTER SCOTT. Quentin Durward, traduit par de la Bédollière. 1 vol.

ŒUVRES COMPLÈTES DE MOLIÈRE, nouvelle édition, augmentée d'une Vie de Molière et de Notices sur chaque pièce par E. de la Bédollière. 4 vol.

ROB ROY, même traduction. 1 vol.

LE GLACIER IMPÉRIAL, ou l'Art de donner des bals et des soirées, par Bernardi. 1 vol. orné de 6 planches.

BIBLIOTHÈQUE PASSARD

BOITARD. Guide-Manuel de la bonne compagnie, du bon ton et de la politesse, 1851. 1 vol. in-18; net. . . . . 3 fr.

—Les vingt-six infortunes de Pierrot le Socialiste, 1853. 1 vol. in-12, net. 3 fr.

DESNOYERS (Louis). Les Aventures de Robert-Robert et de son fidèle compagnon Toussaint Lavenette. 4e édition, entièrement refondue. 2 vol. grand in-18; net. . . . . 6 fr.

Mme DE BAWR. Nouvelles contenant : Louise, Michel Perrin, une Réjouissance en 1778, la Mère Macquart, Rose et Thérèse, le Schelling, Maria Rosa. 1 vol.; net. . . . . 3 fr.

— Raoul, ou l'Enéide, 1854. 1 vol. gr. in-48 jésus, net. . . . . . 3 fr.

DEFFAUX (M.-Marc.) Manuel des propriétaires et des usufruitiers, usagers, locataires et fermiers, ou Dictionnaire encyclopédique des lois des bâtiments et des lois rurales de la France, avec ce qui a rapport à la voirie, aux usines, aux bois et forêts, aux fleuves, rivières et étangs, aux mines et carrières, à la chasse et à la pêche, à la police municipale, etc. Ouvrage au moyen duquel tout propriétaire ou possesseur peut connaître, exercer et défendre ses droits sans le secours d'un guide étranger; par Marc-Deffaux, juge de paix, auteur de l'Encyclopédie des huissiers, 1852, 1 vol. gr. in-18 ; net. . . . . 6 fr.

— Guide-Manuel général du garde champêtre et du messier, ou Traité raisonné de leurs fonctions, comprenant notamment un Commentaire du Code rural et de tout ce qui concerne la police du roulage, la chasse et la pêche. Ouvrage également utile à MM. les préfets, sous-préfets, membres des conseils généraux et d'arrondissement, juges, maires, adjoints, juges de paix, avoués, huissiers, commissaires de police, etc , 1845. 1 vol. gr. in-18; net. . . . . 3 fr.

ONE MILLION of comic anecdotes of flowers of wit and Humour, collected by doctor Merryman and Hilarius le Gai, 1853. 1 vol. in-32; net. . . . . 1 fr. 50

HILAIRE LE GAI. Un million de plaisanteries calembours, naïvetés, jeux de mots, facéties, reparties, saillies, anecdotes comiques et amusantes, inédites et peu connues, 1850. 1 charmant vol. in-32; net. . . . . 1 fr. 50

— Un million de bêtises et de traits d'esprit, bons contes, bons mots, bouffonneries, calembours, facéties anciennes et modernes, parades de Bobèche, etc., 1851. 1 vol. in-32; net. . . . . 1 fr. 50

— Un Million d'énigmes, charades et logogriphes; suivi d'un choix des plus jolies énigmes italiennes, espagnoles, anglaises et allemandes, avec la traduction en regard, 1850. 1 vol. in-32; net . . . . 1 fr. 50

— Un Million de calembours, charges, lazzi, bons mots, parades de Bobèche, etc., 1852. 1 vol. in-32; net. . . . . 1 fr. 50

BIBLIOTHÈQUE des Voyages amusants: Chapelle et Bachaumont, Racine, la Fontaine, Piron, Lefranc de Pompignan; de Paris à Saint-Cloud avec le retour, Voltaire, Desmahis, etc. 1 vol. in 32; net. . . 1 fr. 50

ENCYCLOPÉDIE des Proverbes français. 1 vol. in-32; net. . 1 fr. 50
Ce volume diffère totalement du suivant.

LA FLEUR des Proverbes français, recueillis et annotés par M. A. Duplessis, 1851. 1 vol. in-32; net. . . . . 1 fr. 50

TOPFFER. Le Presbytère, suivi de Elisa et Widmer, 1852. 2 vol. in-32; net. . . . . 3 fr.

BRILLAT-SAVARIN. Physiologie du Goût, ou Méditations de gastronomie transcendante, ouvrage théorique, historique et à l'ordre du jour, dédié aux gastronomes parisiens, 1852. 1 joli vol. in-32 ; net. . . 1 fr. 50

SIÈGE (le) de la Rochelle, ou le Malheur et la Conscience, par Mme de Genlis. 1 vol. in 32; net. . . . . 1 fr. 50

CONTES (les) de Perrault, de Mme d'Aulnoy, de Mme Leprince de Beaumont, publiés par Hilaire-le-Gai, 1852. 1 vol. in-32; net. 1 fr. 50

LETTRES DE Mme DE SEVIGNÉ. Nouveau choix publié par Hilaire-le-Gai, 1852. 1 joli vol. in-32; net. . . . . 1 fr. 50

FABLES DE LA FONTAINE, précédées de l'Eloge de la Fontaine, par Chamfort. Nouvelle édition annotée par Hilaire-le-Gai, 1852. 1 joli vol. in-32; net. . . . . 1 fr. 50

FABLES DE FLORIAN, suivies d'un Choix des plus jolies fables en vers, recueillies et annotées par Hilaire-le-Gai, 1853. 1 vol. in-32. . 1 fr. 50

PAUL ET VIRGINIE, suivi de la Chaumière indienne, l'Arcadie, le Café de Surate et des Voyages en Silésie et à l'île de France, par Bernardin de Saint-Pierre, 1853. 1 joli vol. in-32; net. . . . . 1 fr. 50

PETIT MANUEL du devin et du sorcier, contenant le Traité des songes et visions nocturnes, l'Art de dire la bonne aventure, l'Art de tirer les cartes, le Traité des tarots, etc., par Nathaniel Moulth, 1854. 1 vol. in-32, orné de fig. sur bois; net. . . . . 1 fr. 50

JOHANNÈS TRISMEGISTE. Le Grand Jeu des soixante-dix-huit tarots égyptiens. Atlas et complément du Manuel du Devin. Fig. noires. 1 vol. in-32; net. . . . . 3 fr
— Fig. coloriées; net. . . . . 4 fr. 50

COMMERSON. Petite encyclopédie bouffonne, contenant les Pensées d'un Emballeur, les Ephémérides et le Dictionnaire du Tintamarre, etc., 1855. 1 vol. in-32; net . . . . 1 fr. 50

UN MILLION de Bouffonneries, ou le Blagorama français, par Commerson, 1854. In-32; net. . . . . 1 fr. 50

EUGÈNE-LE-GAI. Bibliothèque des Calembours. 1 vol. in-32, illustrée; net. . . . . 1 fr. 50

Ce volume contient les opuscules suivants qui se vendent séparément chacun :

1° La Fleur des Calembours. 1 vol. . . . . 25 c.
2° Le Trésor des Calembours. 1 vol. . . . . 25 c.
3° Le Jardin des Calembours. 1 vol. . . . . 25 c.
4° Petite Galerie des Calembours. 1 vol. . . . . 25 c.
5° Les Mille et un Calembours. 1 vol. . . . . 25 c.
6° Petit Musée drôlatique et facétieux. 1 vol. . . . . . . 25 c.

TRISMEGISTE et **EUGÈNE-LE-GAI**. L'Art d'expliquer les songes. 1 vol. in-32. . . . . 25 c.

VAN TENAC et **DELANOUE**. Manuel du Jeu de Piquet, lois, règles, maximes et conventions pour le bien jouer. 1 vol. in-32. . . . . 25 c.
— Manuel des Jeux de Bésigue, de Trifouille, d'Ecarté et de Reversi, lois, règles, maximes et conventions pour le bien jouer. 1 vol. in-32. . 25 c.
— Traité du Jeu de Wisth, lois, règles, maximes et conventions pour le bien jouer. 1 vol. in-32; net. . . . . 25 c.

MANUEL du bon ton et de la politesse française; Nouveau Guide pour se conduire dans le monde, publié par Louis VERARDI, 1853. 1 vol. in-18; net. 50 c.

PETIT Guide-Manuel du Jardinier, contenant l'art de cultiver et de décorer les jardins, par Rogonot GODEFROI. 1853. 1 vol. in-18; net. . 50 c.

MANUEL des connaissances utiles; nouveau Secrétaire français, contenant des modèles de lettres et de pétitions de tout genre, suivi de Formules d'actes sous seing privé, billets à ordre, traites, lettres de change, quittances, baux, ventes, pouvoirs, etc., par L. DELANOUE, 1845. 1 vol. in-18; net. . . . . 50 c.

HILAIRE-LE-GAI. Académie des jeux de cartes, de combinaison et d'exercices; avec un Traité du jeu de whist entièrement nouveau, 1853. 1 vol. in-18, net. . . . . 50 c.

BONAPARTIANA. Anecdotes, plaisanteries, bons mots, traits sublimes, saillies, pensées ingénieuses de l'empereur Napoléon 1er, recueillis par COUSIN D'AVALON. Nouvelle édition, publiée par HILAIRE-LE-GAI, 1853. 1 vol. in-18 ; net. . . . . 50 c.

LE JARDIN de l'Enfance, nouveau Recueil de compliments et de modèles de lettres pour le jour de l'an, les fêtes de famille, etc., publié par HILAIRE-LE-GAI, 1854. 1 vol. in-18; net. . . . . 50 c.

AVENTURES DROLATIQUES du baron de Munchhausen, ou la Fleur des gasconnades allemandes; édition ornée de 21 vignettes sur bois, publiée par HILAIRE-LE-GAI, 1854. 1 vol. in-18; net. . . . . 50 c.

LA FLEUR des Gasconnades, ou le nouveau Gasconiana ; hâbleries, fanfaronnades, etc.; suivi d'Anecdotes normandes et parisiennes, publié par EUGÈNE-LE-GAI, 1854. 1 vol. in-18; net. . . . . 50 c.

LES MILLE et une Anecdotes comiques, calembours, jeux de mots, énigmes, charades, logogriphes, proverbes, rébus, etc.; précédé de présages pour connaître le temps d'après les astres. 1 vol. in-18; net. 50 c.

LES MILLE et un Contes drôlatiques, anecdotes, bons mots, plaisanteries, calembours. 1853. 1 vol. in-18; net. . . . . 50 c.

LES MILLE et un Contes pour rire, anecdotes, bons mots, plaisanteries, bouffonneries, calembours, jeux de mots, etc., 1853, 1 vol. in-18, net. . . . . 50 c.

DESNOYERS (Louis). Jean-Paul Chopart Nouvelle édition entièrement refondue. Paris, Passard, 1854. 1 vol. gr. in-18 jésus, orné de fig ; net. . . . . 3 fr.

HISTOIRES DROLATIQUES de l'empereur Napoléon Ier, racontées par H. de Balzac, A. Touscz et F. Soulié; suivies de : Comme quoi Napoléon n'a jamais existé, etc., recueillis par Arthur DELANOUE, 1854. 1 vol. in-32. . . . . 1 fr. 50

TRISMEGISTE (J.). Les Merveilles du Magnétisme et les Mystères des Tables tournantes et parlantes. Paris, 1854. 1 vol. in-18, orné de vignettes sur bois ; net. . . . . 1 fr.

BAWR (Mme de). Robertine. Nouvelle édition. Paris, 1854. 1 vol. grand in-18 jésus. . . . . 3 fr.

PETIT THEATRE BOUFFON. Choix des plus jolies pièces comiques jouées sur les différents théâtres de Paris, recueillies par EUGÈNE-LE-GAI. Paris, Passard, 1854. 1 vol. in-32 . . . . 1 fr. 50

DAVID (Alexandre). Le petit Lavater français, ou les secrets de la physiognomonie dévoilés ; édition illustrée de quinze portraits de personnages célèbres. Paris, 1854. 1 vol. in-18; net. . . . . 1 fr.

LENEVEUX. Guide-Manuel de la Tenue des livres de commerce en partie simple et en partie double, ou Traité de comptabilité pratique. Paris, Passard, 1855. 1 vol. grand in-18 jésus; net. . . . . 1 fr.

MANUEL des Jeux de Boston, Cribbage, Vendôme et Cassino. 1 vol. in-32; net. . . . . 25 c.

MANUEL des jeux d'Impériale, Triomphe, Mouche, Ambigu, Nain jaune, Mariage, Rams, Vingt-et-un, etc. 1 vol. in-32; net. . . . . . . 25 c.

MANUEL des Jeux de Bouillotte, Lansquenet, Brelan, Florentin, Baccarat. 1 vol. in-32; net. . . . . 25 c.

TRISMEGISTE (Johannès). L'art d'expliquer les Songes et les Visions nocturnes, ou Dictionnaire des mystères du sommeil, expliqués par des exemples tirés des prophètes, des mages, de l'histoire et des oracles les plus célèbres de l'Orient ; édition ornée de 115 vignettes. Paris, Passard, 1855. 1 vol. in-18; net. . . . . 50 c.

VAN TENAC et **DELANOUE.** Bibliothèque des Jeux de Cartes, ou Règles des principaux jeux mixtes et de hasard qui se jouent en société. Paris, Passard, 1855. 1 vol. in-32; net. . . . . 1 fr. 50

VAN TENAC. Petit Traité du Jeu de Dominos. Paris, Passard, 1855. In-32; net. . . . . 15 c.

PARIS. — TYP. SIMON RAÇON ET Ce, RUE D'ERFURTH, 1.

www.ingramcontent.com/pod-product-compliance
Lightning Source LLC
Chambersburg PA
CBHW060554170426
43201CB00009B/778